本书为国家社科基金项目"柏拉图与古典幸福论研究"
(编号12bzx050)成果之一

柏拉图◎著
陈郑双◎译疏

古典人文·哲学经典研译
Classical Studies
包利民◎主编

《吕西斯》译疏

Lysis:
A Translation with Notes and Commentaries

华夏出版社
HUAXIA PUBLISHING HOUSE

目 录

总序 …………………………………… 1
前言 …………………………………… 1

吕西斯 ………………………………… 1
《吕西斯》解读 ……………………… 72

附一：《吕西斯》与古典友爱论 ……… 129
附二：三位现代思想家之友爱 ………… 155
附三：论《吕西斯》 …………………… 197

后记 …………………………………… 238

总　　序

近几十年来,在中国大地上,西方古典哲学翻译和研究呈现出令人兴奋的进展。不仅由于古典哲学本身的复兴,而且由于古典政治哲学、后期海德格尔研究、中西方哲学对话比较等等学科的层层推波助澜,古典西学几乎成了一个"显学"。古代哲学各个主要时期的经典原著基本上被全部翻译出来,柏拉图全集、亚里士多德全集的各种新翻译版本还在不断推出,国外和国内的研究性专著也层出不穷,蔚为大观。

对古典学的热切关注有其学术文化上的意义,一个经济上迅速崛起的大国在文化上亦被期待展示出相称的水准。况且,古典其实对现代人具有十分切身的相关性。晚清中国士人曾经敏感地将东渐而来的现代性文化定位为千年未遇之巨变。百年之后的中国依然徘徊在这一巨大分界岭,像青年巴门尼德那样希望停下驷马飞车,思索这是否真的是黑暗与光明的分界线。然而,我们不得不指出的是,人类历史的更大分界岭已经在前面悄然露头。如果说市场、民主、国际政治等等都足以推动人们进入热闹的古今之争,那么科技的反常超速发展会不会带来更大的历史性断裂,人们更不能用"茫然的眼睛和轰鸣的耳朵"回避吧。由于这次科技的突破将发生在基因学和脑科学,整个人类必须加紧重思什么是"人之为人"(human condition 的一种译法)。

古典哲学(无论是西方还是东方)的独特之处,就是在基本匮乏稍加缓解之后,社会中立刻出现上升入所谓"自由"学的冲动,一批批人敢于探索各种事情尤其是人事的各个方面,不惧穷究框架本身的边界,甚至敢于探触神圣界的面孔。并非所有人、所有国家都需要上升得这么快和这么高。于是,某些古代国家比如雅典就有了代替整个地中海诸国、乃至替整个人类反思自己的"本性与命运"的福分。据说这是神一般的福分,因为进入纯粹的 nous 境界的,唯有神圣者。

不仅地中海有雅典,而且中原有齐鲁和楚。在这样的文化温床中,产生大文明传统的经典,是自然而然的事情。这些都是文明的富矿,汲取其中源源不断的智慧,才能奠立现代各大文明圈的自我认同。

今天人仔细倾听这些在边界上严肃思考、奠基文明经典者的声音,可以帮助自己思考面对"跨界"大限的各种问题。

有鉴于此,本译丛将以"研究型翻译"的方式,希-汉(或拉-汉)对照的排版,译介一批西方古典政治伦理哲学的经典。下面稍微说明一下它的这几个特色。

首先,我们的主题。"政治伦理"应当作广义的理解,即关于"人之为人"的哲学。近年来,"政治哲学"无论在西方还是中国,都成为了一种关于"人之为人"的几乎无所不包的概念。但是究其本意,还是很难无所不包,因为比如个体人的伦理,就不一定要涉及政治共同体。然而,"伦理学"是否是更为广泛包容的概念?也不一定,因为且不要说用"公共伦理"去包容"政治"就已经显得不足,而且还有"治疗型哲学"的内容,纳入到伦理学中可能会严重误导。古典哲人对人之为人的思考非常的广泛与深入,令人叹为观止:幸福与正义,苦难与治疗,自然与人为,神圣与道德,国政与内政,终极目的与过程,强者与弱者,高贵与悲剧,限度与无限,快乐与知识,诗人与立法,法律与教育,必然与偶然……这个充满张力的列表还可以继续下去。伟大的心灵思考大事。当然,古人大多不像现代学科分类那样把哲学严密分为各种"部门",所以,在关于人的事情的书里面遇到了"神",或是遇上"本体论"、"认识论"什么的讨论,读者应该也不会惊诧。

其次,本译丛是汉语-希腊语(或者汉语-拉丁语)对照翻译。任何翻译,更不要说现代语言对古典语文的翻译,都不能完全传神传意,这是所有好的译家都会同意的。而且,严重的问题不止是某个技术性词义被误解,甚至可以说是两个意义世界的擦肩而过。进一步,对古典语词的直面、领会和谱系分析探究,不仅是一个词义准确的问题,更是对哲学基本概念的本真内涵发掘开启的过程。这一点海德格尔和斯特劳斯都做出了表率。国内这些年许许多多的大学都开设了希腊语和拉丁语的课程,教学成就斐然,一个能够阅读或查阅古典语文的读者群体已然涌现,而且在快速扩展,这使得古典哲学翻译的古今语言对照版的阶段已经来临。

第三,本译丛旨在使翻译走向精深之方向。作为研究型翻译,译者将在尽可能全面地掌握西方有关重要学术文献传统的基础上,对所翻译之经典文本进行详细解读和注疏,力求揭示各层复杂意蕴及其构成的丰富深邃的意义网络。正因为此,我们所选择的文本务求精炼。或者是短篇,或者是长篇中的某一卷。不求量之大,但求质精而深。

总之,无论是古典原文的呈现还是研究性的解读,都是为了防止现成化教条化的研究态度。我们将以极大的谦卑和认真精神,和读者一道去追求分享古典人那神圣的福分,滋养复苏成长中的华夏。

包利民

前　　言

一、《吕西斯》源流简介

《吕西斯》是柏拉图的一篇对话作品。在十九世纪西方古典学界疑古风潮中曾被短暂地怀疑为伪作，除此以外，人们一般都认为该篇对话的作者就是柏拉图本人①。在第欧根尼·拉尔修的《名哲言行录》中记载了这样一则轶事，"有些人说，当苏格拉底听到柏拉图诵读《吕西斯》时，说：'天啊！这个年轻人说了我的多少谎言啊！'因为他在这篇对话里，写了很多苏格拉底未曾说过的东西"②。苏格拉底本人是否真的知道有这篇对话的存在，我们不得而知。在另外一个地方，第欧根尼·拉尔修写道，"他（苏格拉底）在鼓动和劝阻两个方面都特别精通，很有能力。例如，按照柏拉图所说……他通过鼓励，使吕西斯变成了一个最有道德的人"③。这个判断似乎来自第欧根尼·拉尔修本人对《吕西斯》这篇对话作品的理解。

亚历山大的忒拉绪洛斯（Thrasyllus）认为，柏拉图是以悲剧诗人的四联剧的模式来安排其作品的。按照四联剧的模式，前三部是悲剧，而第四部乃是与之相关的"羊人剧"，或者又称之为"笑剧"。

---

① 参阅"《厄庇诺米斯》的真伪"，程志敏，载《柏拉图的真伪》，刘小枫、陈少明编，华夏出版社2007年1月版，第1~21页。该文指出，在19世纪欧洲学界疑古思潮中，仅有五篇柏拉图作品未被怀疑，这五篇作品中并没有《吕西斯》。
② 引自《名哲言行录》，【3.35】。
③ 引自《名哲言行录》，【2.29】。

忒拉绪洛斯于是就把柏拉图的作品编为九组四联剧。并且给每一部著作加了一个双标题,一个源于对话者的名字(当然,只有一部分的柏拉图作品是以对话者名字命名的),另一个则取自该对话的主题。《吕西斯》被安排在第五组四联剧中,另外三篇是《忒阿格斯》(论哲学),《卡尔米德》(论节制),《拉克斯》(论勇敢)。《吕西斯》被安排在最后,其副标题是"论友爱"。

又据第欧根尼·拉尔修的《名哲言行录》记载,柏拉图的对话一般被分为两类,教诲类与探索类。教诲类下又分为理论与实践两类,探索类下分为锻炼与辩论两类。理论类下又分物理与逻辑两类,实践类下又分伦理与政治两类。锻炼类下又分助产式与试探式两类,辩论类下又分论证与辩驳两类。《吕西斯》被认为属于探索类－锻炼类－助产式类。

据说,在柏拉图之后,亚里士多德写作的《尼各马可伦理学》中就有关于《吕西斯》的针对性意见。"亚里士多德在《尼各马可伦理学》第八卷专门讨论友爱的问题,他虽然没有提出《吕西斯》的名字,但他所谈的问题显然是从《吕西斯》引申出来的。亚里士多德首先澄清了苏格拉底对话中关于友爱对象的混乱观念,认为友爱只同人相关,严格限定在人的生活范围……亚里士多德概括伦理生活经验,从目的方面区分三种友爱:因有用而生的友爱,因快乐而生的友爱以及因善而生的友爱。他认为前两种都是实用性的友爱,是带有偶然性的,……只有第三种善的友爱仅存在于善人和善人之间,由于彼此自身的善才成为朋友,相互友爱,这才是完善牢固的友爱,同善本身一样天长地久"。[①]

公元九世纪的阿拉伯思想家阿尔法拉比在其著作《柏拉图的哲学》中,也有涉及《吕西斯》的部分,然而他并没有直接提到《吕西

[①] 引自《希腊哲学史》(第二卷),汪子嵩、范明生、陈村富、姚介厚著,人民出版社1993年5月第1版,第459页。

斯》的篇名。他这样写道:"然后柏拉图研究了爱与友谊。他研究了大众眼中的友谊是哪一种,真正的友谊和爱又是哪一种,真正值得去爱的是哪一种,以及在大众眼中值得去爱的是哪一种"。① 阿尔法拉比似乎着重提出了这篇对话之中真正的友谊与爱和大众眼中的友谊与爱的区别。

西塞罗、爱比克泰德、蒙田、弗兰西斯·培根都有关于友爱的著作,然而都没有在其中提及《吕西斯》。这篇对话在近现代西方学界也不太受重视,只有散见于各处的研究论文,并无专著对其进行研究。在 A·E·泰勒的《柏拉图——生平及其著作》中,他将《吕西斯》定性为次要的苏格拉底对话录,将其与《卡尔米德》、《拉克斯》放在同一章进行了粗略的解读。泰勒认为,这一篇对话其"背景呈现苏格拉底跟有前途的孩子们相处时的风度的又一个可爱情景"。泰勒还认为,"柏拉图对《李思篇》(即《吕西斯》)的兴趣在一定程度上是一种心理学的兴趣"。在泰勒看来,《吕西斯》虽然没有给出一个明确的答案,却保留了一个善意的问题,促使我们去思考。并且其思考的结果就能从亚里士多德的《尼各马可伦理学》中看到。被苏格拉底在谈话过程中驳倒的各种友爱,看上去又都似乎具有某些道理②。

在厄奈斯特·巴克爵士所著《希腊政治理论》中,作者用一章的篇幅论述了柏拉图的早期对话,然而却没有将《吕西斯》放入其中,理由可能是因为《吕西斯》与政治理论关系不大。巴克爵士可能疏忽了苏格拉底被雅典法庭所起诉的罪名,其中有一条便是腐蚀青年。米歇尔·福柯在《主体解释学》中主要论点是古典思想中的修身技艺,他详细解读了《阿尔喀比亚德》,因为这篇对话发生在苏格

---

① 引自《柏拉图的哲学》,阿尔法拉比著,程志敏译,华东师范大学出版社2006年1月第1版,第46页。
② 参看《柏拉图——生平及其著作》,【英】A·E·泰勒著,谢随之、苗力田、徐鹏译,山东人民出版社1990年10月第1版,第99、101、112页。

拉底与少年阿尔喀比亚德之间,具有某种程度上的典型意义,然而福柯却没有提及同样发生在苏格拉底与少年之间的对话《吕西斯》。德里达在《友爱政治学》中提及了《吕西斯》,但他没有以专门的章节分析这篇对话,而是引用了这篇对话的部分内容,分散地置于论证之中。值得一提的是,在《友爱政治学》中,德里达还提及了与《吕西斯》似乎有些关联的另一篇对话《梅尼克齐努斯》。另外,还必须提到伽达默尔对《吕西斯》的解读,伽达默尔也曾经专门论及《吕西斯》中的"言语与行为"。伽达默尔认为解读该篇对话的关键在于了解到"言语与行为之间的多利安式的和谐"。以此为原则,伽达默尔的分析直接从苏格拉底与吕西斯和梅尼克齐努斯的谈话开始。他还认为在解读过程中,始终不能忘记"友谊问题旨在揭示什么是正义的社会"。伽达默尔在这篇文章的最后写道,这篇对话"指向建立一种实在的友谊,指向一种'朋友是什么'的知识。这为柏拉图以后在哲学乌托邦中所构筑的言语与行为间的多利安式和谐铺平了道路——尽管也只是在言语上的"[①]。

1979年美国康奈尔大学出版社出版了戴维·博罗丁(David Bolotin)的《柏拉图的对话——论友爱:〈吕西斯〉解读及新译》(*Plato's Dialogue on Friendship: An Interpretation of the Lysis with a New Translation*)。这个单行本包含了对《吕西斯》较为严谨的翻译,并附以详细的义疏。2005年英国剑桥大学出版社出版了由古典学家特里·佩内(Terry Penner)和克里斯托弗·罗威(Christopher Rowe)译疏的《柏拉图的〈吕西斯〉》(*Plato's Lysis*),这个义疏本有三百多页,综合了之前西方学界对《吕西斯》的研究注疏成果。伯纳德特的学生米歇尔·戴尔斯(Michael Davis)在其著作《哲学的自传》(*The Autobiography of Philosophy: Rousseau's The Reveries of the Solitary Walk-*

[①] 引自《伽达默尔论柏拉图》,【德】伽达默尔著,余纪元译,光明日报出版社1992年1月版,第7、10、23页。

er)中也专辟一章论述《吕西斯》,他认为"对话中始终有一个匿名听众,这个匿名者是整篇对话最重要的人物,并且《吕西斯》关于友谊的谈话最终指向了哲人自身,对友谊的爱即哲人对自身的热爱。因此,这篇讨论友谊的对话虽然最终没有解决'谁是朋友'的问题,但柏拉图-苏格拉底已经在与自己的对话中解决了自身的困惑"①。不过,戴维斯并没有对《吕西斯》进行贴近文本情节的解读,这一点类似于他的老师伯纳德特。伯纳德特在其《情节的论证》一书中收入他的相关论文"论《吕西斯》",伯纳德特也没有完全贴近情节进行解读,最起码他对于许多解读者非常重视的开场部分并不十分关注。不过在伯纳德特的访谈录《走向古典诗学之路》中,伯纳德特表明了他对吕西斯的重视,他认为《吕西斯》似乎是理解苏格拉底哲学特征的关键对话"②。

国内学界对《吕西斯》的研究首推汪子嵩先生等所著《希腊哲学史》(第二卷),在该书中,柏拉图的对话被分置为"苏格拉底"与"柏拉图"两部分进行解读。《吕西斯》被安排在对苏格拉底哲学思想的论述章节之中。作者对该篇对话依照其内容作了简略解读,得出的结论是,"表面上看《吕西斯》也和其他苏格拉底对话一样对友爱没有作出肯定性定义,但实际上苏格拉底运用他的辩证法着意破除流行的关于友爱的朴素常识观念,……也批判了将美德归为欲望的主张,……实质上肯定了友爱美德是以知识、智慧、善为根据,是有确定的价值标准的。他没有得出精确的友爱定义,因为美德有整体性,只能在探究全部道德价值体系中才能规定友爱的本质"③。作者还认为该篇对话中提及了关于柏拉图"相论"的思想雏形。

---

① 引自黄群,"从卢梭回到柏拉图:重拾西方思想史的友谊论题——以柏拉图的《吕西斯》为中心",载于《求是学刊》2009年第2期,第10~13页。
② 引自《走向古典诗学之路——相遇与反思:与伯纳德特聚谈》,【美】伯格编,肖涧译,华夏出版社2007年1月版,第214页。
③ 引自《希腊哲学史》(第二卷),汪子嵩、范明生、陈村富、姚介厚著,人民出版社1993年5月第1版,第458页。

辽宁教育出版社于 1998 年出版了由戴子钦先生翻译的《柏拉图对话七篇》,该书集合了柏拉图的对话作品《莱西斯》(即《吕西斯》)、《拉克斯》、《普罗塔戈拉》、《梅尼克齐努斯》、《蒂迈欧》、《克里蒂亚》、《克立托封》。戴先生在后记中说,这些对话作品早在上个世纪六十年代初就已经译出了,然而却因为文化大革命的缘故不得出版,幸运的是译稿被保存下来了。戴先生的这些译本是由本杰明·周维特(Benjamin Jowett)的英译本转译的。

河南人民出版社于 2000 年出版了廖申白先生所著的《亚里士多德友爱论研究》,在这本著作中作者用了一个小节论及了《吕西斯》,作者认为,希腊的友爱概念有慈爱、兄弟爱、性爱三义,而其最早与是性爱相联系的。"柏拉图谈论的友爱主要地就是性爱之爱"[①]。作者对《吕西斯》进行了简单的分析,认为这篇对话最终没有得出任何肯定性的结论。

人民出版社于 2002 年出版了由王晓朝先生翻译的《柏拉图全集》,《吕西斯》被安排在全集的第一卷中。《柏拉图全集》中译本主要是依据 1961 年出版的由伊迪丝·汉密尔顿和亨廷顿·凯恩斯主编的《柏拉图对话全集》英译本转译的。因此《柏拉图全集》将英译本中每一篇对话的编者序言也翻译了过来。汉密尔顿女士在关于《吕西斯》的短序中说:"《吕西斯》的有趣之处不在于讨论的问题,而在于讨论的方式。……(苏格拉底)确信真理是不能教的,真理必须去探索。他与青年们谈话的惟一愿望是使他们使用自己的心灵。他认为自己能为他们做的最好的事情是激发他们去思考问题。以这种方式,他们最终会转向他们自己的内心世界,对自己进行考察,学会认识自己"[②]。

---

① 引自《亚里士多德友爱论研究》,廖申白著,河南人民出版社 2000 年 9 月第 1 版,第 38 页。

② 引自《柏拉图全集》第 1 卷,【古希腊】柏拉图著,王晓朝译,人民出版社 2002 年 1 月版,2003 年 8 月第 2 次印刷,第 199 页。

商务印书馆于2004年出版了王太庆先生的《柏拉图对话集》①。据汪子嵩先生介绍,在这本王太庆先生的遗作汇编集中,共有王太庆先生翻译的柏拉图对话十二篇,其中有两篇未译完,这其中就有《吕西斯》②。王太庆先生将该篇篇名译为《吕锡篇》。在这本著述中,还收入了王太庆先生翻译的《名哲言行录》中的苏格拉底与柏拉图传记。王太庆先生还专门从亚里士多德的著作中节录出与苏格拉底、柏拉图相关的资料汇成一篇。

中山大学博士后研究员黄群先生,著有两篇关于《吕西斯》的论文,分别发表在《求是学刊》与《浙江学刊》③上,主要讨论《吕西斯》与友爱问题的关联及对《吕西斯》开篇场景的详细分析。

以上就是国内外《吕西斯》研究的大致情况。挂一漏万,实所难免。列奥·施特劳斯曾在给伽达默尔的信中说,无法给对柏拉图的解读定下任何先行原则,柏拉图的对话作品无法适用于一个能够普遍化的解释理论。而从目前能收集到的资料来看,对《吕西斯》的解读或者是将其附属于某种关于柏拉图的理论体系,或者是附属于某个与柏拉图无关的理论体系,在这种情况下必定将存在某些误解。我们只有从《吕西斯》最明显的特征入手,才能期望获得正确的理解。而《吕西斯》最明显的特征显然就是,这是一部戏剧作品。

二、《吕西斯》剧情简介

《吕西斯》是以苏格拉底为第一人称的叙述性戏剧作品。整个

---

① 见《柏拉图对话集》,【古希腊】柏拉图著,王太庆译,商务印书馆2004年1月第1版。
② 另一篇是《治国篇》(即《理想国》),王太庆先生只译了前三卷与第十卷。《吕西斯》译至213B。
③ 黄群,"从卢梭回到柏拉图:重拾西方思想史的友谊论题——以柏拉图的《吕西斯》为中心",载于《求是学刊》2009年第2期,第10~13页;"柏拉图《吕西斯》的场景设置",载于《浙江学刊》2010年第2期,第29~34页。

故事是由苏格拉底讲述的,而听其讲述的那个人是谁,在整篇作品中没有交代。我们可以将这篇作品的讲述对象假设为某些特定的读者,也可以假设为任何一个读者。因为,每一个人都可以阅读《吕西斯》,把它当作是苏格拉底给自己讲故事。

《吕西斯》主要讲述的是苏格拉底在赫尔墨斯节的最后一天的某个时段(可能是中午,因为戏剧结束之时声称天色已晚),在雅典城墙外边紧靠城墙的一条路上,(看似)偶遇一群青年人,被他们邀请加入一场对话的故事。在这场对话中,苏格拉底与众人谈到了:如何求取所爱之人的欢心、如何使得自己对父母有用(让自己在父母眼中被觉得可爱)、究竟什么是朋友这三大类问题。因为在古希腊语中,philia 包含了情爱、友爱的、朋友等多重含义,因此这三类问题就都和 philia 相互关联起来。经过柏拉图巧妙的安排,这三类问题被苏格拉底的叙述连接为了一个整体。因此,后世研读这篇对话的注释者们,将"论友爱"作为该篇戏剧作品的副标题,而在西方学界关于这篇对话的研究,也重点关注这篇作品中的"什么是朋友"这一问题。因为这个"什么是……?"的问题,被看作与柏拉图的理念论相关,所以一部分学者认为,在该篇作品中存在关于柏拉图理念论的雏形。关于"什么是朋友?"这一问题,在该篇戏剧作品中,最终并没有确切的答案,苏格拉底在论述中似乎推翻了一切关于朋友的定义。戏剧落幕于这样的结论:"我们"自始至终都不知道究竟什么是朋友。大多数学者认可了这一结论,也同意该篇作品没有给出关于友爱的最终说明,但是认为这篇作品能够激发读者对该问题的思考。目前有关友爱问题的研究论著都将《吕西斯》作为亚里士多德友爱理论的准备性基础,都认为《吕西斯》为亚里士多德在《尼各马可伦理学》中关于友爱的论述提供了一个基础,而亚里士多德的相关论述也具有一定的针对性。

怎么理解这一点?让我们从《吕西斯》全剧进展的具体动力设置入手考察。

根据苏格拉底的叙述,《吕西斯》一开场就是苏格拉底奔走在雅典城墙外的紧靠着城墙的一条道路上,他从雅典城外西北的阿卡德米运动场,走向位于雅典城南的吕克昂运动场,但没有选择走直线的方式从城中穿过,而是绕着城墙走了一条远路。在这条路上,依据苏格拉底的叙述,他似乎偶然遇上了希波泰勒斯与克特西普斯等青年人。戏剧的开篇并没有给出戏剧发生的具体时间,直到戏剧进行的中段,我们才获知这一天大约是在赫尔墨斯节的最后一天。

　　希波泰勒斯与克特西普斯当时和一帮青年人站在一个新建的摔跤学校之外。这所摔跤学校在平日是拒绝青年人进入的,它只允许少年男孩在其中锻炼。在古希腊时期,青年与少年的分界大约在14~16岁之间,即青春期前后(性意识的萌发)。这样的摔跤学校阻止青年人的进入,是为防止那些已经过了青春期,获得了性意识,并有同性恋倾向的青年人对少年人进行性骚扰。但是在赫尔墨斯节三天节庆的最后一天,这一禁忌被允许暂时性地打破,青年人与少年人可以混杂处在一起。希波泰勒斯作为青年人,对少年美男子吕西斯有好感,平日他无法接近吕西斯,但是在这一天他可以进入学校接近他所爱慕的对象。

　　希波泰勒斯邀请苏格拉底与他们一起进入这所摔跤学校,而苏格拉底经过与希波泰勒斯的一番谈话,轻而易举地识别出了他的真实目的,即他想通过苏格拉底的谈话去接近吕西斯。吕西斯热爱倾听别人的谈话和论辩,希波泰勒斯原计划将苏格拉底引入该学校,以吸引吕西斯的注意。苏格拉底识破了他的这一计划后便询问他如何追求吕西斯。在希波泰勒斯的朋友克特西普斯的嘲笑中,苏格拉底了解到希波泰勒斯的追求方式十分拙劣,就向希波泰勒斯宣称自己拥有高明的求爱技艺(在本文随后的分析中,称之为"猎爱技艺")。但是这种技艺只能展示,无法传授,于是希波泰勒斯同意苏格拉底向吕西斯使用这种技艺,他则通过现场观摩来学习。这便是戏剧剧情的第一部分,在该部分戏剧推进的动力是一连串的悬念,首先是读者想知道希波泰勒斯邀请苏格拉底的真实目的是什么，接着读者会对希波泰勒斯所追求的对象究竟是谁产生兴趣，最后读者们会想知道是否希波泰勒斯同意由苏格拉底来演示其猎爱技艺。从这段剧情我们看到，苏格拉底所谓的猎爱技艺，实际上是一种运用言辞俘获对手心智的能力，而苏格拉底运用这种技艺所俘获的第一个猎物就是希波泰勒斯本人。因为他竟然同意让苏格拉底去诱惑自己所爱的吕西斯，这说明他已经完全接受了苏格拉底言辞的摆布。

接下来苏格拉底便与众人进入了摔跤学校，并见到了吕西斯，同时还见到了吕西斯的朋友梅尼克齐努斯。梅尼克齐努斯是克特西普斯的侄子，同时他也是吕西斯最好的伙伴。苏格拉底与吕西斯及梅尼克齐努斯进行了简单的交谈，随后这一交谈被突发的事件所打断，梅尼克齐努斯被叫走去参加另外的活动，只剩下吕西斯单独面对苏格拉底。这时就到了戏剧的第一个高潮，读者们想知道苏格拉底是否能够诱惑猎捕美少年吕西斯。

苏格拉底从吕西斯所感受到的家庭的幸福感入手与吕西斯进行交谈，这是因为家庭带给吕西斯的幸福感是吕西斯感到骄傲之处，也是其心理庇护所。苏格拉底引入"知识才能带来自由与幸福"的观念，打破了吕西斯原有的幸福幻觉，同时又通过这一观念给吕西斯注入了"拥有知识即可统治世界"的新幸福幻觉。通过言辞中的一破一立，苏格拉底轻松地打破了吕西斯的心理防线，俘获了吕西斯。随着吕西斯的轻易就范，戏剧的悬念似乎解开，但这时梅尼克齐努斯又重新出现，而吕西斯则转而要求苏格拉底按照刚才与他进行谈话的模式，去与梅尼克齐努斯交谈，苏格拉底拒绝了吕西斯这一要求，他要吕西斯自己去和梅尼克齐努斯复述这段谈话，但是他还是表示愿意与梅尼克齐努斯交谈。随后，苏格拉底便与梅尼克齐努斯开始讨论"什么是朋友？"这一问题。由此，戏剧进入了第三个大问题的框架，即关于友爱问题的讨论。

苏格拉底首先问梅尼克齐努斯:是否一个人爱着另一个人,他们中的某一个人或两人就能称为朋友。讨论的结果是,当这种情况发生时,单向度的爱(爱欲、友爱)并不能保证其中的任何一个人是对方的朋友。甚至还会陷入一种悖论,即某些人会成为他们敌人的朋友,而某些人会成为他们朋友的敌人。

在讨论至此时,吕西斯忍不住插入进来,苏格拉底为他情不自禁的插话感到高兴,随后与他一起转变了讨论的方向。从爱的情感举止转向爱的原因:相似者(同类与同类)之间是否能够成为朋友。他们提到了诗人和自然哲学家的观点,但是又驳倒了他们。讨论的结果是,同类之间因为相似,互相没有需要而无法成为朋友。接下来,苏格拉底又与梅尼克齐努斯讨论相反者(相对者、矛盾者)之间是否能够成为朋友。在引用了古人的看法之后,还是得出否定性的结果:相反者由于相互伤害而无法成为朋友。

在讨论陷入僵局之际,苏格拉底抛出了自己关于友爱(朋友)的第一个定义,他设定有某种既不好也不坏的事物,这种事物在遇到坏的事物时而变坏,却没有完全变坏,在这种情况下,转而与某些帮助它恢复的事情成为朋友。苏格拉底举例说,当既不好也不坏的身体,在遇到坏的疾病的情况下,为了追求好的健康,而成为了疾病治愈者医生的朋友,医生就成为了这个患上疾病的身体的朋友。这时,吕西斯与梅尼克齐努斯两人都赞同了苏格拉底的这一定义。

戏剧进行至此,早先的悬念都已经失去,因为关于"什么是朋友(或友爱)?"这一问题也已经拥有了答案,而苏格拉底似乎也通过言辞使得两位少年人都成为了自己论证的"俘虏"。但此时使得戏剧继续推进下去的,是苏格拉底自己对这个定义的不满。由此直到该篇戏剧作品的结束,一直是由苏格拉底对该问题的不满意而推动戏剧的发展。因此可以说,这篇戏剧作品中最重要的悬念,仍然是一个哲学问题,即"友爱问题"。

苏格拉底对他自己所提出的定义的不满,隐藏在了他自己所设定的前提中,因为他将身体的健康状态,设定为既不好也不坏的状态,又将身体遭遇疾病后所追求恢复的健康状态,设定为好的状态。对这一矛盾的分析,使关于友爱问题的讨论引入了所谓目的论或价值论的问题。苏格拉底追问,究竟为了什么目的而产生朋友(友爱),抑或决定友爱关系的终极价值是什么。

对这一追问,苏格拉底又提出了所谓"第一朋友"的概念。他指出,"第一朋友"位于友爱关系链的顶端,是决定所有友爱关系的终极目的与价值。我们可以看到,这所谓的"第一朋友",既像理念论中的关于朋友的"理念",又像价值论与目的论中关于朋友的"神"。由此,苏格拉底通过将目的论与价值论引入论述,使得第一个关于友爱的结构性知识定义,转化为了一种准宗教的(友爱 – 教)教义。在前一定义中,苏格拉底是友爱知识的传授者,在后一定义中,苏格拉底是友爱教义的传播者和祭司。

然而苏格拉底根本没有停止在这一步,而是继续深化问题,引入了一个非常惊心动魄的例证。苏格拉底说,当一个儿子饮下毒药之后,父亲如果病急乱投医将酒看作是解药,便会将酒看作是朋友,又因为酒的缘故而与盛酒的器皿成为朋友,并与其他相关的一切为友。这一例证中所提到的毒药,非常容易就让人联想到苏格拉底被雅典法庭判处死刑后,所饮下的毒芹汁。同样,其中的父子关系也容易让人联想到阿里斯托芬的喜剧《云》中的斯瑞西阿得斯与斐狄庇得斯父子。实际上,柏拉图的这一手法乃是对两种情况的总体性探讨。这个儿子既可以看作是吕西斯、斐狄庇得斯,也可以看作是苏格拉底(以及他所从事的哲学活动),而毒药除了可看作毒药外,又可以看作是对斐狄庇得斯造成恶劣影响的智者诡辩术,也可以看作是对苏格拉底的惩罚(对哲学的伤害)。通过这一例证,柏拉图向我们表明了三层问题:

首先,所谓的"第一朋友"所建构出来的价值体系是不稳固的,这个正面意义上的价值体系,实际上是由负面意义所决定的。也就是说,什么是最好的,是由什么是最坏的来决定的。在城邦(父亲)看来,最坏的是死亡。因此,城邦的价值体系实际上是以对死亡的拒斥来作为"第一朋友"的。

其次,哲学研究者所认为的最坏之物乃是无知,而非死亡。因此他们的追求与城邦的价值体系相违背,从而使得城邦的持续存在受到威胁。如果哲学无知于自身的这种威胁,就必将给城邦带来灾难,如腐蚀城邦的年轻一代,这时哲学就成了毒害年轻人的毒药,而城邦也就判处哲学研究者以死刑。

第三,因此对于哲学来说,最大的威胁就是对自身性质的无知。因为哲学如果不了解自身与政治的矛盾,就会使得哲学处于政治的威胁之中,所以哲学必须转向于政治哲学。这种转向乃是初步意义上的转向,即认识政治的特性与哲学的特性。通过这初步的转向,哲学才能将政治世界纳入到自身的整体视野之中,使得对自身的认识得以加深。

在打破了由"第一朋友"建立起来的友爱价值体系后,苏格拉底更进一步将友爱问题引入了对哲学自身性质的探寻之中。

苏格拉底与两位少年人讨论,当所有的坏都消失之后,是否存在一种既不好也不坏的欲望,而这种欲望追求的对象就是友爱。两位少年人已经跟不上苏格拉底的思路,只能同意。苏格拉底随后指出,这种欲望所欲望的对象是本来属于其自身的固有之物。因此欲望与欲望的对象就具有某种相属性质(或亲缘性)。两位少年人也同意了这种论断。苏格拉底最后的问题是,这种相属的性质(亲缘性)与最开始他们所推翻的"相似者"是否相同。少年人无法看出其中的差别,苏格拉底于是总结说,那么这已经被证明为不可能为友。

在穷尽了所有可能之后,关于"什么是朋友(友爱)?"的追问最终失败。

这时,少年人的监护者出现了,因赫尔墨斯节暂时破除禁忌的少年人的自由就结束了,监护者要将两位少年人带回家。苏格拉底等人最初想阻拦,但是在对抗中发现监护者都喝醉了酒,不可理喻,便选择退让。在少年人离去之时,苏格拉底向他们感慨道:虽然在别人看来,他与少年人看似成为了朋友,但其实对于朋友是什么却都不知道。

三、《吕西斯》结构浅析

《吕西斯》涉及的主要谈话对象有五个人,即苏格拉底与两组朋友——希波泰勒斯和克特西普斯,吕西斯与梅尼克齐努斯。其中,希波泰勒斯爱慕着吕西斯,吕西斯与梅尼克齐努斯是好伙伴,梅尼克齐努斯又是克特西普斯的侄子。

在年龄上,苏格拉底年纪最大,而希波泰勒斯与克特西普斯居次,是青年人,吕西斯与梅尼克齐努斯年纪最小,是少年人,不在场、却对这次谈话有重大影响的是吕西斯的父母这一辈人,因此这些人几乎构成了人世时间的全部进程(少年-青年-中年-老年)。

希波泰勒斯与克特西普斯是青年人朋友,他们已经度过了青春期,获得了性意识,萌发了爱欲,开始追求爱欲的对象。他们之间的关系,一方面是相互忍受,克特西普斯忍受希波泰勒斯的疯癫,希波泰勒斯忍受克特西普斯的嘲讽;另一方面则是相互利用,希波泰勒斯利用克特西普斯接近吕西斯,克特西普斯似乎默认了这种利用关系。他们之间的朋友关系,揭示了城邦之中友爱关系的常态。这种友爱关系表面上被称为"扶友损敌",而实际上不乏相互利用与相互贬损,通过这种相互贬损以追求自我的承认(打压对方,以获得对方的承认)。

吕西斯与梅尼克齐努斯是少年人,尚未有明确的性意识,他们之间的关系是玩伴。一方面他们并不致力于绝对的竞争,因为他们没有明确的爱欲争夺对象,也还不需要承担家庭责任。另一方面,他们也开始进行初步的相互比较,试图超越对方。在此阶段,如若受到了恶劣的影响,如梅尼克齐努斯所受到的克特西普斯的影响,便会沉迷于论辩,以通过言辞打压对手为乐,并不追求任何的高层次价值;而如若受到善好的规劝,如苏格拉底的影响,则会转而认识到自身的不足,寻求对自身的超越。在这一阶段,也就是少年人既不好也不坏的阶段,他们的父辈、亲人、朋友乃是其保护者,保护他们免受坏的影响。城邦的律法也有这方面的规定,如不允许青年人接触少年人等。然而,法律难免有不足之处,而城邦的整体欲望也需要一个暂时放松的时段,这个时段就是类似赫尔墨斯节这样的日子。这时,少年人就暴露在外在威胁之中了。这种威胁有类似希波泰勒斯这样的真正的威胁,也有苏格拉底这样的伪威胁。

在这篇戏剧作品中,苏格拉底的角色乍看上去是一个好色之徒,年轻人的腐蚀者,公然演示着猎爱技艺,雅典城邦判处苏格拉底以死刑一点都不为过,因为他竟然向希波泰勒斯等人演示如何诱捕吕西斯。但实际上,苏格拉底所起到的作用,却是自始至终的对吕西斯与梅尼克齐努斯这样的少年人的保护。在城邦律法放松的当口,在这些既不好也不坏的少年人最危险的时候,他始终处在他们周围,以言辞的方式对其进行劝导,使他们认识到自己的不足,以追求有所进步。

而这篇作品对于苏格拉底本人与读者而言,则是一次生动的哲学演绎。在戏剧的最开始阶段,关于"什么是朋友?"这一问题并没有提出来。随着剧情的深入,它才自然而然地出现在讨论之中。哲学问题看上去不是故意安排的,而是源于偶遇。然而即使这样的偶遇,也不能保证得到真正的哲学探寻。只有当关于"什么是朋友?"的问题,一步步深入,进行了多次的转向之后,才能触摸到哲学的门径。关于"什么是朋友?"的问题最终和哲学对自身的认识问题结合起来。哲学作为对智慧的友爱,究竟是怎样的一种欲望,这种欲望的对象即智慧,与追求智慧者之间的关系是否就是友爱?这便是这篇戏剧留给读者思考的问题。

关于《吕西斯》的论证结构,我们可以大致归纳如下:

A. 苏格拉底与希波泰勒斯的谈话:关于猎爱技艺的讨论,主题是与色欲相关的知识;

B. 苏格拉底与吕西斯的谈话:关于友爱的(可爱的)讨论,主题是知识的作用;

C. 苏格拉底与梅尼克齐努斯的谈话:关于友爱的讨论,主题是爱欲对朋友关系的决定;

D. 苏格拉底与吕西斯的谈话:关于友爱的讨论,主题是相似者为友;

E. 苏格拉底与梅尼克齐努斯的谈话:关于友爱的讨论,主题是相反者为友;

F. 苏格拉底与梅尼克齐努斯的谈话:关于友爱的讨论,主题是既不也不的结构性描述;

G. 苏格拉底与梅尼克齐努斯的谈话:关于友爱的讨论,主题是"第一朋友";

H. 苏格拉底与吕西斯、梅尼克齐努斯的谈话:关于友爱的讨论,主题是"相互属于"。

其中,A 与 C 相关,都涉及单向度的爱欲。在 A 中,这种单向度的爱乃是色欲,并且有为之服务的猎爱技艺;在 C 中,这种单向度的爱乃是诡辩术的知识。C 实际上乃是对 A 的否定,因为即使由猎爱技艺获取了爱慕对象的爱意,这种爱意也是虚假的,掌握猎爱技艺的人与其猎物之间的友爱关系同样也是虚假的。

B 与 D 相关,都涉及亲情,并且都谈到了知识或善好与亲情的关系。在 B 中,亲情乃是幸福;在 D 中,亲情乃是相似。而 D 又是对 B 的提升,因为在 D 中,苏格拉底引入了善好的概念,而在 B 中,他只谈到了知识。这种知识是单纯技术性的,不关乎善好。在吕西斯展现出自己对进步的追求后(插话),苏格拉底也对他开始了进一步的提升,他使吕西斯认识到,要破除沉迷于家庭幸福的迷梦,追寻善好的知识。

A、C 与 B、D 又有关联,因为爱欲造就亲情。这是戏剧中非常隐蔽的一点,只有在克特西普斯对希波泰勒斯所做的诗歌的介绍中有所展现。友爱关系最开始乃是兄弟、亲族之间的一种关系,然而一个人要跟另一个人成为兄弟、亲族,总是由于他们的父辈的情欲、爱欲所造成的。换句话说,父母之间的爱欲,是他们孩子们之间的友爱关系的基础。这既可以用来解释城邦中爱欲与友爱的关系,也可以解释哲学活动中的友爱关系。正因为对智慧的爱欲(eros),爱智慧者方力图成为智慧的朋友。

D 是对 B 的重复,E 是对 C 的重复。这种重复又是一种提升。这一点我们在上面已经分析了。B 与 C 谈到的都是两位少年的切身经验,而 D 与 E 则将对友爱的讨论与一种宇宙论的知识联系起来。这一方面涉及诗人的智慧,一方面涉及自然哲学的学说。通过这一设置,柏拉图将友爱关系中所涉及的人际关系问题,与自然哲学问题也囊括了进来。并且他还把诗人与自然哲学家也引入了关于友爱问题的讨论之中,通过讨论表明,诗人们与自然哲学家们对友爱的理解都存在着不足。

F 是前面五个部分的总结,苏格拉底提出的是纯粹知识性的友爱结构定义。然而这种友爱结构却与人相分离,处在这种结构之中的人缺乏自我意识。这个友爱结构定义,看似客观准确,也似乎能够予以解释,但是人不能从中找到自己的位置,无法将自身带入其中。他既不知道既不好也不坏的状态是否是健康的,也无法说明医生为何要把病人当作自己的朋友,在这两个问题的背后,乃是客观的知识体系所抛弃的价值论与目的论原因。

G 是对 F 的推进,将自我意识的因素加入到纯粹知识性的友爱结构之中。这种自我意识在推论中被绝对化而成为神圣意识、第一原因。由此,苏格拉底构筑了一个以神圣的"第一朋友"为中心的友爱价值体系。这个友爱价值体系取代了 F 中的纯粹知识性的友爱结构。在 F 中,苏格拉底是友爱知识人、友爱专家。在 G 中,苏格拉底是友爱的祭司、信徒。

H 是对前面七个部分的拆解,特别是对第 7 部分的拆解。柏拉图只用了"毒药"这一个意象,就完成了多重拆解与展示,这一笔绝妙之极。在这里苏格拉底将友爱与哲学等同起来。友爱就是对自身无知的追寻,同时也是对智慧的追寻,智慧就是认识自身的无知,而自身的无知就在自身之中,因此这种无知与对这种无知的知识,就与每个人都具有"亲缘性",这种善好的可能是属于每一个人的。然而这个定义将本身也置于悖论之中,因而它无法知识化、普遍化。自知无知并非知识,也非信仰[①]。

以上便是对《吕西斯》论证结构的概述。下面我们还可以略加分析《吕西斯》所启示的几个思想层面。

在本体论或自然哲学的层面,《吕西斯》向我们表明,首先,友爱问题不能与自然哲学或宇宙论问题等同起来。从自然哲学的层面无法获得关于友爱问题的合理解释。无论是所谓的相似者为友还是相反者为友,都缺乏对友爱问题的动力因的解释。也就是说,促使相似者为友或者相反者为友的动力究竟是什么,自然哲学无法提供最终的解答。于是这一问题就转到了第二个方面,即以自然哲学的方式解释自然与世界本身就是存在问题的。即使自然哲学的理论能够给物质世界以动力因解释,却也无法解释人世的动力因。其

---

① 参阅《西方哲学史》,【英】罗素著,何兆武译,商务印书馆 1997 年版,绪论。列奥·施特劳斯曾说,相对于法国的情感主义与德国人的理智主义而言,他可能更喜欢英国人的中庸论调。然而,这种中庸与罗素所表达出来的观点仍然存在距离。罗素认为哲学并非科学,也非宗教,但兼具二者的特性,不过作为自由民主政治理念的拥护者,罗素没有注意到哲学对政治的威胁。这种威胁在自由民主社会体现在两个方面,其一是哲学的变体论辩术的传播,会造成相对主义的价值观,对自由民主社会的存在造成威胁;其二是哲学的嗣子科学,在去掉价值关怀后以非理性的速度急速发展,产生出足以毁灭地球的技术能力。地球毁灭了,自由民主社会也就谈不上了。

中最难以解释的,可能是人世如何从物质世界中产生的问题。或者说,智慧是如何从非智慧之中产生出来的。在本体论或存在论领域,这一问题也被表述为,"存在"是如何从"非存在"中产生的,"有"如何产生于"无"。

在人际关系层面,《吕西斯》向我们表明,友爱问题与爱欲问题密切相关。爱欲是友爱的渊源。从根本层面来讲,没有对某物的爱欲,物我就无法分辨出来,而从爱欲中产生出对他者的认识,乃是友爱诞生的前提。必须有爱欲在先,通过爱欲接触到非我的他者,然后认识到他者与我是同样在进行爱欲追求的主体,这才是友爱关系产生的先行条件。两个没有爱欲行为的主体之间无法产生联系,单纯以爱欲行为来接触客体也无法产生友爱关系,因为这就变成了主体对客体的强迫、占有,逼迫客体对主体的承认。只有在拥有爱欲行为,同时能够克制自身的爱欲行为,使这种爱欲行为朝向更高价值目标的两个主体之间才能产生友爱关系。所以可以说,友爱是进行了自我反思后的爱欲。在亚里士多德对友爱的论述中,区分了三类友爱,即为利益的、为快乐的、为善好的。这三类友爱都需要爱欲对自身进行克制。为了谋求相互之间的利益所产生的友爱,需要对爱欲做最基本的克制,即不互相伤害;为谋求相互之间共同快乐的友爱,需要对爱欲做进一步的克制,并加以转移,即共同享受某物;而为追求善好的友爱,则需要对爱欲作一个本质性的提升。这种提升在亚里士多德的友爱体系中,就是对哲学的研习。由此我们可以看到爱欲与友爱的密切关系,并且在实际层面,如我们上文所说,爱欲产生出友爱,兄弟、亲族之间的友爱关系,来自于上一辈人之间的爱欲关系。通过爱欲关系将两个人连接在一起,具有了血缘的联系后,初始性的友爱关系才得以产生。

再转到伦理学层面,友爱问题就涉及到从亲人、兄弟、亲族、胞族等等之间的一系列关系。从爱欲所造就的家庭出发,进而到亲族,然后是城邦,这便是友爱关系涉及的伦理共同体。而《吕西斯》

在这一层问题上向我们表明,这个友爱的伦理共同体,乃是对人最初的一种保护。如吕西斯的父母、兄弟、监护人等等对他的保护。另一方面,这个伦理共同体对单个人的保护,却是基于这个共同体将单个个体看作是自身的所有物和财富这一前提之上的。就如《吕西斯》中所表现的,吕西斯父母对他的爱,乃是因为吕西斯是他们的所有物,是他们爱欲的产品。

通过伦理共同体,友爱问题进一步上升到政治共同体。《吕西斯》向我们表明,在政治共同体中,友爱的各种形态同时存在,即亚里士多德所举出的三种类型的友爱都是存在的。并且《吕西斯》还向我们表明,这三种类型的友爱中,第一种与第二种占据多数。"扶友损敌"的另一面乃是"损友利己"。所谓损友,是指对友人的有限打压,而利己是与友人的相互利用。政治共同体将其中的一切都当作共同体的财富来看待,类似于对自己财富的爱欲与保存的观念,政治共同体特别致力于保护其中的年轻人不受腐蚀(因为年轻人乃是共同体的共同财富,是城邦得以继承存在的关键,是政治共同体的实质生命之所在)。

《吕西斯》更进一步向我们呈现了城邦所追求的终极价值就在于自我的保存。对于个人而言,最大的威胁就是横死;对于城邦而言,最大的威胁就是灭亡。对于人类社会而言,最根本的威胁是毁灭。因此自我保存就是城邦政治的最大价值。政治世界是建立在这一价值的基础之上的,无论是古代的城邦还是现代的国家都是如此。只是古代世界认为城邦在这一基础价值之上,还可以追求更高的价值,如荣誉与财富等;而现代世界并不将这样的价值赋予国家,因为在现代政治哲学看来,对荣誉的追求,将导致国与国之间的纷争,引发战争,由此威胁政治所追求的基础价值,现代世界在基础价值之上所追求的更高价值只有财富。现代政治哲学还认为财富的增长,最终能够代替对荣誉的追求。

最后,《吕西斯》通过其结尾处的戏剧性场面向我们表明,对于

"喝醉了酒的奴隶"而言,财富并不能满足他们的欲求。他们一无所有,并且他们最根本上所缺乏的乃是对他们的承认(他们曾拥有却被剥夺的)。这也就是说,对于一部分人而言,追求他人的承认,乃是比追求财富更高的目标,是更有价值的行为。柏拉图将这样的人比作"喝醉了酒的奴隶"——他们被自己的欲望所控制,此外还接受了酒精的刺激。在《吕西斯》中,"酒"让人想到修辞术,它类似于阿里斯托芬《云》中的云神,云神能够变化成不同的模样,就像语言能随意变化塑形;而酒能够给人刺激,同时又让人麻醉,这也是言辞所具有的效应。当人们被追求承认的欲望所控制,同时还接受言辞方面的刺激时,他们就成了"喝醉了酒的奴隶",与这样的人是无法讲清楚道理的。他们强迫你接受他们的控制。在《吕西斯》中,苏格拉底选择了退让;在现实生活中,哲人也只能选择退让。

当那些"喝醉了酒的奴隶"成为了城邦的统治者时,他们对他人承认的执着追求,就会危及政治世界存在的根本价值,人类的保存与延续便会陷入危机之中。

为了避免人类普遍进入"喝醉了酒的奴隶"状态,《吕西斯》向我们表明,必须认真研究哲学。哲学与智慧为友(philo-sophia),这要求我们以与智慧作朋友的态度来看待智慧。就像苏格拉底在戏中所询问的那样,如果智慧不对我们这些追求者回报以爱,我们能把自己叫做智慧的朋友吗(212D)?因此智慧必然不是冰冷的知识,也不是我们通过知识所猎取的对象,所获得的利益。它是一种我们至今全然无知之物[1]。那么我们怎么才能感受到来自智慧的友爱呢?对于这一点,苏格拉底没有给我们以明确的答案,在《吕西斯》中,他只通过比喻让我们始终保持对自己的欠缺的认识,也就是说,始终自知无知。认识到自己的无知,就使得自己更进一步接近

---

[1] 参阅《偶在论谱系——西方哲学史的"阴影之谷"》,张志扬著,复旦大学出版社 2010 年 4 月版。"后记:海德格尔《最后的神》之校、译、释",第 394~399 页。

于智慧。而智慧对于我们是否会回报以爱,我们无法从对智慧的追寻中获得准确的答案。不过,柏拉图以一种特别的方式将这一答案给予了我们,这便是在《苏格拉底的申辩》之中假凯瑞丰之口传播的神谕。

最后,《吕西斯》通过其戏剧结构向我们表明,关于友爱问题的探讨不但和哲学本身自知无知的特性密切相关,也是一个人(如叙述者苏格拉底)自我认识的过程①,同时这一过程向所有的读者开放,关于友爱问题的思考邀请一切人加入其中,虽然它不能保证每个人都能从中获得完整的答案。

本译文主要依据的英译本为 Terry penner、Christopher Rowe,*Plato's Lysis*,Cambridge University Press,2005,pp. 326 – 351。

希腊文采用 J. Burnet, *Platonis opera*, vol. 3. Oxford: Clarendon Press, 1903(repr. 1968)

其他英文译本参照:

David Bolotin 译本,见 *Plato's Dialogue on Friendship: An Interpretation of the Lysis with a New Translation*,Cornell University Press 1979,pp. 17 – 52;

J·Wright 译本,收于 *Plato The Collected Dialogues*, including the letters, with Introduction and Prefactory Note,Edith Hamilton & Huntington Cairns,Princeton 1961,pp. 145 – 168;

Robin Waterfield 译本,见 *Meno and other dialogue/Plato: translated with an introduction and notes by Robin Waterfield*,Oxford University Press2005,pp. 69 – 96。

Loeb 英希对照版:*Plato in twelve volumes: Lysis、Symposium、Gor-*

---

① 参阅《哲学的自传》,【美】迈克尔·戴维斯著,曹聪、刘振译,华夏出版社 2011 年 1 月版,"哲学作为自传",第 3 ~ 12 页;"哲学与友谊",第 75 ~ 92 页。

gias with an English translation by W·R·M LAMB, Harvard University Press 1983, pp. 6 – 71。

《吕西斯》现有的几个中译文本亦给译者以参考帮助,特此说明:

戴子钦译本,见《柏拉图对话七篇》,辽宁教育出版社 1998 年版,第 1 ~ 32 页;

王晓朝译本,见《柏拉图全集》第一卷,人民出版社 2002 年版,第 199 ~ 230 页;

王太庆译本(未完稿),见《柏拉图对话集》,商务印书馆 2004 年版,第 138 ~ 153 页。

注释由译者综合各种资料编辑而成。

$\Lambda\upsilon\sigma\iota\varsigma$
[$\pi\varepsilon\varrho\iota\ \varphi\iota\lambda\iota\alpha\varepsilon,\ \mu\alpha\iota\varepsilon\upsilon\tau\iota\varkappa o\varsigma$]

吕 西 斯
【关于友爱的,助产性的】

Λυσις

[203a]Σωκράτης Ἐπορευόμην μὲν ἐξ Ἀκαδημείας εὐθὺ Λυκείου τὴν ἔξω τείχους ὑπ' αὐτὸ τὸτεῖχος: ἐπειδὴ δ' ἐγενόμην κατὰ τὴν πυλίδα ᾗ ἡ Πάνοπος κρήνη, ἐνταῦθα συνέτυχον Ἱπποθάλει τε τῷ Ἱερωνύμου καὶ Κτησίππῳ τῷ Παιανιεῖ καὶ ἄλλοις μετὰ τούτων νεανίσκοις ἁθρόοις συνεστῶσι. καί με προσιόντα ὁ Ἱπποθάλης ἰδών, ὦ Σώκρατες, ἔφη, ποῖ δὴ πορεύῃ καὶ [203b] πόθεν;

ἐξ Ἀκαδημείας, ἦν δ' ἐγώ, πορεύομαι εὐθὺ Λυκείου.

δεῦρο δή, ᾗ δ' ὅς, εὐθὺ ἡμῶν. οὐ παραβάλλεις; ἄξιον μέντοι.

ποῖ, ἔφην ἐγώ, λέγεις, καὶ παρὰ τίνας τοὺς ὑμᾶς;

δεῦρο, ἔφη, δείξας μοι ἐν τῷ καταντικρὺ τοῦ τείχους περίβολόν τέ τινα καὶθύραν ἀνεῳγμένην. διατρίβομεν δέ, ᾗ δ' ὅς, αὐτόθι ἡμεῖς τε αὐτοὶ καὶ ἄλλοι πάνυ πολλοὶ καὶ καλοί.

[204a]ἔστιν δὲ δὴ τί τοῦτο, καὶ τίς ἡ διατριβή;

παλαίστρα, ἔφη, νεωστὶ ᾠκοδομημένη: ἡ δὲ διατριβὴ τὰ πολλὰ ἐν λόγοις, ὧν ἡδέως ἄν σοι μεταδιδοῖμεν.

καλῶς γε, ἦν δ' ἐγώ, ποιοῦντες: διδάσκει δὲ τίς αὐτόθι;

σὸς ἑταῖρός γε, ᾗ δ' ὅς, καὶ ἐπαινέτης, Μίκκος.

μὰ Δία, ἦν δ' ἐγώ, οὐ φαῦλός γε ἀνήρ, ἀλλ' ἱκανὸς σοφιστής.

βούλει οὖν ἕπεσθαι, ἔφη, ἵνα καὶ ἴδῃς τοὺς ὄντας αὐτόθι αὐτοῦ;

《吕西斯》译文

[203a]苏格拉底:我从阿卡德米出来,在城外沿着城墙脚下的那条路径直前往吕克昂[1]。当我走到帕诺普斯喷泉处[2]的小门时,遇到了希诺吕慕斯的儿子希波泰勒斯和帕厄尼阿区[3]的克特西普斯,以及其他的一些青年,他们站成一圈。希波泰勒斯看到我向他们走去,便说:"苏格拉底!你这是要走到哪里去?[203b]又从哪里来啊?"

"从阿卡德米来,"我说,"直接到吕克昂去"。

"直接到我们这里来吧,"他说,"你不一道来吗?这里真值得你来哦。"

"你说的是哪里?"我说,"和谁一道?在那儿都有些什么人?"

"我说的是这里,"他指给我看一处由围墙围起来的地方,它的大门打开着,"我们就在这里打发时间,还有许多其他人呢,长得漂亮[4]的也不少。"

[204a]"这是什么地方,你们又是怎么打发时间的呢?"

"这是个摔跤学校[5],"他说,"刚建成的。我们大部分时间在讨论[6],非常欢迎你也加入。"

"好的。"我说,"但是谁在这里教授[7]呢?"

"就是你的一个朋友,一个钦慕者——米库斯[8]。"

"宙斯啊[9]!"我说,"确实不是一般人,实际上〈他〉对于传授智慧相当在行。"

"那么说你打算跟我们一起来啦?"他说,"这样你自己就可以看到里面都有谁了。"

[204b]πρῶτον ἡδέως ἀκούσαιμ᾽ ἂν ἐπὶ τῷ καὶ εἴσειμι καὶ τίς ὁ καλός.
ἄλλος, ἔφη, ἄλλῳ ἡμῶν δοκεῖ, ὦ Σώκρατες.
σοὶ δὲ δὴ τίς, ὦ Ἱππόθαλες; τοῦτό μοι εἰπέ.
καὶ ὃς ἐρωτηθεὶς ἠρυθρίασεν. καὶ ἐγὼ εἶπον: ὦ παῖ Ἱερωνύμου Ἱππόθαλες, τοῦτο μὲν μηκέτι εἴπῃς, εἴτε ἐρᾷς του εἴτε μή: οἶδα γὰρ ὅτι οὐ μόνον ἐρᾷς, ἀλλὰ καὶ πόρρω ἤδη εἶ πορευόμενος τοῦ ἔρωτος. εἰμὶ δ᾽ ἐγὼ τὰ μὲν ἄλλα φαῦλος [204c]καὶ ἄχρηστος, τοῦτο δέ μοί πως ἐκ θεοῦ δέδοται, ταχὺ οἵῳ τ᾽ εἶναι γνῶναιἐρῶντά τε καὶ ἐρώμενον.
καὶ ὃς ἀκούσας πολὺ ἔτι μᾶλλον ἠρυθρίασεν. ὁ οὖν Κτήσιππος, Ἀστεῖόν γε, ἦ δ᾽ ὅς, ὅτι ἐρυθριᾷς, ὦ Ἱππόθαλες, καὶ ὀκνεῖς εἰπεῖν Σωκράτει τοὔνομα: ἐὰν δ᾽οὗτος καὶ σμικρὸν χρόνον συνδιατρίψῃ σοι, παραταθήσεται ὑπὸ σοῦ ἀκούων θαμὰ λέγοντος. ἡμῶν γοῦν, ὦ Σώκρατες, ἐκκεκώφωκε τὰ [204d] ὦτα καὶἐμπέπληκε Λύσιδος: ἂν μὲν δὴ καὶ ὑποπίῃ, εὐμαρία ἡμῖν ἐστιν καὶ ἐξ ὕπνου ἐγρομένοις Λύσιδος οἴεσθαι τοὔνομα ἀκούειν. καὶ ἃ μὲν καταλογά δηνδιηγεῖται, δεινὰ ὄντα, οὐ πάνυ τι δεινά ἐστιν, ἀλλ᾽ ἐπειδὰν τὰ ποιήματα ἡμῶν ἐπιχειρήσῃ καταντλεῖν καὶ συγγράμματα. καὶ ὅ ἐστιν τούτων δεινότερον, ὅτικαὶ ᾄδει εἰς τὰ παιδικὰ φωνῇ θαυμασίᾳ, ἣν ἡμᾶς δεῖ ἀκούοντας ἀνέχεσθαι. νῦνδὲ ἐρωτώμενος ὑπὸ σοῦ ἐρυθριᾷ.
[204e]ἔστιν δέ, ἦν δ᾽ ἐγώ, ὁ Λύσις νέος τις, ὡς ἔοικε: τεκμαίρομαι δέ, ὅτι ἀκούσας τοὔνομα οὐκ ἔγνων.
οὐ γὰρ πάνυ, ἔφη, τί αὐτοῦ τοὔνομα λέγουσιν, ἀλλ᾽ ἔτι πατρόθεν ἐπονομάζεται διὰ τὸ σφόδρα τὸν πατέρα γιγνώσκεσθαι αὐτοῦ. ἐπεὶ εὖ οἶδ᾽ ὅτι πολλοῦ δεῖς τὸεἶδος ἀγνοεῖν τοῦ παιδός: ἱκανὸς γὰρ καὶ ἀπὸ μόνου τούτου γιγνώσκεσθαι.
λεγέσθω, ἦν δ᾽ ἐγώ, οὗτινος ἔστιν.
Δημοκράτους, ἔφη, τοῦ Αἰξωνέως ὁ πρεσβύτατος ὑός.
εἶεν, ἦν δ᾽ ἐγώ, ὦ Ἱππόθαλες, ὡς γενναῖον καὶ νεανικὸν τοῦτον τὸν ἔρωταπανταχῇ ἀνηῦρες: καί μοι ἴθι ἐπίδειξαι ἃ[205a] καὶ τοῖσδε ἐπιδείκνυσαι,

［204b］"在此之前,我希望知道进去后能得到什么? 谁是那漂亮的人?"

"我们对此看法不一,苏格拉底。"

"但是你认为是谁呢,希波泰勒斯? 这是你可以告诉我的。"

这个问题让他脸红了。我于是说:"希诺吕慕斯的儿子,希波泰勒斯,你用不着告诉我是否爱上了某个人,因为我知道你不仅爱上了,而且还陷得很深。我这个人呢,尽管在其他事情上没有什么能力,［204c］甚至一无是处,但不知怎么搞的,神给予我一种能力,使我能够很快地看出爱人和他爱的对象[10]。"

他听我这么说,脸红得更厉害了。这时克特西普斯说:"真是好玩,希波泰勒斯,居然看到你会脸红,想跟苏格拉底说那个名字又怕羞! 不过,〈苏格拉底〉,你只要稍微和他多待一会,估计就会被他不停地念那个名字弄烦了! ［204d］不管怎么说,苏格拉底,他已经用'吕西斯'这个名字把我们的耳朵堵上了;要是他还喝上点酒,那么我们半夜都会被他吵醒,听他念叨吕西斯。他平常就已经够烦的了,更可怕的是他拿起他写的诗文塞进我们的脑袋。最可怕的是,我们不得不忍受他用一种极其诡异的嗓音歌唱他所爱的人。现在你问他这个名字,他却脸红了!"

［204e］"这个吕西斯,"我说,"看起来年纪很轻啰,我这么猜想是因为我没听说过这个名字。"

"对,"他〈克特西普斯〉说,"这是因为人们通常不称呼他自己的名字,他现在只被称呼其父亲的名字[11],因为他的父亲非常有名。我敢肯定你一看到那孩子的模样,就肯定会认出他[12]。仅仅是他的长相就足以让人知道〈他是谁了〉。"

"那么请告诉我,他是谁的儿子。"我说。

"德谟克拉特,"他说,"〈住在〉阿厄克索尼区,吕西斯是他的长子。"

"好事啊,"我说,"希波泰勒斯,你找到的是一个各方面都高

ἵνα εἰδῶ εἰ ἐπίστασαι ἃ χρὴ ἐραστὴν περὶ παιδικῶν πρὸς αὐτὸν ἢ πρὸς ἄλλους λέγειν.
τούτων δέ τι, ἔφη, σταθμᾷ, ὦ Σώκρατες, ὧν ὅδε λέγει;
πότερον, ἦν δ' ἐγώ, καὶ τὸ ἐρᾶν ἔξαρνος εἶ οὗ λέγει ὅδε;
οὐκ ἔγωγε, ἔφη, ἀλλὰ μὴ ποιεῖν εἰς τὰ παιδικὰ μηδὲ συγγράφειν.
οὐχ ὑγιαίνει, ἔφη ὁ Κτήσιππος, ἀλλὰ ληρεῖ τε καὶ μαίνεται.
καὶ ἐγὼ εἶπον: ὦ Ἱππόθαλες, οὔ τι τῶν μέτρων δέομαι [205b] ἀκοῦσαι οὐδὲ μέλος εἴ τι πεποίηκας εἰς τὸν νεανίσκον, ἀλλὰ τῆς διανοίας, ἵνα εἰδῶ τίνα τρόπον προσφέρῃ πρὸς τὰ παιδικά.
ὅδε δήπου σοι, ἔφη, ἐρεῖ: ἀκριβῶς γὰρ ἐπίσταται καὶ μέμνηται, εἴπερ, ὡς λέγει, ὑπ' ἐμοῦ ἀεὶ ἀκούων διατεθρύληται.
νὴ τοὺς θεούς, ἔφη ὁ Κτήσιππος, πάνυ γε. καὶ γάρ ἐστι καταγέλαστα, ὦ Σώκρατες. τὸ γὰρ ἐραστὴν ὄντα καὶ διαφερόντως τῶν ἄλλων τὸν νοῦν προσέχοντα τῷ παιδὶ ἴδιον [205c] μὲν μηδὲν ἔχειν λέγειν ὃ οὐχὶ κἂν παῖς εἴποι, πῶς οὐχὶ καταγέλαστον; ἃ δὲ ἡ πόλις ὅλη ᾄδει περὶ Δημοκράτους καὶ Λύσιδος τοῦ πάππου τοῦ παιδὸς καὶ πάντων πέρι τῶν προγόνων, πλούτους τε καὶ ἱπποτροφίας καὶ νίκας Πυθοῖ καὶ Ἰσθμοῖ καὶ Νεμέᾳ τεθρίπποις τε καὶ κέλησι, ταῦτα ποιεῖ τε καὶ λέγει, πρὸς δὲ τούτοις ἔτι τούτων κρονικώτερα. τὸν γὰρ τοῦ Ἡρακλέους ξενισμὸν πρῴην ἡμῖν ἐν ποιήματί τινι διῄει, ὡς διὰ τὴν τοῦ Ἡρακλέους συγγένειαν ὁ πρόγονος αὐτῶν [205d] ὑποδέξαιτο τὸν Ἡρακλέα, γεγονὼς αὐτὸς ἐκ Διός τε καὶ τῆς τοῦ δήμου ἀρχηγέτου θυγατρός, ἅπερ αἱ γραῖαι ᾄδουσι, καὶ ἄλλα πολλὰ τοιαῦτα, ὦ Σώκρατες: ταῦτ' ἐστὶν ἃ οὗτος λέγων τε καὶ ᾄδων ἀναγκάζει καὶ ἡμᾶς ἀκροᾶσθαι.

贵[13]又有活力[14]的对象啊！那么接下来,给我看看[205a]你在他面前的表现吧,这样我就可以确定,你是否知道如何去谈及所爱的人,无论是对其本人还是对其他人而言。"

"苏格拉底,"希波泰勒斯说,"你不会把这家伙所说的都当真吧?"

"那你是不是否认,"我说,"你正爱着'这家伙'所说的那个人呢?"

"不,我不会,"希波泰勒斯说,"不过我否认我写诗给他,或是写韵文给他。"

"他不正常,"克特西普斯说,"他疯了,胡说八道!"[15]

于是我说:"我不是想听[205b]你写的诗,或者是你创作给那年轻人的歌,我想听的是你的想法[16],这样我就可以评价你向所爱的人表达自己的方式。

"让这家伙告诉你吧,"他说,"因为他知道得一清二楚,记得很熟,如果真如他所说,他已被我的滔滔不绝弄得耳朵都快聋了。"

"诸神在上!"克特西普斯说,"我当然可以。因为他表现得很搞笑,他是一个爱人[17],脑子里却只有这个男孩,[205c]其他什么也没有,但是他却没说出任何特别的话——甚至不如小孩呢。这不很搞笑吗? 他只会说整个城邦都会说的赞美的话,关于德谟克拉特,关于这个男孩的祖父吕西斯,以及这个男孩的所有的祖先,他们的财富、赛马,还有他们在德尔斐大会、地峡运动大会与尼米安大会中所取得的四马拉双轮战车竞赛、单马骑术竞赛[18]的胜利,甚至还有一些更老的传说——这些就是他塞进他所朗诵的诗歌里的内容。前天他就作了一首诗,谈论对赫拉克勒斯的款待——说什么这是由于赫拉克勒斯与吕西斯的祖先有亲戚关系,因为赫拉克勒斯正是宙斯与这个区[19]的建立者的女儿所生的后人。[205d]就是这些老妇传唱,还有许多其他诸如此类的东西。苏格拉底,这些就是这个家伙所说的和唱的,还强迫我们做他的听众。"

καὶ ἐγὼ ἀκούσας εἶπον: ὦ καταγέλαστε Ἱππόθαλες, πρὶν νενικηκέναι ποιεῖς τεκαὶ ᾁδεις εἰς σαυτὸν ἐγκώμιον;
ἀλλ᾽ οὐκ εἰς ἐμαυτόν, ἔφη, ὦ Σώκρατες, οὔτε ποιῶ οὔτε ᾁδω.
οὐκ οἴει γε, ἦν δ᾽ ἐγώ.
τὸ δὲ πῶς ἔχει; ἔφη.
[205e]πάντων μάλιστα, εἶπον, εἰς σὲ τείνουσιν αὗται αἱ ᾠδαί. ἐὰν μὲν γὰρ ἕλῃς τὰπαιδικὰ τοιαῦτα ὄντα, κόσμος σοι ἔσται τὰ λεχθέντα καὶ ᾀσθέντα καὶ τῷ ὄντι ἐγκώμια ὥσπερ νενικηκότι, ὅτι τοιούτων παιδικῶν ἔτυχες: ἐὰν δέ σε διαφύγῃ,ὅσῳ ἂν μείζω σοι εἰρημένα ᾖ ἐγκώμια περὶ τῶν παιδικῶν, τοσούτῳ μειζόνων δόξεις καλῶν τε καὶ ἀγαθῶν ἐστερημένος[206a] καταγέλαστος εἶναι.
ὅστις οὖν τὰ ἐρωτικά, ὦ φίλε, σοφός, οὐκ ἐπαινεῖτὸν ἐρώμενον πρὶν ἂν ἕλῃ, δεδιὼς τὸ μέλλον ὅπῃ ἀποβήσεται. καὶ ἅμα οἱ καλοί,ἐπειδάν τις αὐτοὺς ἐπαινῇ καὶ αὔξῃ, φρονήματος ἐμπίμπλανται καὶ μεγαλαυχίας: ἢ οὐκ οἴει;
ἔγωγε, ἔφη.
οὐκοῦν ὅσῳ ἂν μεγαλαυχότεροι ὦσιν, δυσαλωτότεροι γίγνονται;
εἰκός γε.
ποῖός τις οὖν ἄν σοι δοκεῖ θηρευτὴς εἶναι, εἰ ἀνασοβοῖ θηρεύων καὶδυσαλωτοτέραν τὴν ἄγραν ποιοῖ;
[206b]δῆλον ὅτι φαῦλος.
καὶ μὲν δὴ λόγοις τε καὶ ᾠδαῖς μὴ κηλεῖν ἀλλ᾽ ἐξαγριαίνειν πολλὴ ἀμουσία:
ἢγάρ;
δοκεῖ μοι.
σκόπει δή, ὦ Ἱππόθαλες, ὅπως μὴ πᾶσι τούτοις ἔνοχον σαυτὸν ποιήσεις διὰ τὴνποίησιν: καίτοι οἶμαι ἐγὼ ἄνδρα ποιήσει βλάπτοντα ἑαυτὸν οὐκ ἄν σε ἐθέλειν ὁμολογῆσαι ὡς ἀγαθός ποτ᾽ ἐστὶν ποιητής, βλαβερὸς ὢν ἑαυτῷ.
οὐ μὰ τὸν Δία, ἔφη: πολλὴ γὰρ ἂν ἀλογία εἴη. ἀλλὰ διὰ [206c] ταῦτα δή σοι, ὦ Σώκρατες, ἀνακοινοῦμαι, καὶ εἴ τι ἄλλο ἔχεις, συμβούλευε τίνα ἄν τις λόγον διαλεγόμενος ἢ τί πράττων προσφιλὴς παιδικοῖς γένοιτο.

听到这里,我便说:"荒唐的希波泰勒斯啊,你是否在你胜利之前就在创作与歌唱对自己的赞歌[20]啊?"

"这不是对我自己的,苏格拉底,"他说,"我虽然写了也唱了。"

"你真的认为不是吗?"我说。

"那你怎么看?"他说。

[205e]"这都是给你自己的。"我说,"这些你们提及的诗歌。因为,如果你俘获了你所爱的人,而他又是如你所描述的那样,那么你所说的和唱的就成了你的荣光,是对你赢得了这样美好的被爱者的胜利的一首真切的赞歌;不过,如果他逃离了你,那么你把你所爱的人歌唱得越伟大,你失去的美好高贵事物就显得越多,[206a]结局也就越可笑。所以我的朋友,一个聪明的爱慕者,不会去赞美那个他所爱的人,除非已经成功捕获,不再担心未来会发生变故。还有,那些美少年们一旦受到赞扬和吹捧,就会充满了骄傲与自负。或者你认为不是这样?"

"我认为是的。"他说。

"那么,他们越是自负,就越难被抓住了。"

"是的,似乎就是如此。"

"那你觉得这是怎样的一种猎手呢,此人惊动了猎物,使得它更难被抓住?"

[206b]"毫无疑问,这是差劲的〈猎手〉。"

"那么,如果不是用言辞与歌唱使其入迷、〈慢慢〉平静下来,反而是让其野性大发,此人就太缺乏言谈的技艺了吧[21],不是吗?"

"我看是的。"

"当心哦,希波泰勒斯,在你作诗的时候不要让自己犯类似的错误。而且,我想如果一个人的诗歌对自己造成了伤害,就此而言,你不会认为他是个好诗人吧?"

"宙斯啊!绝不是的,"他说,"那也太不理智了[22]。[206c]不过,正因为此,苏格拉底,我想跟你谈谈[23],如果你有什么秘诀,请一

οὐ ῥᾴδιον, ἦν δ' ἐγώ, εἰπεῖν· ἀλλ' εἴ μοι ἐθελήσαις αὐτὸν ποιῆσαι εἰς λόγους
ἐλθεῖν, ἴσως ἂν δυναίμην σοι ἐπιδεῖξαι ἃ χρὴ αὐτῷ διαλέγεσθαι ἀντὶ τούτωνὧν
οὗτοι λέγειν τε καὶ ᾄδειν φασί σε.
ἀλλ' οὐδέν, ἔφη, χαλεπόν. ἂν γὰρ εἰσέλθῃς μετὰ Κτησίππου τοῦδε
καὶκαθεζόμενος διαλέγῃ, οἶμαι μὲν καὶ αὐτός σοι πρόσεισι—φιλήκοος γάρ, ὦ
Σώκρατες, διαφερόντως [206d] ἐστίν, καὶ ἅμα, ὡς Ἑρμαῖα
ἄγουσιν,ἀναμεμειγμένοι ἐν ταὐτῷ εἰσιν οἵ τε νεανίσκοι καὶ οἱ
παῖδες—πρόσεισιν οὖνσοι. εἰ δὲ μή, Κτησίππῳ συνήθης ἐστὶν διὰ τὸν τούτου
ἀνεψιὸν Μενέξενον:Μενεξένῳ μὲν γὰρ δὴ πάντων μάλιστα ἑταῖρος ὢν
τυγχάνει. καλεσάτω οὖνοὗτος αὐτόν, ἐὰν ἄρα μὴ προσίῃ αὐτός.
ταῦτα, ἦν δ' ἐγώ, χρὴ ποιεῖν. καὶ ἅμα λαβὼν τὸν [206e] Κτήσιππον προσῇα
εἰςτὴν παλαίστραν· οἱ δ' ἄλλοι ὕστεροι ἡμῶν ἦσαν.
εἰσελθόντες δὲ κατελάβομεν αὐτόθι τεθυκότας τε τοὺς παῖδας καὶ τὰ περὶ
τὰἱερεῖα σχεδόν τι ἤδη πεποιημένα, ἀστραγαλίζοντάς τε δὴ καὶ κεκοσμημένους
ἅπαντας. οἱ μὲν οὖν πολλοὶ ἐν τῇ αὐλῇ ἔπαιζον ἔξω, οἱ δέ τινες τοῦ ἀποδυτηρίου
ἐν γωνίᾳ ἠρτίαζον ἀστραγάλοις παμπόλλοις, ἐκ φορμίσκων τινῶνπροαιρούμενοι·
τούτους δὲ περιέστασαν ἄλλοι θεωροῦντες. ὧν δὴ καὶ ὁ Λύσιςἦν, καὶ εἱστήκει
ἐν[207a] τοῖς παισί τε καὶ νεανίσκοις ἐστεφανωμένος καὶ τὴν ὄψιν διαφέρων,
οὐ τὸ καλὸς εἶναι μόνον ἄξιος ἀκοῦσαι, ἀλλ' ὅτι καλός τε κἀγαθός. καὶ ἡμεῖς
εἰς τὸ καταντικρὺ ἀποχωρήσαντες ἐκαθεζόμεθα—ἦν γὰρ αὐτόθι ἡσυχία—καὶ
τι ἀλλήλοις διελεγόμεθα. περιστρεφόμενος οὖν ὁ Λύσις θαμὰ ἐπεσκοπεῖτο
ἡμᾶς, καὶ δῆλος ἦν ἐπιθυμῶν προσελθεῖν. τέως μὲν οὖν ἠπόρει τε καὶ ὤκνει
μόνος προσιέναι, ἔπειτα ὁ Μενέξενος [207b] ἐκ τῆς αὐλῆς μεταξὺ παίζων
εἰσέρχεται, καὶ ὡς εἶδεν ἐμέ τε καὶ τὸν Κτήσιππον, ᾔει παρακαθιζησόμενος·
ἰδὼν οὖν αὐτὸν ὁ Λύσις εἵπετο καὶ συμπαρεκαθέζετο μετὰ τοῦ Μενεξένου.
προσῆλθον δὴ καὶ οἱ ἄλλοι, καὶ δὴ καὶ ὁ Ἱπποθάλης, ἐπειδὴ πλείους ἑώρα
ἐφισταμένους, τούτους ἐπηλυγισάμενος προσέστη ᾗ μὴ ᾤετο κατόψεσθαι τὸν
λύσιν, δεδιὼς μὴ αὐτῷ ἀπεχθάνοιτο· καὶ οὕτω προσεστὼς ἠκροᾶτο.

定指教:一个人该怎么说话、该怎么做,才能让被爱者爱上自己[24]。"

"这可不好说。"我说,"不过,如果你能让他过来和我谈谈话,也许我就能向你展示应该怎么和他说话,而非像那些人声称的你所说的和唱的那样。"

"一点都不难,"他说,"如果你跟克特西普斯进去并坐下交谈,我想他就会自己过来,苏格拉底,[206d]因为他很喜欢听人谈话[25]。还有就是,现在正值赫尔墨斯节[26],青年人与男孩子都混在一起了,所以他能来到你身边的。如果他自己没有走过来,还可以让克特西普斯把他叫过来。他与克特西普斯非常熟,因为他与克特西普斯的侄子梅尼克齐努斯是非常亲近的伙伴[27]。"

"我们就这样办吧,"我说。于是,[206e]我让克特西普斯与我一起走进了摔跤学校;其他人跟在我们后面。当我们进去的时候,我们看到男孩们已经完成了他们的献祭,整个仪式也已经快结束了,男孩们都在玩掷跖骨游戏[28],打扮得也很得体[29]。他们大多数都在外面的庭院中玩耍,但有少部分人在更衣室的角落里,从一些小篮子里抓出一把骰子玩猜单双,其他人则站在周围看着。[207a]其中有一个就是吕西斯了,他站在男孩们与青年人中间,头戴花环,模样真是引人瞩目——值得一说的不仅是他的美貌,而且是美貌加高尚[30]。我们这部分人则走开了,坐在他们这一圈人的对面——那里安静——开始交谈起来。后来,吕西斯便频频回顾我们这边,看起来他确实很想过来。有段时间他有些犹豫,不知道该不该自己一个人过来。就在这时,本来在院子里面玩游戏的梅尼克齐努斯[207b]走了进来,当他看到我与克特西普斯,就过来和我们坐在一起;吕西斯便跟着走了过来,与他一起坐在我们旁边,其他人也都过来了。希波泰勒斯看到有几个人站得比较近,他就抓准这个机会,利用他们作为遮挡,得到了一个他认为比较靠近吕西斯又不会被吕西斯看到的位置,因为他担心吕西斯见到他会不高兴。他就站在那里静听。

καὶ ἐγὼ πρὸς τὸν Μενέξενον ἀποβλέψας, ὦ παῖ Δημοφῶντος, [207c] ἦν δ᾽ ἐγώ, πότερος ὑμῶν πρεσβύτερος;
ἀμφισβητοῦμεν, ἔφη.
οὐκοῦν καὶ ὁπότερος γενναιότερος, ἐρίζοιτ᾽ ἄν, ἦν δ᾽ ἐγώ.
πάνυ γε, ἔφη.
καὶ μὴν ὁπότερός γε καλλίων, ὡσαύτως.
ἐγελασάτην οὖν ἄμφω.
οὐ μὴν ὁπότερός γε, ἔφην, πλουσιώτερος ὑμῶν, οὐκ ἐρήσομαι: φίλω γάρ ἐστον. ἦ γάρ;
πάνυ γ᾽, ἐφάτην.
οὐκοῦν κοινὰ τά γε φίλων λέγεται, ὥστε τούτῳ γε οὐδὲν διοίσετον, εἴπερ ἀληθῆ περὶ τῆς φιλίας λέγετον.
συνεφάτην.
[207d] ἐπεχείρουν δὴ μετὰ τοῦτο ἐρωτᾶν ὁπότερος δικαιότερος καὶ σοφώτερος αὐτῶν εἴη. μεταξὺ οὖν τις προσελθὼν ἀνέστησε τὸν Μενέξενον, φάσκων καλεῖν τὸν παιδοτρίβην: ἐδόκει γάρ μοι ἱεροποιῶν τυγχάνειν. ἐκεῖνος μὲν οὖν ᾤχετο: ἐγὼ δὲ τὸν Λύσιν ἠρόμην, ἦ που, ἦν δ᾽ ἐγώ, ὦ Λύσι, σφόδρα φιλεῖ σε ὁ πατὴρ καὶ ἡ μήτηρ;
πάνυ γε, ἦ δ᾽ ὅς.
οὐκοῦν βούλοιντο ἄν σε ὡς εὐδαιμονέστατον εἶναι;
[207e] πῶς γὰρ οὔ;
δοκεῖ δέ σοι εὐδαίμων εἶναι ἄνθρωπος δουλεύων τε καὶ ᾧ μηδὲν ἐξείη ποιεῖν ὧν ἐπιθυμοῖ;
μὰ Δί᾽ οὐκ ἔμοιγε, ἔφη.
οὐκοῦν εἴ σε φιλεῖ ὁ πατὴρ καὶ ἡ μήτηρ καὶ εὐδαίμονά σε ἐπιθυμοῦσι γενέσθαι, τοῦτο παντὶ τρόπῳ δῆλον ὅτι προθυμοῦνται ὅπως ἂν εὐδαιμονοίης.
πῶς γὰρ οὐχί; ἔφη.
ἐῶσιν ἄρα σε ἃ βούλει ποιεῖν, καὶ οὐδὲν ἐπιπλήττουσιν οὐδὲ διακωλύουσι ποιεῖν ὧν ἂν ἐπιθυμῇς;

[207c]这时我看着梅尼克齐努斯说:"德莫丰[31]的儿子,你们中间哪一个年纪比较大一些啊?"

"我们对此各有不同的看法。"他说。

"那么你们肯定会争论谁的出身更高贵啰?"我说。

"是的,完全正确。"他说。

"对于你们谁长得更美,肯定也是同样地争论不休啰!"

他们俩都笑了。

"但是我不会问你们谁更富有,"我说,"因为你们俩是朋友,不是吗?"

"是的,绝对如此。"他们一齐说道。

"是的,因为据说朋友间的东西都是共有的,如果你们真是朋友的话,你们就不会争论这个问题了。"

他们同意。

[207d]我正准备问他们俩中间谁更正义、更聪明。这时有人过来叫走了梅尼克齐努斯,说是教练[32]在喊他,我估计是去参加一个献祭仪式吧。这样梅尼克齐努斯就走了。这时我就问吕西斯,我说:"吕西斯啊,我想你爸爸妈妈应该非常爱你吧?"

"是的,确实如此。"

"那么,他们希望你能尽可能地幸福啰?"

[207e]"当然是这样。"

"那么在你看来,一个人如果是奴隶,他被阻止不能做他想做的任何事情,他是否会幸福呢?"

"宙斯啊,不会,在我看来肯定不会。"他说。

"如果你的爸爸妈妈爱你,想让你幸福,他们当然会尽力来使你幸福吧。"

"确实如此。"他说。

"那他们是不是允许你做任何想做的事,从不责备你呢;或者还是阻止你做你想做的事情,无论那是什么样事情?"

ναὶ μὰ Δία ἐμέ γε, ὦ Σώκρατες, καὶ μάλα γε πολλὰ κωλύουσιν.
πῶς λέγεις; ἦν δ᾽ ἐγώ. βουλόμενοί σε μακάριον [208a] εἶναι διακωλύουσι τοῦτο ποιεῖν ὃ ἂν βούλῃ; ὧδε δέ μοι λέγε. ἢν ἐπιθυμήσῃς ἐπί τινος τῶν τοῦ πατρὸς ἁρμάτων ὀχεῖσθαι λαβὼν τὰς ἡνίας, ὅταν ἁμιλλᾶται, οὐκ ἂν ἐῷέν σε ἀλλὰ διακωλύοιεν;
μὰ Δί᾽ οὐ μέντοι ἄν, ἔφη, ἐῷεν.
ἀλλὰ τίνα μήν;
ἔστιν τις ἡνίοχος παρὰ τοῦ πατρὸς μισθὸν φέρων.
πῶς λέγεις; μισθωτῷ μᾶλλον ἐπιτρέπουσιν ἢ σοὶ ποιεῖν ὅτι ἂν βούληται περὶ τοὺς ἵππους, καὶ προσέτι [208b] αὐτοῦ τούτου ἀργύριον τελοῦσιν;
ἀλλὰ τί μήν; ἔφη.
ἀλλὰ τοῦ ὀρικοῦ ζεύγους οἶμαι ἐπιτρέπουσίν σοι ἄρχειν, κἂν εἰ βούλοιο λαβὼν τὴν μάστιγα τύπτειν, ἐῷεν ἄν.
πόθεν, ἦ δ᾽ ὅς, ἐῷεν;
τί δέ; ἦν δ᾽ ἐγώ· οὐδενὶ ἔξεστιν αὐτοὺς τύπτειν;
καὶ μάλα, ἔφη, τῷ ὀρεοκόμῳ.
δούλῳ ὄντι ἢ ἐλευθέρῳ;
δούλῳ, ἔφη.
καὶ δοῦλον, ὡς ἔοικεν, ἡγοῦνται περὶ πλείονος ἢ σὲ τὸν ὑόν, καὶ ἐπιτρέπουσι τὰ ἑαυτῶν μᾶλλον ἢ σοί, καὶ ἐῶσιν ποιεῖν ὅτι βούλεται, σὲ δὲ [208c] διακωλύουσι; καί μοι ἔτι τόδε εἰπέ. σὲ αὐτὸν ἐῶσιν ἄρχειν σεαυτοῦ, ἢ οὐδὲ τοῦτο ἐπιτρέπουσί σοι;
πῶς γάρ, ἔφη, ἐπιτρέπουσιν;
ἀλλ᾽ ἄρχει τίς σου;
ὅδε, παιδαγωγός, ἔφη.
μῶν δοῦλος ὤν;
ἀλλὰ τί μήν; ἡμέτερός γε, ἔφη.

"宙斯啊！他们当然要阻止了。苏格拉底啊，他们不让我做很多的事情！"

"你这么说是什么意思呢?"我说，"他们既希望你幸福，[208a]却又阻止你做那些你想做的事情。我的意思是说，如果你想骑上你父亲的双轮战车，抓着缰绳就去参加比赛，难道他们不会让你这么做，反而会阻止你?"

"宙斯啊！他们当然不会让我这么做[33]。"他说。

"那么他们允许谁这么做呢?"

"一名驾车手，他在我父亲那里领取报酬。"

"你这话怎么说？难道他们更信任一个雇来的人，而不是你。还让他随意摆布那些马，并且[208b]还要付给他钱?"

"是这样的。"他说。

"不过，我猜想他们肯定会让你驾驭骡车吧，如果你想拿起鞭子鞭打骡子，他们会让你这么做的，是吗?"

"他们怎么会允许我这么干呢?"

"难道没有人可以去鞭打它们吗?"我说。

"当然有了，"他说，"赶骡人。"

"他是奴隶，还是自由人?"

"一个奴隶。"他说。

"就算是个奴隶，他们也觉得比你这个儿子强，他们把自己的财产交给他而不是你，他们允许他做任何他想做的事情，[208c]但是他们却阻止你？那么接着请告诉我，他们是否允许你自己掌控自己呢，或者他们连这也不交给你?"

"确实如此！"他说。

"那么谁来掌控你呢?"

"就是这个人，我的监护人[34]。"他说。

"〈他〉肯定不是个奴隶吧?"

"还能是什么？他是属于我们〈家〉的。"他说。

ἢ δεινόν, ἦν δ' ἐγώ, ἐλεύθερον ὄντα ὑπὸ δούλου ἄρχεσθαι. τί δὲ ποιῶν αὖ οὗτος
ὁ παιδαγωγός σου ἄρχει;
ἄγων δήπου, ἔφη, εἰς διδασκάλου.
μῶν μὴ καὶ οὗτοί σου ἄρχουσιν, οἱ [208d] διδάσκαλοι;
πάντως δήπου.
παμπόλλους ἄρα σοι δεσπότας καὶ ἄρχοντας ἑκὼν ὁ πατὴρ ἐφίστησιν. ἀλλ'
ἄρα ἐπειδὰν οἴκαδε ἔλθῃς παρὰ τὴν μητέρα, ἐκείνη σε ἐᾷ ποιεῖν ὅτι ἂν βούλῃ,
ἵν' αὐτῇ μακάριος ᾖς, ἢ περὶ τὰ ἔρια ἢ περὶ τὸν ἱστόν, ὅταν ὑφαίνῃ; οὔ τι γάρ
που διακωλύει σε ἢ τῆς σπάθης ἢ τῆς κερκίδος ἢ ἄλλου του τῶν περὶ
ταλασιουργίαν ὀργάνων ἅπτεσθαι.
καὶ ὃς γελάσας, μὰ Δία, ἔφη, ὦ [208e] Σώκρατες, οὐ μόνον γε διακωλύει,
ἀλλὰ καὶ τυπτοίμην ἂν εἰ ἁπτοίμην.
Ἡράκλεις, ἦν δ' ἐγώ, μῶν μή τι ἠδίκηκας τὸν πατέρα ἢ τὴν μητέρα;
μὰ Δί' οὐκ ἔγωγε, ἔφη.
ἀλλ' ἀντὶ τίνος μὴν οὕτω σε δεινῶς διακωλύουσιν εὐδαίμονα εἶναι καὶ ποιεῖν ὅτι
ἂν βούλῃ, καὶ δι' ἡμέρας ὅλης τρέφουσί σε ἀεί τῳ δουλεύοντα καὶ ἑνὶ λόγῳ
ὀλίγου ὧν ἐπιθυμεῖς οὐδὲν ποιοῦντα; ὥστε σοι, ὡς ἔοικεν, οὔτε τῶν χρημάτων
τοσούτων ὄντων οὐδὲν ὄφελος, ἀλλὰ πάντες [209a] αὐτῶν μᾶλλον ἄρχουσιν ἢ
σύ, οὔτε τοῦ σώματος οὕτω γενναίου ὄντος, ἀλλὰ καὶ τοῦτο ἄλλος ποιμαίνει
καὶ θεραπεύει· σὺ δὲ ἄρχεις οὐδενός, ὦ Λύσι, οὐδὲ ποιεῖς οὐδὲν ὧν ἐπιθυμεῖς.
οὐ γάρ πω, ἔφη, ἡλικίαν ἔχω, ὦ Σώκρατες.
μὴ οὐ τοῦτό σε, ὦ παῖ Δημοκράτους, κωλύῃ, ἐπεὶ τό γε τοσόνδε, ὡς ἐγᾦμαι,
καὶ ὁ πατὴρ καὶ ἡ μήτηρ σοι ἐπιτρέπουσιν καὶ οὐκ ἀναμένουσιν ἕως ἂν ἡλικίαν
ἔχῃς. ὅταν γὰρ βούλωνται αὐτοῖς τινα ἀναγνωσθῆναι ἢ γραφῆναι, σέ, ὡς
ἐγᾦμαι, [209b] πρῶτον τῶν ἐν τῇ οἰκίᾳ ἐπὶ τοῦτο τάττουσιν. ἢ γάρ;

"太可怕了吧,"我说,"一个自由人却受到奴隶的掌控!那么,这个监护人怎么掌控你呢?"

"他把我领到老师那儿去,"他说,"〈除此以外〉还会有什么其他事呢?"

"那么他们不会也掌控你吧,[208d]你的老师们?"

"他们当然会。"

"这么一大堆师傅和掌控者,都是你父亲特别给你安排的。但是当你回家到母亲身边呢:为了让你幸福,在她纺织的时候,是否会让你做任何想做的事情呢?不管是摆弄羊毛还是织布机。她大概不会阻止你去碰那些刀、梭子[35],或是其他的纺织工具吧?"

[208e]他笑着说:"宙斯啊!苏格拉底,她不但会阻止我,如果我碰了它们还会挨打的。"

"赫拉克勒斯啊!"我说,"你应该没有得罪过你父亲和母亲吧?"[36]

"宙斯啊!我当然没有。"他说。

"那么,为什么他们对你却如此糟糕,不让你过得幸福,一天到晚都把你放在某个奴隶或某个师傅的手下,简而言之,就是不让你做任何想做的事情?就此看来,你似乎没有从〈你们家的〉财富中得到任何好处,尽管它们是如此之多——[209a]可以说其他每个人都比你要掌控〈这些钱财〉多一些;你的身体即使如此高贵,也没能给你带来任何好处,它被别人牧养照看着。吕西斯啊,你什么都没掌控,不能做任何一件你想做的事情。"

"这是因为我还没有长大,苏格拉底。"他说。

"我怀疑这不是阻止你的原因,德谟克拉特之子,因为与此同时,我猜想,你的父亲和你的母亲实际上已经把一些事情交给你了,而并没有等到你长大。当他们希望有些东西能读给他们听、写给他们看的时候,[209b]我猜想你肯定是家中第一个被他们安排去做这件事的人吧。不是这样吗?[37]"

πάνυ γ', ἔφη.
οὐκοῦν ἔξεστί σοι ἐνταῦθ' ὅτι ἂν βούλῃ πρῶτον τῶν γραμμάτων γράφειν καὶ ὅτι ἂν δεύτερον· καὶ ἀναγιγνώσκειν ὡσαύτως ἔξεστιν. καὶ ἐπειδάν, ὡς ἐγᾦμαι, τὴν λύραν λάβῃς, οὐ διακωλύουσί σε οὔτε ὁ πατὴρ οὔτε ἡ μήτηρ ἐπιτεῖναί τε καὶ ἀνεῖναι ἣν ἂν βούλῃ τῶν χορδῶν, καὶ ψῆλαι καὶ κρούειν τῷ πλήκτρῳ. ἢ διακωλύουσιν;
οὐ δῆτα.
τί ποτ' ἂν οὖν εἴη, ὦ Λύσι, τὸ αἴτιον ὅτι ἐνταῦθα [209c] μὲν οὐ διακωλύουσιν, ἐν οἷς δὲ ἄρτι ἐλέγομεν κωλύουσι;
ὅτι οἶμαι, ἔφη, ταῦτα μὲν ἐπίσταμαι, ἐκεῖνα δ' οὔ.
εἶεν, ἦν δ' ἐγώ, ὦ ἄριστε· οὐκ ἄρα τὴν ἡλικίαν σου περιμένει ὁ πατὴρ ἐπιτρέπειν πάντα, ἀλλ' ᾗ ἂν ἡμέρᾳ ἡγήσηταί σε βέλτιον αὑτοῦ φρονεῖν, ταύτῃ ἐπιτρέψει σοι καὶ αὑτὸν καὶ τὰ αὑτοῦ.
οἶμαι ἔγωγε, ἔφη.
εἶεν, ἦν δ' ἐγώ· τί δέ; τῷ γείτονι ἆρ' οὐχ ὁ αὐτὸς ὅρος ὅσπερ τῷ πατρὶ περὶ σοῦ; [209d] πότερον οἴει αὐτὸν ἐπιτρέψειν σοι τὴν αὑτοῦ οἰκίαν οἰκονομεῖν, ὅταν σε ἡγήσηται βέλτιον περὶ οἰκονομίας ἑαυτοῦ φρονεῖν, ἢ αὐτὸν ἐπιστατήσειν;
ἐμοὶ ἐπιτρέψειν οἶμαι.
τί δ'; Ἀθηναίους οἴει σοι οὐκ ἐπιτρέψειν τὰ αὑτῶν, ὅταν αἰσθάνωνται ὅτι ἱκανῶς φρονεῖς;
ἔγωγε.
πρὸς Διός, ἦν δ' ἐγώ, τί ἄρα ὁ μέγας βασιλεύς; πότερον τῷ πρεσβυτάτῳ ὑεῖ, οὗ ἡ τῆς Ἀσίας ἀρχὴ γίγνεται, μᾶλλον ἂν ἐπιτρέψειεν ἑψομένων κρεῶν ἐμβάλλειν ὅτι ἂν βούληται ἐμβαλεῖν [209e] εἰς τὸν ζωμόν, ἢ ἡμῖν, εἰ ἀφικόμενοι παρ' ἐκεῖνον ἐνδειξαίμεθα αὐτῷ ὅτι ἡμεῖς κάλλιον φρονοῦμεν ἢ ὁ υἱὸς αὐτοῦ περὶ ὄψου σκευασίας;
ἡμῖν δῆλον ὅτι, ἔφη.

"是的,确实如此。"他说。

"那么,你就被允许按照你的意愿把字母表中的任何一个字母写在开头,或者是写在第二的位置;而且你也有资格随意去读。当你弹七弦琴的时候,不管是你的父亲还是你的母亲,都不能阻止你按照自己的意思拧紧或拧松某根弦,或者究竟是用手指弹还是用琴拨弹吧,他们会这样做吗?"

"当然不会。"

"那么究竟是怎么回事呢,吕西斯,[209c]为什么他们在这些情况下不阻止你,而在我们前面谈到的那些情况中,他们却阻止你?"

"我猜想,"他说,"这是因为这些事情我都知道了,而其他的事情我却不知道。"

"很对,"我说,"好人啊!所以,你的父亲并非等你长大,才把所有的事情都交付你;只要等到他认为你思考得比他还要好的那一天,他就会把他自己和他的财产全都交给你。"[38]

"我是这么想的。"他说。

"非常好,"我说,"那么邻居们呢?他会不会像你父亲一样来看待你呢?[209d]你想他会不会把他的家产都交给你管理呢,只要他认为你在家产管理方面要比他强,或者他还是会自己管理?"

"我想他会交付给我吧。"

"那么雅典人呢?只要他们看到你思虑周详,会不会就把他们的事务都交付给你呢?"

"我想他们会的。"

"宙斯啊!"我说,"那么,〈波斯〉大王[39]呢?他会不会让他的长子,那个钦定要掌控亚细亚的人,按照其意愿[209e]在炖肉中加佐料,或者还是让我们这么做?——如果我们入朝向他展示,我们在烹饪方面比他儿子想得更加周全。"

"会让我们做的,很显然!"他说。

καὶ τὸν μέν γε οὐδ' ἂν σμικρὸν ἐάσειεν ἐμβαλεῖν· ἡμᾶς δέ, κἂν εἰ βουλοίμεθα δραξάμενοι τῶν ἁλῶν, ἐῴη ἂν ἐμβαλεῖν.

πῶς γὰρ οὔ;

τί δ' εἰ τοὺς ὀφθαλμοὺς ὁ υὸς αὐτοῦ ἀσθενοῖ, ἆρα ἐῴη ἂν αὐτὸν ἅπτεσθαι τῶν ἑαυτοῦ [210a] ὀφθαλμῶν, μὴ ἰατρὸν ἡγούμενος, ἢ κωλύοι ἄν;

κωλύοι ἄν.

ἡμᾶς δέ γε εἰ ὑπολαμβάνοι ἰατρικοὺς εἶναι, κἂν εἰ βουλοίμεθα διανοίγοντες τοὺς ὀφθαλμοὺς ἐμπάσαι τῆς τέφρας, οἶμαι οὐκ ἂν κωλύσειεν, ἡγούμενος ὀρθῶς φρονεῖν.

ἀληθῆ λέγεις.

ἆρ' οὖν καὶ τἆλλα πάντα ἡμῖν ἐπιτρέποι ἂν μᾶλλον ἢ ἑαυτῷ καὶ τῷ ὑεῖ, περὶ ὅσων ἂν δόξωμεν αὐτῷ σοφώτεροι ἐκείνων εἶναι;

ἀνάγκη, ἔφη, ὦ Σώκρατες.

οὕτως ἄρα ἔχει, ἦν δ' ἐγώ, ὦ φίλε Λύσι· εἰς μὲν ταῦτα, [210b] ἃ ἂν φρόνιμοι γενώμεθα, ἅπαντες ἡμῖν ἐπιτρέψουσιν, Ἕλληνές τε καὶ βάρβαροι καὶ ἄνδρες καὶ γυναῖκες, ποιήσομέν τε ἐν τούτοις ὅτι ἂν βουλώμεθα, καὶ οὐδεὶς ἡμᾶς ἑκὼν εἶναι ἐμποδιεῖ, ἀλλ' αὐτοί τε ἐλεύθεροι ἐσόμεθα ἐν αὐτοῖς καὶ ἄλλων ἄρχοντες, ἡμέτερά τε ταῦτα ἔσται—ὀνησόμεθα γὰρ ἀπ' αὐτῶν—εἰς ἃ δ' ἂν νοῦν μὴ κτησώμεθα, οὔτε τις ἡμῖν ἐπιτρέψει περὶ αὐτὰ ποιεῖν τὰ ἡμῖν δοκοῦντα, ἀλλ' ἐμποδιοῦσι [210c] πάντες καθ' ὅτι ἂν δύνωνται, οὐ μόνον οἱ ἀλλότριοι, ἀλλὰ καὶ ὁ πατὴρ καὶ ἡ μήτηρ καὶ εἴ τι τούτων οἰκειότερόν ἐστιν, αὐτοί τε ἐν αὐτοῖς ἐσόμεθα ἄλλων ὑπήκοοι, καὶ ἡμῖν ἔσται ἀλλότρια· οὐδὲν γὰρ ἀπ' αὐτῶν ὀνησόμεθα. συγχωρεῖς οὕτως ἔχειν;

συγχωρῶ.

ἆρ' οὖν τῳ φίλοι ἐσόμεθα καί τις ἡμᾶς φιλήσει ἐν τούτοις, ἐν οἷς ἂν ὦμεν ἀνωφελεῖς;

οὐ δῆτα, ἔφη.

"而且,大王不会让王子放入任何一点东西;而我们,如果想要将一整把盐都放进去,他也会让我们放进去的。"

"显然如此。"

"那么当他儿子眼睛出了毛病时,大王会不会让他碰自己的[210a]眼睛,如果他想到他儿子不是医生,就会阻止他呢?"

"他会阻止他儿子。"

"但是如果他认为我们在医药方面是行家,如果我们想把他儿子的眼睛打开,往里面撒些灰[40],我认为他也不会阻止我们,因为他认为我们想的是正确的。"

"你说的对。"

"那么在这种情况下,那些他认为我们要比他和他儿子更在行、有知识的事情,他都会交付我们去做,而非他自己或他儿子。"

"必然如此,苏格拉底。"他说。

"那么就是这样的,"我说,"我的朋友吕西斯:[210b]在这些事情上只要我们思虑足够周全,每一个人都会把自己交付给我们,不论是希腊人还是蛮族,男人或是女人,在这种情况下我们可以做任何想做的事情,没有人会故意阻拦。我们将获得自由,并掌控其他人;而且这些都将是我们的,因为我们将从中获利。然而,在那些我们没弄明白的事情上,没有人会把与他们相关的事情交付给我们,让我们按照自己的心意去处理,[210c]而且每个人都会尽其可能来阻止我们,不止是那些外人,而且还包括我们的父母,甚至是比他更亲近者。我们在这些事情中就将受制于他人,这些事物也就不属于我们,因为我们不能从中获得好处[41]。你是否同意情况就是如此呢?"

"我同意。"

"那么,在那些我们一无所用的事情中,会有人把我们当成朋友或者爱我们吗?"

"当然不能。"

νῦν ἄρα οὐδὲ σὲ ὁ πατὴρ οὐδὲ ἄλλος ἄλλον οὐδένα φιλεῖ, καθ᾽ ὅσον ἂν ᾖ ἄχρηστος.
οὐκ ἔοικεν, [210d] ἔφη.
ἐὰν μὲν ἄρα σοφὸς γένῃ, ὦ παῖ, πάντες σοι φίλοι καὶ πάντες σοι οἰκεῖοι ἔσονται—χρήσιμος γὰρ καὶ ἀγαθὸς ἔσῃ—εἰ δὲ μή, σοὶ οὔτε ἄλλος οὐδεὶς οὔτε ὁ πατὴρ φίλος ἔσται οὔτε ἡ μήτηρ οὔτε οἱ οἰκεῖοι. οἷόν τε οὖν ἐπὶ τούτοις, ὦ Λύσι, μέγα φρονεῖν, ἐν οἷς τις μήπω φρονεῖ;
καὶ πῶς ἄν; ἔφη.
εἰ δ᾽ ἄρα σὺ διδασκάλου δέῃ, οὔπω φρονεῖς.
ἀληθῆ.
οὐδ᾽ ἄρα μεγαλόφρων εἶ, εἴπερ ἄφρων ἔτι.
μὰ Δία, ἔφη, ὦ Σώκρατες, οὔ μοι δοκεῖ.
[210e]καὶ ἐγὼ ἀκούσας αὐτοῦ ἀπέβλεψα πρὸς τὸν Ἱπποθάλη, καὶ ὀλίγου ἐξήμαρτον· ἐπῆλθε γάρ μοι εἰπεῖν ὅτι οὕτω χρή, ὦ Ἱππόθαλες, τοῖς παιδικοῖς διαλέγεσθαι, ταπεινοῦντα καὶ συστέλλοντα, ἀλλὰ μὴ ὥσπερ σὺ χαυνοῦντα καὶ διαθρύπτοντα. κατιδὼν οὖν αὐτὸν ἀγωνιῶντα καὶ τεθορυβημένον ὑπὸ τῶν λεγομένων, ἀνεμνήσθην ὅτι καὶ προσεστὼς λανθάνειν τὸν Λύσιν ἐβούλετο· ἀνέλαβον οὖν ἐμαυτὸν καὶ [211a] ἐπέσχον τοῦ λόγου. καὶ ἐν τούτῳ ὁ Μενέξενος πάλιν ἧκεν, καὶ ἐκαθέζετο παρὰ τὸν Λύσιν, ὅθεν καὶ ἐξανέστη. ὁ οὖν Λύσις μάλα παιδικῶς καὶ φιλικῶς, λάθρᾳ τοῦ Μενεξένου, σμικρὸν πρός με λέγων ἔφη· ὦ Σώκρατες, ἅπερ καὶ ἐμοὶ λέγεις, εἰπὲ καὶ Μενεξένῳ.
καὶ ἐγὼ εἶπον, ταῦτα μὲν σὺ αὐτῷ ἐρεῖς, ὦ Λύσι· πάντως γὰρ προσεῖχες τὸν νοῦν.
πάνυ μὲν οὖν, ἔφη.
πειρῶ τοίνυν, ἦν δ᾽ ἐγώ, ἀπομνημονεῦσαι αὐτὰ ὅτι [211b]μάλιστα, ἵνα τούτῳ σαφῶς πάντα εἴπῃς· ἐὰν δέ τι αὐτῶν ἐπιλάθῃ, αὖθίς με ἀνερέσθαι ὅταν ἐντύχῃς πρῶτον.

"是啊,不但你父亲不会爱你,任何人也不会爱上一个毫无用处的人,就其毫无用处这一点而言。"

"看来是不会的。"[210d]他说。

"所以,我的孩子,如果你变得聪明了,每个人都会是你的朋友,每个人都会属于你〈和你亲近〉,因为你是有用的而且是〈能带来好处的〉;否则,没有任何人,甚至你的父亲、母亲和其他亲人都不会对你友好。那么,吕西斯,一个人是否可以在还没有完全想清楚的事务中自视甚高呢?"

"怎么可能呢?"

"那么,如果你现在还需要一个教师,你就还不能算想清楚了吧?"

"是的。"

"那么,如果实际上你还没有什么思想,你就不能自视甚高吧?"

"宙斯啊!"他说,"苏格拉底,我认为不能。"

[210e]当我听到他的回答,我瞟了一眼希波泰勒斯,一个想法突然出现在我脑中,几乎就要破口而出:"希波泰勒斯,这就是一个人应该与其所爱的人交谈的方式,贬低他,杀掉他的威风,而不是像你那样吹捧他、表扬他。"

但是当我看到他因为这番话而感到困惑苦恼,又想到他把自己隐藏起来免得吕西斯发现,[211a]我就努力控制住自己并且把那些话给咽下去了。就在这时,梅尼克齐努斯回来了,继续坐在他走之前的那个位置。吕西斯避开梅尼克齐努斯,以一种非常稚气又亲密的方式、用很小的声音对我说:"苏格拉底,你刚才对我所说的——也说给梅尼克齐努斯吧!"

对此我说道:"还是你告诉他吧,吕西斯,因为你刚才听得非常认真。"

"是的,确实如此。"他说。

"那么试一试,"我说,"[211b]尽你可能地去回忆,这样你就可

ἀλλὰ ποιήσω, ἔφη, ταῦτα, ὦ Σώκρατες, πάνυ σφόδρα, εὖ ἴσθι. ἀλλά τι ἄλλο αὐτῷ λέγε, ἵνα καὶ ἐγὼ ἀκούω, ἕως ἂν οἴκαδε ὥρα ᾖ ἀπιέναι.
ἀλλὰ χρὴ ποιεῖν ταῦτα, ἦν δ' ἐγώ, ἐπειδή γε καὶ σὺ κελεύεις. ἀλλὰ ὅρα ὅπως ἐπικουρήσεις μοι, ἐάν με ἐλέγχειν ἐπιχειρῇ ὁ Μενέξενος· ἢ οὐκ οἶσθα ὅτι ἐριστικός ἐστιν;
ναὶ μὰ Δία, ἔφη, σφόδρα γε· διὰ ταῦτά τοι καὶ βούλομαί [211c] σε αὐτῷ διαλέγεσθαι.
ἵνα, ἦν δ' ἐγώ, καταγέλαστος γένωμαι;
οὐ μὰ Δία, ἔφη, ἀλλ' ἵνα αὐτὸν κολάσῃς.
πόθεν; ἦν δ' ἐγώ. οὐ ῥᾴδιον· δεινὸς γὰρ ὁ ἄνθρωπος, Κτησίππου μαθητής.
πάρεστι δέ τοι αὐτός—οὐχ ὁρᾷς; — Κτήσιππος.
μηδενός σοι, ἔφη, μελέτω, ὦ Σώκρατες, ἀλλ' ἴθι διαλέγου αὐτῷ.
διαλεκτέον, ἦν δ' ἐγώ.
ταῦτα οὖν ἡμῶν λεγόντων πρὸς ἡμᾶς αὐτούς, τί ὑμεῖς, ἔφη ὁ Κτήσιππος, αὐτὼ μόνω ἑστιᾶσθον, ἡμῖν δὲ οὐ [211d] μεταδίδοτον τῶν λόγων;
ἀλλὰ μήν, ἦν δ' ἐγώ, μεταδοτέον. ὅδε γάρ τι ὧν λέγω οὐ μανθάνει, ἀλλά φησιν οἴεσθαι Μενέξενον εἰδέναι, καὶ κελεύει τοῦτον ἐρωτᾶν.
τί οὖν, ἦ δ' ὅς, οὐκ ἐρωτᾷς;
ἀλλ' ἐρήσομαι, ἦν δ' ἐγώ. καί μοι εἰπέ, ὦ Μενέξενε, ὃ ἄν σε ἔρωμαι. τυγχάνω γὰρ ἐκ παιδὸς ἐπιθυμῶν κτήματός του, ὥσπερ ἄλλος ἄλλου. ὁ μὲν γάρ τις ἵππους [211e] ἐπιθυμεῖ κτᾶσθαι, ὁ δὲ κύνας, ὁ δὲ χρυσίον, ὁ δὲ τιμάς· ἐγὼ δὲ πρὸς μὲν ταῦτα πρᾴως ἔχω, πρὸς δὲ τὴν τῶν φίλων κτῆσιν πάνυ ἐρωτικῶς, καὶ βουλοίμην ἄν μοι φίλον ἀγαθὸν γενέσθαι μᾶλλον ἢ τὸν ἄριστον ἐν ἀνθρώποις

以把所有的事情都清楚地告诉他;如果你忘了什么,当你下次遇到我的时候就再来问我。"

"我会这么做的,苏格拉底,"他说,"肯定会这样,你可以放心。不过在我回家之前,你还是跟他说点什么吧,这样我也可以听听。"

"我肯定会这么做,"我说,"既然你吩咐我了。不过你必须帮助我,万一梅尼克齐努斯打算反驳我的话。你应该知道他在争论上可是一个高手。"

"宙斯啊,是的,"他说,"确实是的;这也是为什么我想让[211c]你和他谈谈的原因。"

"这不是让我自己出丑吗?"

"宙斯啊,不会的。"他说,"你可以给他一点教训嘛!"

"这怎么可能呢?"我说,"这可不是简单的事。他可是个难以应付的家伙——〈他是〉克特西普斯的学生。我告诉你,克特西普斯自己也在这里,你没有看到吗?"

"别担心这事,苏格拉底,"他说,"只管和他〈梅尼克齐努斯〉谈一谈吧!"

"看来我必须和他谈谈。"我说。

正在我们俩互相这样说着的时候,克特西普斯说:"你们怎么独享私下对话,你们俩儿,不和我们[211d]分享你们所说的吗?"

"我们当然会和你们分享。"我说,"我刚才所说的,他有一些还不明白,他说梅尼克齐努斯也许清楚,所以他让我去问问他。"

"那为什么不问问呢?"他说。

"实际上我正打算问呢。"我说,"那么,梅尼克齐努斯,不管我问你什么,都请你告诉我吧。从我孩提时开始,我就很热切地想要拥有一样特别的东西。就像每个人都有追求一样,只不过各人所好不同罢了:有的人想要马,[211e]另一些人想要狗,还有人要金子,还有的则是想要荣誉。但是我对这些都没什么兴趣,我最感兴趣的是交朋友,我宁愿要一个好朋友,而非世间最好的鹌鹑,或是公鸡[42];

ὄρτυγα ἢ ἀλεκτρυόνα, καὶ ναὶ μὰ Δία ἔγωγε μᾶλλον ἢ ἵππον τε καὶ κύνα—οἶμαι δέ, νὴ τὸν κύνα, μᾶλλον ἢ τὸ Δαρείου χρυσίον κτήσασθαι δεξαίμην πολὺ πρότερον ἑταῖρον, μᾶλλον δὲ ἢ αὐτὸν Δαρεῖον—οὕτως ἐγὼ φιλέταιρός τίς εἰμι. ὑμᾶς [212a] οὖν ὁρῶν, σέ τε καὶ Λύσιν, ἐκπέπληγμαι καὶ εὐδαιμονίζω ὅτι οὕτω νέοι ὄντες οἷοι τ' ἐστὸν τοῦτο τὸ κτῆμα ταχὺ καὶ ῥᾳδίως κτᾶσθαι, καὶ σύ τε τοῦτον οὕτω φίλον ἐκτήσω ταχύ τε καὶ σφόδρα, καὶ αὖ οὗτος σέ· ἐγὼ δὲ οὕτω πόρρω εἰμὶ τοῦ κτήματος, ὥστε οὐδ' ὅντινα τρόπον γίγνεται φίλος ἕτερος ἑτέρου οἶδα, ἀλλὰ ταῦτα δὴ αὐτά σε βούλομαι ἐρέσθαι ἅτε ἔμπειρον.
καί μοι εἰπέ· ἐπειδάν τίς τινα φιλῇ, πότερος ποτέρου [212b] φίλος γίγνεται, ὁ φιλῶν τοῦ φιλουμένου ἢ ὁ φιλούμενος τοῦ φιλοῦντος· ἢ οὐδὲν διαφέρει;
οὐδέν, ἔφη, ἔμοιγε δοκεῖ διαφέρειν.
πῶς λέγεις; ἦν δ' ἐγώ· ἀμφότεροι ἄρα ἀλλήλων φίλοι γίγνονται, ἐὰν μόνος ὁ ἕτερος τὸν ἕτερον φιλῇ;
ἔμοιγε, ἔφη, δοκεῖ.
τί δέ; οὐκ ἔστιν φιλοῦντα μὴ ἀντιφιλεῖσθαι ὑπὸ τούτου ὃν ἂν φιλῇ;
ἔστιν.
τί δέ; ἆρα ἔστιν καὶ μισεῖσθαι φιλοῦντα; οἷόν που ἐνίοτε δοκοῦσι καὶ οἱ ἐρασταὶ πάσχειν πρὸς τὰ παιδικά· φιλοῦντες γὰρ [212c] ὡς οἷόν τε μάλιστα οἱ μὲν οἴονται οὐκ ἀντιφιλεῖσθαι, οἱ δὲ καὶ μισεῖσθαι. ἢ οὐκ ἀληθὲς δοκεῖ σοι τοῦτο;
σφόδρα γε, ἔφη, ἀληθές.
οὐκοῦν ἐν τῷ τοιούτῳ, ἦν δ' ἐγώ, ὁ μὲν φιλεῖ, ὁ δὲ φιλεῖται;
ναί.
πότερος οὖν αὐτῶν ποτέρου φίλος ἐστίν; ὁ φιλῶν τοῦ φιλουμένου, ἐάντε καὶ ἀντιφιλῆται ἐάντε καὶ μισῆται, ἢ ὁ φιλούμενος τοῦ φιλοῦντος; ἢ οὐδέτερος αὖ ἐν τῷ τοιούτῳ οὐδετέρου φίλος ἐστίν, ἂν μὴ ἀμφότεροι ἀλλήλους φιλῶσιν;

宙斯啊——就我而言,甚至胜过最好的马或者是狗。我也确实认为——以狗〈神〉起誓——我更想得到一位朋友,而非大流士的黄金,甚至是得到大流士本人。我就是这么一个'爱友者'。[212a]因此当我看到你们俩,你和吕西斯,我有些惊讶,只能说你们是幸福的,因为你们能在这么年轻的时候就迅速而轻易地得到这种财富——你与他结为朋友,迅速而牢固,他与你也是如此。而我呢,我对获得这种财富还遥不可及,以至于我甚至都搞不清楚一个人怎样才成为另外一个人的朋友。这就是我想问你的问题,因为你对这些有经验。那么请告诉我,当一个人爱上另一个人,[212b]他们中间的哪一个变成了朋友?那个爱着别人的人,是那个被爱的人的朋友?还是被爱的那个人成了爱着的那个人的朋友?或者这之间没有什么不同?"

"在我看来,"他说,"这没什么不同。"

"那你的意思是?"我说,"他们俩互相成为了对方的朋友,只要其中的一个爱着另外的一个?"

"在我看来就是这样的。"他说。

"那么,是否可能对某些人来说,他所爱的人并不会反过来也爱他?"

"是有可能。"

"那么,是否可能,有些爱着的人反而被恨?这种事情,我猜想,爱人们经常会从他们心爱的人那儿遭受的:他们[212c]爱得如此之深,但是却或是觉得没有被回报以爱,或是甚至遭到仇恨。你不觉得这是事实吗?"

"是的,"他说,"确实如此。"

"那么在这种情况下,"我说,"一个人爱,而另一个则被爱。"

"是的。"

"那么他们中的哪一个人是另一个的朋友呢?是那个爱着被爱者的人,无论他得到的回报是爱还是恨,还是被爱者是爱他的人的

ἔοικε γοῦν [212d] οὕτως ἔχειν.
ἀλλοίως ἄρα νῦν ἡμῖν δοκεῖ ἢ πρότερον ἔδοξεν. τότε μὲν γάρ, εἰ ὁ ἕτερος φιλοῖ, φίλω εἶναι ἄμφω· νῦν δέ, ἂν μὴ ἀμφότεροι φιλῶσιν, οὐδέτερος φίλος.
κινδυνεύει, ἔφη.
οὐκ ἄρα ἐστὶν φίλον τῷ φιλοῦντι οὐδὲν μὴ οὐκ ἀντιφιλοῦν.
οὐκ ἔοικεν.
οὐδ' ἄρα φίλιπποί εἰσιν οὓς ἂν οἱ ἵπποι μὴ ἀντιφιλῶσιν, οὐδὲ φιλόρτυγες, οὐδ' αὖ φιλόκυνές γε καὶ φίλοινοι καὶ φιλογυμνασταὶ καὶ φιλόσοφοι, ἂν μὴ ἡ σοφία αὐτοὺς ἀντιφιλῇ. ἢ φιλοῦσι μὲν ταῦτα [212e] ἕκαστοι, οὐ μέντοι φίλα ὄντα, ἀλλὰ ψεύδεθ' ὁ ποιητής, ὃς ἔφη—"ὄλβιος, ᾧ παῖδές τε φίλοι καὶ μώνυχες ἵπποι καὶ κύνες ἀγρευταὶ καὶ ξένος ἀλλοδαπός;
οὐκ ἔμοιγε δοκεῖ, ἦ δ' ὅς.
ἀλλ' ἀληθῆ δοκεῖ λέγειν σοι;
ναί.
τὸ φιλούμενον ἄρα τῷ φιλοῦντι φίλον ἐστίν, ὡς ἔοικεν, ὦ Μενέξενε, ἐάντε φιλῇ ἐάντε καὶ μισῇ· οἷον καὶ τὰ νεωστὶ γεγονότα παιδία, τὰ μὲν οὐδέπω φιλοῦντα, τὰ [213a] δὲ καὶ μισοῦντα, ὅταν κολάζηται ὑπὸ τῆς μητρὸς ἢ ὑπὸ τοῦ πατρός, ὅμως καὶ μισοῦντα ἐν ἐκείνῳ τῷ χρόνῳ πάντων μάλιστά ἐστι τοῖς γονεῦσι φίλτατα.
ἔμοιγε δοκεῖ, ἔφη, οὕτως ἔχειν.
οὐκ ἄρα ὁ φιλῶν φίλος ἐκ τούτου τοῦ λόγου, ἀλλ' ὁ φιλούμενος.
ἔοικεν.
καὶ ὁ μισούμενος ἐχθρὸς ἄρα, ἀλλ' οὐχ ὁ μισῶν.
φαίνεται.
πολλοὶ ἄρα ὑπὸ τῶν ἐχθρῶν φιλοῦνται, ὑπὸ δὲ τῶν φίλων μισοῦνται, καὶ τοῖς [213b] μὲν ἐχθροῖς φίλοι εἰσίν, τοῖς δὲ φίλοις ἐχθροί, εἰ τὸ φιλούμενον φίλον

朋友？或者他们谁都不是朋友,如果他们并非相互爱着对方的话？"

[212d]"很显然,应该是〈你后面所说的〉这样。"

"这就跟我们之前的看法不同了。前面我们主张,只要两人中的一个爱着,那么他们就都是朋友;而现在却说,除非他们都爱着,不然就没有任何一个人是朋友。"

"看来是这样的。"他说。

"故而,爱着的人,除非他的爱得到了回馈,不然就没有朋友。"

"看起来是这样的。"

"这么说来,就没有什么爱马的人了,如果马并不反过来爱他们的话,也不会有爱鹌鹑的人,或者是爱狗的人,爱酒的人,爱运动的人,还有爱智慧的人[43]——除非智慧反过来爱他们。或者这么说,[212e]这些人是爱这些东西的,但他们所爱之物并非朋友。这样一来,诗人们是不是就弄错了呢,因为他们[44]说:'幸福的人,拥有着亲爱的[45]孩子们与骏马和追逐的猎狗,还有异乡来客[46]'?"

"我看这并没错。"他说。

"在你看来他说的就是真的啰?"

"是的。"

"看起来,梅尼克齐努斯,那个被爱者对于爱着的那个人就是朋友,不管他〈被爱者〉是爱还是恨那个爱着的人。比如说,年幼的小孩当他们收到其惩罚时,[213a]在某种程度上来说根本不会爱,甚至还会恨他们的母亲或父亲。然而即便在他们恨的这一刻,他们对于他们的父母来说也是最亲爱的〈朋友〉。"

"在我看来,好像是这样的。"他说。

"这么说来,爱着的那个不是朋友,而是那个被爱的。"

"看起来是这样。"

"那么,那个被恨的就是敌人,而非那个恨着的。"

"显然如此。"

[213b]"如果被爱者而非爱着的那个人是'朋友'的话,那么

ἐστὶν ἀλλὰ μὴ τὸ φιλοῦν. καίτοι πολλὴ ἀλογία, ὦ φίλε ἑταῖρε, μᾶλλον δὲ οἶμαι καὶ ἀδύνατον, τῷ τε φίλῳ ἐχθρὸν καὶ τῷ ἐχθρῷ φίλον εἶναι.
ἀληθῆ, ἔφη, ἔοικας λέγειν, ὦ Σώκρατες.
οὐκοῦν εἰ τοῦτ' ἀδύνατον, τὸ φιλοῦν ἂν εἴη φίλον τοῦ φιλουμένου.
φαίνεται.
τὸ μισοῦν ἄρα πάλιν ἐχθρὸν τοῦ μισουμένου.
ἀνάγκη.
οὐκοῦν ταὐτὰ ἡμῖν συμβήσεται ἀναγκαῖον εἶναι ὁμολογεῖν, [213c] ἅπερ ἐπὶ τῶν πρότερον, πολλάκις φίλον εἶναι μὴ φίλου, πολλάκις δὲ καὶ ἐχθροῦ, ὅταν ἢ μὴ φιλοῦν τις φιλῇ ἢ καὶ μισοῦν φιλῇ· πολλάκις δ' ἐχθρὸν εἶναι μὴ ἐχθροῦ ἢ καὶ φίλου, ὅταν ἢ μὴ μισοῦν τις μισῇ ἢ καὶ φιλοῦν μισῇ.
κινδυνεύει, ἔφη.
τί οὖν δὴ χρησώμεθα, ἦν δ' ἐγώ, εἰ μήτε οἱ φιλοῦντες φίλοι ἔσονται μήτε οἱ φιλούμενοι μήτε οἱ φιλοῦντές τε καὶ φιλούμενοι; ἀλλὰ καὶ παρὰ ταῦτα ἄλλους τινὰς ἔτι φήσομεν εἶναι φίλους ἀλλήλοις γιγνομένους;
οὐ μὰ τὸν Δία, ἔφη, ὦ Σώκρατες, οὐ πάνυ εὐπορῶ ἔγωγε.
[213d] ἆρα μή, ἦν δ' ἐγώ, ὦ Μενέξενε, τὸ παράπαν οὐκ ὀρθῶς ἐζητοῦμεν;
οὐκ ἔμοιγε δοκεῖ, ὦ Σώκρατες, ἔφη, ὁ Λύσις, καὶ ἅμα εἰπὼν ἠρυθρίασεν· ἐδόκει γάρ μοι ἄκοντ' αὐτὸν ἐκφεύγειν τὸ λεχθὲν διὰ τὸ σφόδρα προσέχειν τὸν νοῦν τοῖς λεγομένοις, δῆλος δ' ἦν καὶ ὅτε ἠκροᾶτο οὕτως ἔχων.

许多人都被他们的敌人所爱,被他们的朋友所恨,是他们的敌人的朋友,又是他们朋友的敌人。但是这太不合理了,我亲爱的朋友[47]。我想,这实际上是不可能的:一个人对于他的朋友来说是敌人,而对于他的敌人是朋友。"

"苏格拉底啊,"他说,"你说的对。"

"如果这不可能,那么爱着的那个人就会是被爱着的那个人的朋友啰。"

"显然如此。""相反的,那个恨着的人,就是被恨的人的敌人啰!"

"肯定如此。"

"那么这样下去,我们就必然会得出并同意[213c]与之前相同的结果:许多时候,当一个人所爱着的人并不爱他,甚至还恨他的情况下,他就是'非朋友'的朋友,甚至是敌人的朋友;而有些时候,当他所恨者并不恨他,甚至反倒爱着他,那些人就成了'非敌人'的敌人,甚至是朋友的敌人。"

"可能吧!"他说。

"那么,"我说,"如果爱着的那个人不是朋友,被爱的那个也不是朋友,爱着又被爱的那个也不是朋友。我们是否能说除此以外,还有其他类型的人能够彼此成为朋友呢?"

"我看没有——宙斯啊!"他说,"苏格拉底,除此以外别无他路。"

[213d]"也许,梅尼克齐努斯,"我说,"我们没有以正确的方式来提问。"

"我想就是这样,苏格拉底。"吕西斯说。他这么说的时候却脸红了。在我看来,他这句话是脱口而出的,因为他全身贯注于我们的对话,很显然他一直都在仔细倾听。

我想让梅尼克齐努斯歇口气,也很为另一个人〈吕西斯〉对智慧的爱[48]感到高兴,[213e]因此我转而与吕西斯进行讨论。我说:

ἐγὼ οὖν βουλόμενος τόν τε Μενέξενον ἀναπαῦσαι καὶ ἐκείνου ἡσθεὶς τῇ φιλοσοφίᾳ, οὕτω μεταβαλὼν πρὸς τὸν [213e] λύσιν ἐποιούμην τοὺς λόγους, καὶ εἶπον: ὦ Λύσι, ἀληθῆ μοι δοκεῖς λέγειν ὅτι εἰ ὀρθῶς ἡμεῖς ἐσκοποῦμεν, οὐκ ἄν ποτε οὕτως ἐπλανώμεθα. ἀλλὰ ταύτῃ μὲν μηκέτι ἴωμεν— καὶ γὰρ χαλεπή τίς μοι φαίνεται ὥσπερ ὁδὸς ἡ σκέψις—ᾗ δὲ ἐτράπημεν, δοκεῖ μοι χρῆναι ἰέναι, σκοποῦντα τὰ κατὰ [214a] τοὺς ποιητάς: οὗτοι γὰρ ἡμῖν ὥσπερ πατέρες τῆς σοφίας εἰσὶν καὶ ἡγεμόνες. λέγουσι δὲ δήπου οὐ φαύλως ἀποφαινόμενοι περὶ τῶν φίλων, οἳ τυγχάνουσιν ὄντες: ἀλλὰ τὸν θεὸν αὐτόν φασιν ποιεῖν φίλους αὐτούς, ἄγοντα παρ᾽ ἀλλήλους. λέγουσι δέ πως ταῦτα, ὡς ἐγᾦμαι, ὡδί—"αἰεί τοι τὸν ὁμοῖον ἄγει θεὸς ὡς τὸν ὁμοῖον" [214b] καὶ ποιεῖ γνώριμον: ἢ οὐκ ἐντετύχηκας τούτοις τοῖς ἔπεσιν;

ἔγωγ᾽, ἔφη.

οὐκοῦν καὶ τοῖς τῶν σοφωτάτων συγγράμμασιν ἐντετύχηκας ταῦτα αὐτὰ λέγουσιν, ὅτι τὸ ὅμοιον τῷ ὁμοίῳ ἀνάγκη ἀεὶ φίλον εἶναι; εἰσὶν δέ που οὗτοι οἱ περὶ φύσεώς τε καὶ τοῦ ὅλου διαλεγόμενοι καὶ γράφοντες.

ἀληθῆ, ἔφη, λέγεις.

ἆρ᾽ οὖν, ἦν δ᾽ ἐγώ, εὖ λέγουσιν;

ἴσως, ἔφη.

ἴσως, ἦν δ᾽ ἐγώ, τὸ ἥμισυ αὐτοῦ, ἴσως δὲ καὶ πᾶν, ἀλλ᾽ ἡμεῖς οὐ συνίεμεν. δοκεῖ γὰρ ἡμῖν ὅ γε πονηρὸς [214c] τῷ πονηρῷ, ὅσῳ ἂν ἐγγυτέρω προσίῃ καὶ μᾶλλον ὁμιλῇ, τοσούτῳ ἐχθίων γίγνεσθαι. ἀδικεῖ γάρ: ἀδικοῦντας δὲ καὶ ἀδικουμένους ἀδύνατόν που φίλους εἶναι. οὐχ οὕτως;

ναί, ἦ δ᾽ ὅς.

ταύτῃ μὲν ἂν τοίνυν τοῦ λεγομένου τὸ ἥμισυ οὐκ ἀληθὲς εἴη, εἴπερ οἱ πονηροὶ ἀλλήλοις ὅμοιοι.

ἀληθῆ λέγεις.

ἀλλά μοι δοκοῦσιν λέγειν τοὺς ἀγαθοὺς ὁμοίους εἶναι ἀλλήλοις καὶ φίλους, τοὺς δὲ κακούς, ὅπερ καὶ λέγεται περὶ αὐτῶν, μηδέποτε ὁμοίους μηδ᾽ αὐτοὺς αὑτοῖς εἶναι, ἀλλ᾽ [214d] ἐμπλήκτους τε καὶ ἀσταθμήτους: ὃ δὲ αὐτὸ αὑτῷ ἀνόμοιον εἴη καὶ διάφορον, σχολῇ γέ τῳ ἄλλῳ ὅμοιον ἢ φίλον γένοιτ᾽ ἄν. ἢ οὐ καὶ σοὶ δοκεῖ οὕτως;

"吕西斯,你说的没错,如果我们讨论的方向没有出问题,现在就不会迷失了。那么我们就不要按这个方向继续走了——因为这个方向在我看来很像一条难走的路。让我们换个方向吧,从我们之前岔开的那儿重新出发,看看诗人们对此有何说法[214a],因为他们被看作是智慧之父与领路人。他们看到友爱时都会评说,而且也说得不错;他们声称是神使人们成为朋友的。我记得他们曾说过这样的话:'神始终让相似者接近相似者。'[49][214b]使他们相互熟稔——或者你没听到过这句诗?"

"是的,我听过。"〈吕西斯〉说。

"那你是否见识过那些聪明人所写的韵文中也有类似的话,说相似者必然是相似者的朋友?那些作者是对万物的本性进行探讨并写作的人。[50]"

"你说的没错。"吕西斯说。

"那么,"我说,"他们说的对不对呢?"

"可能〈对〉吧。"他说。

"可能只对了一半,"我说,"也可能全部都对,然而我们没有完全搞懂[其深意]。因为在我看来,不管怎么说,[214c]一个坏人与另一个坏人越是接近和相处,就越会变成对方的敌人,因为他会以不正义的方式对待对方。而不义伤人者与那个被其所伤害者是不可能成为朋友的,难道不是吗?"

"是的。"他说。

"这样看来,之前所说的有一半就不对了,如果坏人也是彼此相似的话,〈他们就不可能成为朋友〉。"

"你说的没错。"

"但是依我看来,它们的意思乃是:好人[51]彼此相似,互相是朋友,而坏人尽管也被提到,但他们却甚至与其自身都不相似,[214d]总是变换无常、从不稳定的;如果一样事物自身都不能相似,自己跟自己都不同,那势必很难和其他事物相似并成为朋友。你是否也这

ἔμοιγ', ἔφη.
τοῦτο τοίνυν αἰνίττονται, ὡς ἐμοὶ δοκοῦσιν, ὦ ἑταῖρε, οἱ τὸ ὅμοιον τῷ ὁμοίῳ φίλον λέγοντες, ὡς ὁ ἀγαθὸς τῷ ἀγαθῷ μόνος μόνῳ φίλος, ὁ δὲ κακὸς οὔτε ἀγαθῷ οὔτε κακῷ οὐδέποτε εἰς ἀληθῆ φιλίαν ἔρχεται. συνδοκεῖ σοι; κατένευσεν.
ἔχομεν ἄρα ἤδη τίνες εἰσὶν οἱ φίλοι: ὁ γὰρ λόγος ἡμῖν [214e] σημαίνει ὅτι οἳ ἂν ὦσιν ἀγαθοί.
πάνυ γε, ἔφη, δοκεῖ.
καὶ ἐμοί, ἦν δ' ἐγώ. καίτοι δυσχεραίνω τί γε ἐν αὐτῷ: φέρε οὖν, ὦ πρὸς Διός, ἴδωμεν τί καὶ ὑποπτεύω. ὁ ὅμοιος τῷ ὁμοίῳ καθ' ὅσον ὅμοιος φίλος, καὶ ἔστιν χρήσιμος ὁ τοιοῦτος τῷ τοιούτῳ; μᾶλλον δὲ ὧδε: ὁτιοῦν ὅμοιον ὁτῳοῦν ὁμοίῳ τίνα ὠφελίαν ἔχειν ἢ τίνα βλάβην ἂν ποιῆσαι δύναιτο, ὃ μὴ καὶ αὐτὸ αὑτῷ; ἢ τί ἂν παθεῖν, ὃ μὴ καὶ ὑφ' [215a] αὑτοῦ πάθοι; τὰ δὴ τοιαῦτα πῶς ἂν ὑπ' ἀλλήλων ἀγαπηθείη, μηδεμίαν ἐπικουρίαν ἀλλήλοις ἔχοντα; ἔστιν ὅπως; οὐκ ἔστιν.
ὃ δὲ μὴ ἀγαπῷτο, πῶς φίλον;
οὐδαμῶς.
ἀλλὰ δὴ ὁ μὲν ὅμοιος τῷ ὁμοίῳ οὐ φίλος: ὁ δὲ ἀγαθὸς τῷ ἀγαθῷ καθ' ὅσον ἀγαθός, οὐ καθ' ὅσον ὅμοιος, φίλος ἂν εἴη;
ἴσως.
τί δέ; οὐχ ὁ ἀγαθός, καθ' ὅσον ἀγαθός, κατὰ τοσοῦτον ἱκανὸς ἂν εἴη αὑτῷ; ναί.
ὁ δέ γε ἱκανὸς οὐδενὸς δεόμενος κατὰ τὴν ἱκανότητα.
πῶς γὰρ οὔ;
ὁ δὲ μή του [215b] δεόμενος οὐδέ τι ἀγαπῴη ἄν.

样认为呢?"

"我看是这样的。"他说。

"那么,在我看来,我的朋友,当他们说相似者是相似者的朋友时,他们话中隐含的意思是这样的:只有好人才会是好人的朋友,而坏人既不可能与好人成为朋友,也不可能与坏人成为朋友。你的看法是不是也一样?"

他点头表示赞同。

"这么说来,关于究竟谁是朋友,我们[214e]已经有了答案了。从以上讨论中就可以得知——好人〈就是朋友〉。"

"我完全同意。"他说。

"我也是。"我说。"不过,这里面还是有令我感到不是很满意的东西。宙斯啊!就让我们来看看我所疑虑的。如果相似者由于其相似而对于相似者是朋友,那么,这样一个人对另外一个人有什么用处呢?或者我这样说:相似者是否能给予其相似者以任何好处或坏处,而这些是后者无法给予自身的?或者说,相似者是否能对其相似者做些什么,是后者无法对[215a]自己做的?如果他们不能给彼此以增益,他们怎么会相互珍视呢?这可能吗?"

"不可能。"

"没有珍视,又哪来朋友[友爱]呢?"

"决不可能。"

"不过,尽管相似者并非就是相似者的朋友,但是好人就其是一个好人,而非就其是一位相似者,却可以是另外一个好人的朋友?"

"很有可能。"

"可是,就其是好人而言,对他自己来说是满足的[自足]吗?"

"毫无疑问。"

"一个满足的人就不再有任何需要了吧?"

"当然是这样。"

"但是这种[215b]没有任何需要的人,会珍视什么东西吗?"

οὐ γὰρ οὖν.
ὃ δὲ μὴ ἀγαπῴη, οὐδ' ἂν φιλοῖ.
οὐ δῆτα.
ὁ δὲ μὴ φιλῶν γε οὐ φίλος.
οὐ φαίνεται.
πῶς οὖν οἱ ἀγαθοὶ τοῖς ἀγαθοῖς ἡμῖν φίλοι ἔσονται τὴν ἀρχήν, οἳ μήτε ἀπόντες ποθεινοὶ ἀλλήλοις—ἱκανοὶ γὰρ ἑαυτοῖς καὶ χωρὶς ὄντες—μήτε παρόντες χρείαν αὑτῶν ἔχουσιν; τοὺς δὴ τοιούτους τίς μηχανὴ περὶ πολλοῦ ποιεῖσθαι ἀλλήλους;
οὐδεμία, ἔφη.
φίλοι [215c] δέ γε οὐκ ἂν εἶεν μὴ περὶ πολλοῦ ποιούμενοι ἑαυτούς.
ἀληθῆ.
ἄθρει δή, ὦ Λύσι, πῇ παρακρουόμεθα. ἆρά γε ὅλῳ τινὶ ἐξαπατώμεθα;
πῶς δή; ἔφη.
ἤδη ποτέ του ἤκουσα λέγοντος, καὶ ἄρτι ἀναμιμνῄσκομαι, ὅτι τὸ μὲν ὅμοιον τῷ ὁμοίῳ καὶ οἱ ἀγαθοὶ τοῖς ἀγαθοῖς πολεμιώτατοι εἶεν· καὶ δὴ καὶ τὸν Ἡσίοδον ἐπήγετο μάρτυρα, λέγων ὡς ἄρα—"καὶ κεραμεὺς κεραμεῖ κοτέει καὶ ἀοιδὸς ἀοιδῷ" [215d] "καὶ πτωχὸς πτωχῷ, ... "
καὶ τἆλλα δὴ πάντα οὕτως ἔφη ἀναγκαῖον εἶναι μάλιστα τὰ ὁμοιότατα πρὸς ἄλληλα φθόνου τε καὶ φιλονικίας καὶ ἔχθρας ἐμπίμπλασθαι, τὰ δ' ἀνομοιότατα φιλίας· τὸν γὰρ πένητα τῷ πλουσίῳ ἀναγκάζεσθαι φίλον εἶναι καὶ τὸν ἀσθενῆ τῷ ἰσχυρῷ τῆς ἐπικουρίας ἕνεκα, καὶ τὸν κάμνοντα τῷ ἰατρῷ, καὶ πάντα δὴ τὸν μὴ εἰδότα ἀγαπᾶν τὸν εἰδότα καὶ φιλεῖν. [215e] καὶ δὴ καὶ ἔτι ἐπεξῄει τῷ λόγῳ μεγαλοπρεπέστερον, λέγων ὡς ἄρα παντὸς δέοι τὸ ὅμοιον τῷ ὁμοίῳ φίλον εἶναι, ἀλλ' αὐτὸ τὸ ἐναντίον εἴη τούτου· τὸ γὰρ ἐναντιώτατον τῷ ἐναντιωτάτῳ εἶναι μάλιστα φίλον. ἐπιθυμεῖν γὰρ τοῦ τοιούτου ἕκαστον, ἀλλ' οὐ τοῦ ὁμοίου· τὸ μὲν γὰρ ξηρὸν ὑγροῦ, τὸ δὲ ψυχρὸν θερμοῦ, τὸ δὲ πικρὸν γλυκέος, τὸ δὲ ὀξὺ ἀμβλέος, τὸ δὲ κενὸν πληρώσεως, καὶ τὸ πλῆρες δὲ κενώσεως, καὶ τἆλλα οὕτω κατὰ τὸν αὐτὸν λόγον. τροφὴν γὰρ εἶναι τὸ ἐναντίον τῷ ἐναντίῳ· τὸ γὰρ ὅμοιον τοῦ ὁμοίου[216a] οὐδὲν ἂν ἀπολαῦσαι. καὶ μέντοι, ὦ ἑταῖρε, καὶ κομψὸς ἐδόκει εἶναι ταῦτα λέγων·

"不,他不会。"

"他不珍视的东西,他也不会爱。"

"当然不会。"

"但是他不爱的话,他就不会是朋友。"

"看起来是不会。"

"那么我们怎么能认为,好人会成为好人的朋友呢?如果当他们分离时并不互相思念,因为他们分离时也是自足的;而当他们在一起时,也对彼此之间没有任何需求。你如何想象这类人会相互珍视对方呢?"

"无法想象。"

[215c]"但是他们不相互珍视,就不会是朋友。"

"是的。"

"看看吧,吕西斯,我们似乎走歪了!是不是因为我们完全被这条路给欺骗了?"

"怎么回事呢?"他说。

"有一次我曾听别人说——现在我才回忆起来——相似者与相似者之间,好人与好人之间,是完全彼此敌对的。他还引赫西俄德的诗作证,说正如'陶工与陶工为敌,歌手与歌手作对,[215d]乞丐看不起乞丐'[52]一样,其他所有情况也都是如此。他说,事物越是相似,就必然彼此之间越是充满了嫉妒、对抗与仇恨;而越是不相似的,彼此之间就越充满友爱。因为穷人就必然对富人友好,而弱者因其需要帮助也会对强者友好,病人也会对医生友爱。实际上所有人,只要缺乏知识,就必然会珍视那些拥有知识的人,喜爱他们。[215e]而且他还把这推到极端,认为相似者完全无法与相似者为友。事实恰恰相反,最相反者[53]才是最相反者的朋友。他说,因为每个事物想要得到的都是相反而非相似的东西:干燥渴望潮湿,冷与热,苦与甜,利与钝,空与满,满则需要空[54],还有所有其他的情况也都遵循这一原则。相反者才是相反者的滋养物;[216a]而相似者无

εὖ γὰρ ἔλεγεν. ὑμῖν δέ, ἦν δ' ἐγώ, πῶς δοκεῖ λέγειν;
εὖ γε, ἔφη ὁ Μενέξενος, ὥς γε οὑτωσὶ ἀκοῦσαι.
φῶμεν ἄρα τὸ ἐναντίον τῷ ἐναντίῳ μάλιστα φίλον εἶναι;
πάνυ γε.
εἶεν, ἦν δ' ἐγώ· οὐκ ἀλλόκοτον, ὦ Μενέξενε; καὶ ἡμῖν εὐθὺς ἄσμενοι ἐπιπηδήσονται οὗτοι οἱ πάσσοφοι ἄνδρες, οἱ ἀντιλογικοί, καὶ ἐρήσονται εἰ [216b] οὐκ ἐναντιώτατον ἔχθρα φιλίᾳ; οἷς τί ἀποκρινούμεθα; ἢ οὐκ ἀνάγκη ὁμολογεῖν ὅτι ἀληθῆ λέγουσιν;
ἀνάγκη.
ἆρ' οὖν, φήσουσιν, τὸ ἐχθρὸν τῷ φίλῳ φίλον ἢ τὸ φίλον τῷ ἐχθρῷ;
οὐδέτερα, ἔφη.
ἀλλὰ τὸ δίκαιον τῷ ἀδίκῳ, ἢ τὸ σῶφρον τῷ ἀκολάστῳ, ἢ τὸ ἀγαθὸν τῷ κακῷ;
οὐκ ἄν μοι δοκεῖ οὕτως ἔχειν.
ἀλλὰ μέντοι, ἦν δ' ἐγώ, εἴπερ γε κατὰ τὴν ἐναντιότητά τί τῳ φίλῳ φίλον ἐστίν, ἀνάγκη καὶ ταῦτα φίλα εἶναι.
ἀνάγκη.
οὔτε ἄρα τὸ ὅμοιον τῷ ὁμοίῳ οὔτε τὸ ἐναντίον τῷ ἐναντίῳ φίλον.
οὐκ ἔοικεν.
[216c] ἔτι δὲ καὶ τόδε σκεψώμεθα, μὴ ἔτι μᾶλλον ἡμᾶς λανθάνει τὸ φίλον ὡς ἀληθῶς οὐδὲν τούτων ὄν, ἀλλὰ τὸ μήτε ἀγαθὸν μήτε κακὸν φίλον οὕτω ποτὲ

法从相似者那里获益。我可以告诉你,我的朋友,他这番话挺机智的,说得不错。你们俩怎么看,"我说,"他说得怎么样?"

"非常好,"梅尼克齐努斯说,"至少听起来是这样的。"

"那么我们可不可以说,相反者对于相反者来说才算是朋友呢?"

"是的,当然。"

"等等,"我说,"这是不是太不对劲了,梅尼克齐努斯?那些最聪明的人、那些辩论家,会立即高兴地踩到我们身上问,[216b]是否敌意与友爱最为相异?我们又怎么回答他们呢?我们是否只能承认他们说得没错呢?"

"我们只能承认。"

"那么,"他们会说,"敌人是朋友的朋友啰,或者朋友是敌人的朋友?"

"都不是。"他说。

"那么正义者是非正义者的朋友,或者自制者是放纵者的朋友,或者好人是坏人的朋友?"

"在我看来,不会是这样。"

"但是,"我说,"如果说一件事物是另一事物的朋友,只因其相反的话,在以上这些情况下他们就必然都是朋友。"

"必然如此"。

"那么,相似者与相似者,相反者与相反者都不会成为朋友。"

"看来是不会。"

[216c]"但是还是让我们继续想一想这一种可能:是否朋友其实不是所有这些,他避开了我们〈的讨论〉。可能是,既不好也不坏者才是善好者〈the good〉的朋友?"

"你说的是什么意思?"〈梅尼克齐努斯〉说。

"宙斯啊!"我说,"我不知道。我已经被这讨论弄得迷糊,陷入僵局了。看起来是这样的,如古老的谚语所说,'美是朋友'。无论

γιγνόμενον τοῦ ἀγαθοῦ.

πῶς, ἦ δ' ὅς, λέγεις;

ἀλλὰ μὰ Δία, ἦν δ' ἐγώ, οὐκ οἶδα, ἀλλὰ τῷ ὄντι αὐτὸς εἰλιγγιῶ ὑπὸ τῆς τοῦ λόγου ἀπορίας, καὶ κινδυνεύει κατὰ τὴν ἀρχαίαν παροιμίαν τὸ καλὸν φίλον εἶναι. ἔοικε γοῦν μαλακῷ τινι καὶ λείῳ καὶ λιπαρῷ: [216d] διὸ καὶ ἴσως ῥᾳδίως διολισθαίνει καὶ διαδύεται ἡμᾶς, ἅτε τοιοῦτον ὄν. λέγω γὰρ τἀγαθὸν καλὸν εἶναι: σὺ δ' οὐκ οἴει;

ἔγωγε.

λέγω τοίνυν ἀπομαντευόμενος, τοῦ καλοῦ τε καὶ ἀγαθοῦ φίλον εἶναι τὸ μήτε ἀγαθὸν μήτε κακόν: πρὸς ἃ δὲ λέγων μαντεύομαι, ἄκουσον. δοκεῖ μοι ὡσπερεὶ τρία ἄττα εἶναι γένη, τὸ μὲν ἀγαθόν, τὸ δὲ κακόν, τὸ δ' οὔτ' ἀγαθὸν οὔτε κακόν: τί δὲ σοί;

καὶ ἐμοί, ἔφη.

καὶ οὔτε τἀγαθὸν τἀγαθῷ οὔτε τὸ κακὸν τῷ κακῷ οὔτε τἀγαθὸν τῷ [216e] κακῷ φίλον εἶναι, ὥσπερ οὐδ' ὁ ἔμπροσθεν λόγος ἐᾷ: λείπεται δή, εἴπερ τῷ τί ἐστιν φίλον, τὸ μήτε ἀγαθὸν μήτε κακὸν φίλον εἶναι ἢ τοῦ ἀγαθοῦ ἢ τοῦ τοιούτου οἷον αὐτό ἐστιν. οὐ γὰρ ἄν που τῷ κακῷ φίλον ἄν τι γένοιτο.

ἀληθῆ.

οὐδὲ μὴν τὸ ὅμοιον τῷ ὁμοίῳ ἔφαμεν ἄρτι: ἦ γάρ;

ναί.

οὐκ ἄρα ἔσται τῷ μήτε ἀγαθῷ μήτε κακῷ τὸ τοιοῦτον φίλον οἷον αὐτό.

οὐ φαίνεται.

τῷ ἀγαθῷ ἄρα [217a] τὸ μήτε ἀγαθὸν μήτε κακὸν μόνῳ μόνον συμβαίνει γίγνεσθαι φίλον.

ἀνάγκη, ὡς ἔοικεν.

ἆρ' οὖν καὶ καλῶς, ἦν δ' ἐγώ, ὦ παῖδες, ὑφηγεῖται ἡμῖν τὸ νῦν λεγόμενον; εἰ γοῦν θέλοιμεν ἐννοῆσαι τὸ ὑγιαῖνον σῶμα, οὐδὲν ἰατρικῆς δεῖται οὐδὲ ὠφελίας: ἱκανῶς γὰρ ἔχει, ὥστε ὑγιαίνων οὐδεὶς ἰατρῷ φίλος διὰ τὴν ὑγίειαν. ἦ γάρ;

如何,它看起来是柔软的、平静的、光滑的,[216d]它容易逃离我们的控制,与我们失之交臂,因为它有这些品性。我是说,善好〈the good〉是美的。你们怎么看?"

"我看也是。"

"那么要像个预言家那样宣布了:既不好也不坏者就是美与善好〈the good〉的朋友。为什么我会发布这一预言,我会告诉你的。[55]在我看来,应当存在着三种事物,好的,坏的,和既不好也不坏的。你看呢?"

"我看也是。"他说。

"那么,既非好与好为友,也非坏与坏为友,也不是好与[216e]坏为友,就像之前我们都没能进行下去的讨论说的那样。如果真的有什么东西是什么的朋友的话,就只剩下了既不好也不坏者要么是好的朋友,要么是和它自身一样的事物的朋友。因为我不认为有任何东西会与坏作为朋友。"

"是的。"

"但是相似者又不可能成为朋友。我们刚才已经说了,不是吗?"

"是的。"

"这么说,同样既不好也不坏的事物彼此也是不可能成为朋友的。"

"看起来是不会。"

[217a]"这么看来,就会发现一件事物与另一件事物成为朋友,只可能是这种情况,即'既不好也不坏'是'好'的朋友。"

"显然如此。"

"那么,孩子,"我说,"我们现在的讨论是不是把我们领到了正确的方向上呢?不管怎么说,如果我们假设身体是健康的,它就不需要任何医药技术或是帮助,因为它处于完满的状态中。没有人会在身体健康的情况下成为医生的朋友,因为他是健康的,不是吗?"

οὐδείς.
ἀλλ' ὁ κάμνων οἶμαι διὰ τὴν νόσον.
πῶς γὰρ [217b] οὔ;
νόσος μὲν δὴ κακόν, ἰατρικὴ δὲ ὠφέλιμον καὶ ἀγαθόν.
ναί.
σῶμα δέ γέ που κατὰ τὸ σῶμα εἶναι οὔτε ἀγαθὸν οὔτε κακόν.
οὕτως.
ἀναγκάζεται δέ γε σῶμα διὰ νόσον ἰατρικὴν ἀσπάζεσθαι καὶ φιλεῖν.
δοκεῖ μοι.
τὸ μήτε κακὸν ἄρα μήτ' ἀγαθὸν φίλον γίγνεται τοῦ ἀγαθοῦ διὰ κακοῦ παρουσίαν.
ἔοικεν.
δῆλον δέ γε ὅτι πρὶν γενέσθαι αὐτὸ κακὸν ὑπὸ τοῦ κακοῦ οὗ ἔχει. οὐ γὰρ δή γε κακὸν γεγονὸς [217c] ἔτι ἄν τι τοῦ ἀγαθοῦ οὗ ἐπιθυμοῖ καὶ φίλον εἴη: ἀδύνατον γὰρ ἔφαμεν κακὸν ἀγαθῷ φίλον εἶναι.
ἀδύνατον γάρ.
σκέψασθε δὴ ὃ λέγω. λέγω γὰρ ὅτι ἔνια μέν, οἷον ἂν ᾖ τὸ παρόν, τοιαῦτά ἐστι καὶ αὐτά, ἔνια δὲ οὔ. ὥσπερ εἰ ἐθέλοι τις χρώματί τῳ ὁτιοῦν τι ἀλεῖψαι, πάρεστίν που τῷ ἀλειφθέντι τὸ ἐπαλειφθέν.
πάνυ γε.
ἆρ' οὖν καὶ ἔστιν τότε τοιοῦτον τὴν χρόαν τὸ ἀλειφθέν, οἷον τὸ ἐπόν;
[217d] οὐ μανθάνω, ἦ δ' ὅς.
ἀλλ' ὧδε, ἦν δ' ἐγώ. εἴ τίς σου ξανθὰς οὔσας τὰς τρίχας ψιμυθίῳ ἀλείψειεν, πότερον τότε λευκαὶ εἶεν ἢ φαίνοιντ' ἄν;
φαίνοιντ' ἄν, ἦ δ' ὅς.
καὶ μὴν παρείη γ' ἂν αὐταῖς λευκότης.

"没有人会这样。"

"但是病人就会,因为他的病。"

[217b]"显然如此。"

"疾病,是某种坏的事物,而医药技术是某种有益、有好处的事物。"

"是的。"

"身体作为身体,是既不好也不坏的。"

"是这样的。"

"那么身体是由于疾病的强迫,才欢迎与热爱医药技术的。"

"在我看来是这样的。"

"'既不好也不坏'就是因为'坏'的出现,而成为了'好'的朋友。"

"看起来是这样的。"

"但是,显然,这必须发生在他由于坏的介入而变坏了之前。因为只要它变坏了,[217c]它就不可能欲求'好',成为其朋友了。因为我们已经说了,坏与好成为朋友是不可能的。"

"是的,不可能。"

"那么,你们俩想一想,我下面要说的。我认为有些事物就是其自身所表现的样子,有些则不是。比如说,有人想用某种颜色涂抹某物,我想那种颜色就会出现在那某物之上。"

"绝对是这样的。"

"那么,被涂抹的某物,就其颜色而言,与涂上的东西是不是同样的呢?"

[217d]"我不知道你的意思。"梅尼克齐努斯说。

"是这样的,"我说,"如果有人用一种白色的粉末[56]涂抹到你金色的头发上,头发会变成白色,还是显出白色?"

"它会显出白色。"他说。

"白色就出现于其中啰。"

ναί.

ἀλλ' ὅμως οὐδέν τι μᾶλλον ἂν εἶεν λευκαί πω, ἀλλὰ παρούσης λευκότητος οὔτε τι λευκαὶ οὔτε μέλαιναί εἰσιν.

ἀληθῆ.

ἀλλ' ὅταν δή, ὦ φίλε, τὸ γῆρας αὐταῖς ταὐτὸν τοῦτο χρῶμα ἐπαγάγῃ, τότε ἐγένοντο οἷόνπερ τὸ παρόν, λευκοῦ παρουσίᾳ [217e] λευκαί.

πῶς γὰρ οὔ;

τοῦτο τοίνυν ἐρωτῶ νῦν δή, εἰ ᾧ ἄν τι παρῇ, τοιοῦτον ἔσται τὸ ἔχον οἷον τὸ παρόν: ἢ ἐὰν μὲν κατά τινα τρόπον παρῇ, ἔσται, ἐὰν δὲ μή, οὔ;

οὕτω μᾶλλον, ἔφη.

καὶ τὸ μήτε κακὸν ἄρα μήτ' ἀγαθὸν ἐνίοτε κακοῦ παρόντος οὔπω κακόν ἐστιν, ἔστιν δ' ὅτε ἤδη τὸ τοιοῦτον γέγονεν.

πάνυ γε.

οὐκοῦν ὅταν μήπω κακὸν ᾖ κακοῦ παρόντος, αὕτη μὲν ἡ παρουσία ἀγαθοῦ αὐτὸ ποιεῖ ἐπιθυμεῖν: ἡ δὲ κακὸν ποιοῦσα ἀποστερεῖ αὐτὸ τῆς τε ἐπιθυμίας ἅμα καὶ τῆς φιλίας τοῦ ἀγαθοῦ. οὐ γὰρ ἔτι ἐστὶν [218a] οὔτε κακὸν οὔτε ἀγαθόν, ἀλλὰ κακόν: φίλον δὲ ἀγαθῷ κακὸν οὐκ ἦν.

οὐ γὰρ οὖν.

διὰ ταῦτα δὴ φαῖμεν ἂν καὶ τοὺς ἤδη σοφοὺς μηκέτι φιλοσοφεῖν, εἴτε θεοὶ εἴτε ἄνθρωποί εἰσιν οὗτοι: οὐδ' αὖ ἐκείνους φιλοσοφεῖν τοὺς οὕτως ἄγνοιαν ἔχοντας ὥστε κακοὺς εἶναι: κακὸν γὰρ καὶ ἀμαθῆ οὐδένα φιλοσοφεῖν. λείπονται δὴ οἱ ἔχοντες μὲν τὸ κακὸν τοῦτο, τὴν ἄγνοιαν, μήπω δὲ ὑπ' αὐτοῦ ὄντες ἀγνώμονες μηδὲ [218b] ἀμαθεῖς, ἀλλ' ἔτι ἡγούμενοι μὴ εἰδέναι ἃ μὴ ἴσασιν. διὸ δὴ καὶ φιλοσοφοῦσιν οἱ οὔτε ἀγαθοὶ οὔτε κακοί πω ὄντες, ὅσοι δὲ κακοὶ οὐ φιλοσοφοῦσιν, οὐδὲ οἱ ἀγαθοί: οὔτε γὰρ τὸ ἐναντίον τοῦ ἐναντίου οὔτε τὸ ὅμοιον τοῦ ὁμοίου φίλον ἡμῖν ἐφάνη ἐν τοῖς ἔμπροσθεν λόγοις. ἢ οὐ μέμνησθε;

"是的。"

"但是这时你的头发却没有变得比之前更白。尽管白色出现于其中,但你的头发却没有变白或是变黑。"

"是的。"

"但是,我的朋友,当岁月给你的头发带来这样的颜色时,它就会变得和它显现出来的颜色一样,因为白色的出现而显现为[217e]白色。"

"显然如此。"

"那么,这就是我刚才所问到的:是否无论什么事物出现于某物中,这某物就会变成与其中所出现的那个事物一样呢?或者说,这事物的出现必须以特定的方式,否则就不会[一样]?"

"应该是后一种情况。"他说。

"那么,当'坏'出现于'既不好也不坏'者之中,有时它尚未变坏,有时则可能已经变坏了。"

"是的,就是这样。"

"所以,当它还没有变成坏的,尽管坏已经出现于其中,这种出现就使得它想要得到好;但是坏之出现如果已经使它变坏,就会同时夺走它对于好的想望和友爱。因为它已经不再是[218a]既不好也不坏,而已经是坏了。我们认为坏是无法与好为友的。"

"肯定不能。"

"正是因为这些原因,我们说那些已经拥有智慧的,就不再'热爱智慧'了,不管他是神还是人;同样,我们也不会说那些无知而变坏的人热爱智慧,因为没有一个坏的、无知的人热爱智慧[57]。那么就只剩下来这种人,他们身上虽然已经出现了'无知'这种坏,但是却还没有因此而成为'无知者'或者蠢人,而是对自己的无知有所意识。[218b]这就告诉我们,那些真正热爱智慧的,是那既不好也不坏的,因为坏的不会热爱智慧,好的也不会。因为我们前面已经说明:既非相反者与相反者为友,也非相似者与相似者为友。你们还

πάνυ γε, ἐφάτην.
νῦν ἄρα, ἦν δ' ἐγώ, ὦ Λύσι τε καὶ Μενέξενε, παντὸς μᾶλλον ἐξηυρήκαμεν ὃ ἔστιν τὸ φίλον καὶ οὔ. φαμὲν γὰρ αὐτό, καὶ κατὰ τὴν ψυχὴν καὶ κατὰ τὸ [218c] σῶμα καὶ πανταχοῦ, τὸ μήτε κακὸν μήτε ἀγαθὸν διὰ κακοῦ παρουσίαν τοῦ ἀγαθοῦ φίλον εἶναι.
παντάπασιν ἐφάτην τε καὶ συνεχωρείτην οὕτω τοῦτ' ἔχειν.
καὶ δὴ καὶ αὐτὸς ἐγὼ πάνυ ἔχαιρον, ὥσπερ θηρευτής τις, ἔχων ἀγαπητῶς ὃ ἐθηρευόμην. κἄπειτ' οὐκ οἶδ' ὁπόθεν μοι ἀτοπωτάτη τις ὑποψία εἰσῆλθεν ὡς οὐκ ἀληθῆ εἴη τὰ ὡμολογημένα ἡμῖν, καὶ εὐθὺς ἀχθεσθεὶς εἶπον: βαβαῖ, ὦ Λύσι τε καὶ Μενέξενε, κινδυνεύομεν ὄναρ πεπλουτηκέναι.
[218d] τί μάλιστα; ἔφη ὁ Μενέξενος.
φοβοῦμαι, ἦν δ' ἐγώ, μὴ ὥσπερ ἀνθρώποις ἀλαζόσιν λόγοις τισὶν τοιούτοις ψευδέσιν ἐντετυχήκαμεν περὶ τοῦ φίλου.
πῶς δή; ἔφη.
ὧδε, ἦν δ' ἐγώ, σκοπῶμεν: φίλος ὅς ἂν εἴη, πότερόν ἐστίν τῳ φίλος ἢ οὔ;
ἀνάγκη, ἔφη.
πότερον οὖν οὐδενὸς ἕνεκα καὶ δι' οὐδέν, ἢ ἕνεκά του καὶ διά τι;
ἕνεκά του καὶ διά τι.
πότερον φίλου ὄντος ἐκείνου τοῦ πράγματος, οὗ ἕνεκα φίλος ὁ φίλος τῷ φίλῳ, ἢ οὔτε φίλου οὔτε ἐχθροῦ;
[218e] οὐ πάνυ, ἔφη, ἕπομαι.
εἰκότως γε, ἦν δ' ἐγώ: ἀλλ' ὧδε ἴσως ἀκολουθήσεις, οἶμαι δὲ καὶ ἐγὼ μᾶλλον εἴσομαι ὅτι λέγω. ὁ κάμνων, νυνδὴ ἔφαμεν, τοῦ ἰατροῦ φίλος: οὐχ οὕτως;
ναί.

记得吗?"

"是的,当然记得。"他们一起说到。

"这么说来,"我说,"吕西斯与梅尼克齐努斯,我们已经完全彻底地知道究竟什么是朋友,什么不是朋友了。我们断言,无论是在灵魂方面,还是在[218c]身体方面,还是其他方面,既不好也不坏者会因为坏的出现而成为'好'的朋友。"

他们俩都完全赞同确实就是这样的。而我自己呢,也感到非常高兴,就像某些猎手那样,对捕获的猎物满意无比。就在这时,不知道为什么,一种奇怪的怀疑溜进了我的脑子里,我觉得刚才我们所赞同的不是正确的,于是立刻焦虑地说:"哎呀,吕西斯与梅尼克齐努斯,我们刚到手的财富恐怕只是一场梦啊!"

[218d] "你为什么这么说呢?"梅尼克齐努斯说。

"我担心,"我说,"好比我们碰到了一些冒名顶替的骗子——我们刚才关于朋友的那些话似乎就是这样的。"

"怎么会这样呢?"

"这么说吧,"我说,"一个人是朋友,是说他对于某人或某物是朋友吧?"

"肯定是这样的。"他说。

"那么,他是不为什么目的,也不因为什么缘故,还是为了什么目的,因为什么缘故呢?"[58]

"有其目的与缘故吧。"

"那么,这样一个事物——人们成为朋友就是为了这个事物的目的——是朋友吗?或者它既不是朋友也不是敌人?"

[218e] "我完全搞不懂了。"他说。

"很有可能。"我说,"如果我换种说话,也许你就明白了。我想我对自己所说的也会更明白。我们刚才说了,病人是医生的朋友,是不是?"

"是的。"

οὐκοῦν διὰ νόσον ἕνεκα ὑγιείας τοῦ ἰατροῦ φίλος;
ναί.
ἡ δέ γε νόσος κακόν;
πῶς δ᾽ οὔ;
τί δὲ ὑγίεια; ἦν δ᾽ ἐγώ: ἀγαθὸν ἢ κακὸν ἢ οὐδέτερα;
ἀγαθόν, [219a] ἔφη.
ἐλέγομεν δ᾽ ἄρα, ὡς ἔοικεν, ὅτι τὸ σῶμα, οὔτε ἀγαθὸν οὔτε κακὸν ὄν, διὰ τὴν νόσον, τοῦτο δὲ διὰ τὸ κακόν, τῆς ἰατρικῆς φίλον ἐστίν, ἀγαθὸν δὲ ἰατρική: ἕνεκα δὲ τῆς ὑγιείας τὴν φιλίαν ἡ ἰατρικὴ ἀνῄρηται, ἡ δὲ ὑγίεια ἀγαθόν. ἦ γάρ;
ναί.
φίλον δὲ ἢ οὐ φίλον ἡ ὑγίεια;
φίλον.
ἡ δὲ νόσος ἐχθρόν.
πάνυ γε.
τὸ οὔτε κακὸν οὔτε [219b] ἀγαθὸν ἄρα διὰ τὸ κακὸν καὶ τὸ ἐχθρὸν τοῦ ἀγαθοῦ φίλον ἐστὶν ἕνεκα τοῦ ἀγαθοῦ καὶ φίλου.
φαίνεται.
ἕνεκα ἄρα τοῦ φίλου τοῦ φίλου τὸ φίλον φίλον διὰ τὸ ἐχθρόν.
ἔοικεν.
εἶεν, ἦν δ᾽ ἐγώ. ἐπειδὴ ἐνταῦθα ἥκομεν, ὦ παῖδες, πρόσσχωμεν τὸν νοῦν μὴ ἐξαπατηθῶμεν. ὅτι μὲν γὰρ φίλον τοῦ φίλου τὸ φίλον γέγονεν, ἐῶ χαίρειν, καὶ τοῦ ὁμοίου γε τὸ ὅμοιον φίλον γίγνεται, ὅ φαμεν ἀδύνατον εἶναι: ἀλλ᾽ ὅμως τόδε σκεψώμεθα, μὴ ἡμᾶς ἐξαπατήσῃ τὸ νῦν λεγόμενον. [219c] ἡ ἰατρική, φαμέν, ἕνεκα τῆς ὑγιείας φίλον.
ναί.

"那么,是因为疾病的缘故,为了健康的目的,他才成为医生的友人的。"

"是的。"

"但是疾病是一件坏事。"

"当然。"

"那健康呢?"我说,"是件好事还是坏事,或者都不是?"

[219a]"一件好事啊。"他说。

"那么我们就是在说,作为既不好又不坏的身体,因为疾病的缘故,也就是因为坏的缘故,成为了医药技术的朋友,而医药技术是件好事物。但是,这是为了健康的目的,医药技术才成为友爱的对象,而健康是一件好事,是不是?"

"是的。"

"那么健康是不是朋友呢?"

"是朋友。"

"那疾病就是敌人了。"

"那是当然。"

"所以,既不好[219b]也不坏,因为'坏'和敌人的缘故,又因为好与友爱的目的,成为了'好'的朋友。"

"看起来是这样的。"

"那么,朋友之所以成为朋友,是为了朋友〈友爱〉之目的,又是因为〈存在着〉敌人〈不友爱〉的缘故。"

"看起来是这样的。"

"很好。"我说,"我们既然已经到了这一步,孩子们,要全神贯注,不要再被误导。我不想再谈朋友成为朋友的朋友,或者相似者成为相似者的朋友,因为我们说这是不可能的。不过,为了避免我们所说的把我们引入歧途,让我们考虑下一个问题。[219c]我们说,医药技术因为健康的目的,成为了朋友。"

"是的。"

οὐκοῦν καὶ ἡ ὑγίεια φίλον;
πάνυ γε.
εἰ ἄρα φίλον, ἕνεκά του.
ναί.
φίλου γέ τινος δή, εἴπερ ἀκολουθήσει τῇ πρόσθεν ὁμολογίᾳ.
πάνυ γε.
οὐκοῦν καὶ ἐκεῖνο φίλον αὖ ἔσται ἕνεκα φίλου;
ναί.
ἆρ' οὖν οὐκ ἀνάγκη ἀπειπεῖν ἡμᾶς οὕτως ἰόντας ἢ ἀφικέσθαι ἐπί τινα ἀρχήν, ἢ οὐκέτ' ἐπανοίσει ἐπ' ἄλλο φίλον, ἀλλ' ἥξει ἐπ' ἐκεῖνο ὅ ἐστιν [219d] πρῶτον φίλον, οὗ ἕνεκα καὶ τὰ ἄλλα φαμὲν πάντα φίλα εἶναι;
ἀνάγκη.
τοῦτο δή ἐστιν ὃ λέγω, μὴ ἡμᾶς τἆλλα πάντα ἃ εἴπομεν ἐκείνου ἕνεκα φίλα εἶναι, ὥσπερ εἴδωλα ἄττα ὄντα αὐτοῦ, ἐξαπατᾷ, ᾖ δ' ἐκεῖνο τὸ πρῶτον, ὃ ὡς ἀληθῶς ἐστι φίλον. ἐννοήσωμεν γὰρ οὑτωσί· ὅταν τίς τι περὶ πολλοῦ ποιῆται, οἷόνπερ ἐνίοτε πατὴρ ὑὸν ἀντὶ πάντων τῶν ἄλλων χρημάτων προτιμᾷ, ὁ δὴ τοιοῦτος ἕνεκα τοῦ τὸν [219e] ὑὸν περὶ παντὸς ἡγεῖσθαι ἆρα καὶ ἄλλο τι ἂν περὶ πολλοῦ ποιοῖτο; οἷον εἰ αἰσθάνοιτο αὐτὸν κώνειον πεπωκότα, ἆρα περὶ πολλοῦ ποιοῖτ' ἂν οἶνον, εἴπερ τοῦτο ἡγοῖτο τὸν ὑὸν σώσειν;
τί μήν; ἔφη.
οὐκοῦν καὶ τὸ ἀγγεῖον, ἐν ᾧ ὁ οἶνος ἐνείη;
πάνυ γε.
ἆρ' οὖν τότε οὐδὲν περὶ πλείονος ποιεῖται, κύλικα κεραμέαν ἢ τὸν ὑὸν τὸν αὑτοῦ, οὐδὲ τρεῖς κοτύλας οἴνου ἢ τὸν ὑόν; ἢ ὧδέ πως ἔχει· πᾶσα ἡ τοιαύτη σπουδὴ οὐκ ἐπὶ τούτοις ἐστὶν ἐσπουδασμένη, ἐπὶ τοῖς ἕνεκά του παρασκευαζομένοις, ἀλλ' ἐπ' ἐκείνῳ οὗ ἕνεκα πάντα τὰ [220a] τοιαῦτα παρασκευάζεται. οὐχ ὅτι πολλάκις λέγομεν ὡς περὶ πολλοῦ ποιούμεθα χρυσίον καὶ ἀργύριον· ἀλλὰ μὴ

"同样,健康也是朋友。"

"是的,完全正确。"

"那么,如果是朋友,肯定是为了什么目的吧?"

"是的。"

"这个目的也应该是朋友吧,如果按照我们之前所讨论的结论。"

"是的,完全正确。"

"那么,就它而言,也是为了朋友的目的而成为朋友的吧?"

"是的。"

"我们应该继续这么谈下去,把自己搞得精疲力竭呢,还是应该追溯到一个起点,这个起点不再引向其他的朋友,而是达到了[219d]"第一朋友"[59]——正是因为这个"第一朋友"的目的,我们才可以说其他的所有的事物是朋友?"

"同意,必然如此。"

"这下你明白我的意思了。我们所说的所有因为那个唯一目的而是朋友的事物,大约都是一些幻影,欺骗着我们,只有那'第一朋友'才是真正的朋友。让我们这么说:当某个人看重某物,比如说父亲把他的儿子看得比任何东西都重要。这样的人,为了他儿子的目的,会不会看重[219e]所有其他相关的事物呢? 例如说,如果他发现儿子喝了毒药,会不会看重酒呢,如果他真的认为这[酒]能救他儿子的话?"

"当然。"〈梅尼克齐努斯〉说。

"那么,那些装酒的容器也是一样的啰?"

"是的,绝对是这样。"

"那么他在这种情况下,就不再区分究竟是陶杯重要还是儿子重要,或是三升酒[60]重要还是儿子重要啰? 或者还是应当说,此时他所关心的并不是为了某个目的而提供的东西,而是提供这一切东西所要达到的目的?"

οὐδέν τι μᾶλλον οὕτω τό γε ἀληθὲς ἔχῃ, ἀλλ' ἐκεῖνό ἐστιν ὃ περὶ παντὸς ποιούμεθα, ὃ ἂν φανῇ ὄν, ὅτου ἕνεκα καὶ χρυσίον καὶ πάντα τὰ παρασκευαζόμενα παρασκευάζεται. ἆρ' οὕτως φήσομεν;
πάνυ γε.
οὐκοῦν καὶ περὶ τοῦ φίλου ὁ αὐτὸς λόγος; ὅσα γάρ φαμεν φίλα εἶναι ἡμῖν ἕνεκα φίλου [220b] τινὸς ἑτέρου, ῥήματι φαινόμεθα λέγοντες αὐτό· φίλον δὲ τῷ ὄντι κινδυνεύει ἐκεῖνο αὐτὸ εἶναι, εἰς ὃ πᾶσαι αὗται αἱ λεγόμεναι φιλίαι τελευτῶσιν.
κινδυνεύει οὕτως, ἔφη, ἔχειν.
οὐκοῦν τό γε τῷ ὄντι φίλον οὐ φίλου τινὸς ἕνεκα φίλον ἐστίν;
ἀληθῆ.
τοῦτο μὲν δὴ ἀπήλλακται, μὴ φίλου τινὸς ἕνεκα τὸ φίλον φίλον εἶναι· ἀλλ' ἆρα τὸ ἀγαθόν ἐστιν φίλον;
ἔμοιγε δοκεῖ.
ἆρ' οὖν διὰ τὸ κακὸν τὸ ἀγαθὸν φιλεῖται, [220c] καὶ ἔχει ὧδε· εἰ τριῶν ὄντων ὧν νυνδὴ ἐλέγομεν, ἀγαθοῦ καὶ κακοῦ καὶ μήτε ἀγαθοῦ μήτε κακοῦ, τὰ δύο λειφθείη, τὸ δὲ κακὸν ἐκποδὼν ἀπέλθοι καὶ μηδενὸς ἐφάπτοιτο μήτε σώματος μήτε ψυχῆς μήτε τῶν ἄλλων, ἃ δή φαμεν αὐτὰ καθ' αὑτὰ οὔτε κακὰ εἶναι οὔτε ἀγαθά, ἆρα τότε οὐδὲν ἂν ἡμῖν χρήσιμον εἴη τὸ ἀγαθόν, ἀλλ' ἄχρηστον ἂν γεγονὸς εἴη; εἰ γὰρ μηδὲν ἡμᾶς ἔτι βλάπτοι, οὐδὲν ἂν οὐδεμιᾶς [220d] ὠφελίας δεοίμεθα, καὶ οὕτω δὴ ἂν τότε γένοιτο κατάδηλον ὅτι διὰ τὸ κακὸν τἀγαθὸν ἠγαπῶμεν καὶ ἐφιλοῦμεν, ὡς φάρμακον ὂν τοῦ κακοῦ τὸ ἀγαθόν, τὸ δὲ κακὸν νόσημα· νοσήματος δὲ μὴ ὄντος οὐδὲν δεῖ φαρμάκου. ἆρ' οὕτω πέφυκέ τε καὶ φιλεῖται τἀγαθὸν διὰ τὸ κακὸν ὑφ' ἡμῶν, τῶν μεταξὺ ὄντων τοῦ κακοῦ τε καὶ τἀγαθοῦ, αὐτὸ δ' ἑαυτοῦ ἕνεκα οὐδεμίαν χρείαν ἔχει;
ἔοικεν, ἦ δ' ὅς, οὕτως ἔχειν.
τὸ ἄρα φίλον ἡμῖν ἐκεῖνο, εἰς ὃ ἐτελεύτα πάντα τὰ ἄλλα [220e] —ἕνεκα ἑτέρου φίλου φίλα ἔφαμεν εἶναι ἐκεῖνα—οὐδὲν δὲ τούτοις ἔοικεν. ταῦτα μὲν γὰρ

[220a]我们不否认平时我们确实常说金银重要,但我觉得这〈样说〉并不确切,〈因为〉我们所做的一切都是为了某个目的,无论它是什么。我们想要获得金子和其他所有的财富都是为了这个目的。我们能这么说吗?"

"是的,肯定可以。"

"那么这种情况对于朋友而言是否也成立呢?我们说有些事物对于我们来说是朋友,[220b]是为了其他朋友之目的。我们姑且也用'朋友'来称呼前者;[61]然而真正的朋友乃是那决定这一切朋友[友爱]的最终之物。"

"看起来是这样的。"他说。

"因此,一个真正的朋友并不再以其他的朋友为目的了?"。

"是的。"

"那么我们已经放弃了这个观点,即朋友之所以是朋友,是为了某个朋友的目的。但是,好[62]是朋友?"

"我看是的。"

"是否是因为坏[63]的缘故,好因此才被喜爱?[220c]让我这么表达:我们之前谈到有三类事物,好,坏,既不好也不坏。其中两类留下来了,而第三类,也就是坏,已经被抛开而不会发生影响,无论是身体还是灵魂,或是其他我们所说的那'既不坏也不好'之物。在这种情况下,好岂不是也没有任何用处了呢?因为如果没有什么东西可以再伤害我们,我们也就不再需要任何的帮助了。[220d]这么来说,是因为'坏'的缘故,我们才被'好'所吸引,喜爱好;基于'好'是对坏的治疗,而坏是一种疾病。如果没有疾病,自然也就不需要治疗了。是否'好'的性质就是如此:它是因为'坏'的缘故被我们所爱,而我们处在好与坏之间。而'好'完全就其自身而言,是毫无好处的?"

"看起来,"[梅尼克齐努斯]说,"像是如此。"

"这么看来,我们会发现,我们所说的那个决定所有其他朋友的

φίλου ἕνεκα φίλα κέκληται, τὸ δὲ τῷ ὄντι φίλον πᾶν τοὐναντίον τούτου φαίνεται πεφυκός· φίλον γὰρ ἡμῖν ἀνεφάνη ὂν ἐχθροῦ ἕνεκα, εἰ δὲ τὸ ἐχθρὸν ἀπέλθοι, οὐκέτι, ὡς ἔοικ', ἔσθ' ἡμῖν φίλον.
οὔ μοι δοκεῖ, ἔφη, ὥς γε νῦν λέγεται.
πότερον, ἦν δ' ἐγώ, πρὸς Διός, ἐὰν τὸ κακὸν ἀπόληται, οὐδὲ πεινῆν ἔτι ἔσται οὐδὲ [221a] διψῆν οὐδὲ ἄλλο οὐδὲν τῶν τοιούτων; ἢ πείνη μὲν ἔσται, ἐάνπερ ἄνθρωποί τε καὶ τἆλλα ζῷα ᾖ, οὐ μέντοι βλαβερά γε; καὶ δίψα δὴ καὶ αἱ ἄλλαι ἐπιθυμίαι, ἀλλ' οὐ κακαί, ἅτε τοῦ κακοῦ ἀπολωλότος; ἢ γελοῖον τὸ ἐρώτημα, ὅτι ποτ' ἔσται τότε ἢ μὴ ἔσται; τίς γὰρ οἶδεν; ἀλλ' οὖν τόδε γ' ἴσμεν, ὅτι καὶ νῦν ἔστιν πεινῶντα βλάπτεσθαι, ἔστιν δὲ καὶ ὠφελεῖσθαι. ἦ γάρ;
πάνυ γε.
οὐκοῦν καὶ διψῶντα καὶ [221b] τῶν ἄλλων τῶν τοιούτων πάντων ἐπιθυμοῦντα ἔστιν ἐνίοτε μὲν ὠφελίμως ἐπιθυμεῖν, ἐνίοτε δὲ βλαβερῶς, ἐνίοτε δὲ μηδέτερα;
σφόδρα γε.
οὐκοῦν ἐὰν ἀπολλύηται τὰ κακά, ἅ γε μὴ τυγχάνει ὄντα κακά, τί προσήκει τοῖς κακοῖς συναπόλλυσθαι;
οὐδέν.
ἔσονται ἄρα αἱ μήτε ἀγαθαὶ μήτε κακαὶ ἐπιθυμίαι καὶ ἐὰν ἀπόληται τὰ κακά.
φαίνεται.
οἷόν τε οὖν ἐστιν ἐπιθυμοῦντα καὶ ἐρῶντα τούτου οὗ ἐπιθυμεῖ καὶ ἐρᾷ μὴ φιλεῖν;
οὐκ ἔμοιγε δοκεῖ.
ἔσται ἄρα [221c] καὶ τῶν κακῶν ἀπολομένων, ὡς ἔοικεν, φίλ' ἄττα.
ναί.

'第一朋友',[220e]与其他那些'为了别的朋友而成为朋友的朋友'是完全不一样的。后者是为了其他朋友的目的而成为朋友的,而真正的朋友恰恰拥有与之相反的性质:它向我们展示了,它是因为'敌人'而成为朋友的;如果敌人消失了,我们也就不再有朋友了。"

"看起来是不会了,"他说,"按照现在所说的话。"

"宙斯啊!"我说,"如果坏消失了,是不是就不再有饥饿,也不再有[221a]干渴,以及类似的一切?或者说还是有饥饿,如果存在着人或者其他的生物,只是饥饿不再给我们带来伤害?同样,干渴和其他欲望[64]也还存在,但是不再是坏的,因为坏已经消失了。或许,追问那种情况下会有什么、没有什么,本身是荒谬的?谁又知道答案呢?不管怎么说,我们肯定知道这一点:在目前状况下饥饿可以是伤害人的,也有可能带来益处。[65]是不是这样呢?"

"是的,肯定是的。"

"那么干渴或者[221b]其他这类欲望也是如此,有时候这种欲望是有益的,有时候是有害的,有时候什么都不是?"

"是的,就是这样。"

"如果坏消失了,那些本身不坏的事情并非一定会随之消失的。"

"不会的。"

"在这种情况下,如果坏的事物消失了,既不好也不坏的欲望就能继续存在了。"

"看起来是这样的。"

"那么,是否可能一个人欲望、渴求着某物,却对其欲望与渴求的某物并不喜爱呢?"

"在我看来是不可能的。"

"这么看来,[221c]即使坏的事物消失了,朋友还是存在的。"

"是的。"

οὐκ ἄν, εἴ γε τὸ κακὸν αἴτιον ἦν τοῦ φίλον τι εἶναι, οὐκ ἂν ἦν τούτου ἀπολομένου φίλον ἕτερον ἑτέρῳ. αἰτίας γὰρ ἀπολομένης ἀδύνατόν που ἦν ἔτ᾽ ἐκεῖνο εἶναι, οὗ ἦν αὕτη ἡ αἰτία.

ὀρθῶς λέγεις.

οὐκοῦν ὡμολόγηται ἡμῖν τὸ φίλον φιλεῖν τι καὶ διά τι: καὶ ᾠήθημεν τότε γε διὰ τὸ κακὸν τὸ μήτε ἀγαθὸν μήτε κακὸν τὸ ἀγαθὸν φιλεῖν;

ἀληθῆ.

[221d] νῦν δέ γε, ὡς ἔοικε, φαίνεται ἄλλη τις αἰτία τοῦ φιλεῖν τε καὶ φιλεῖσθαι.

ἔοικεν.

ἆρ᾽ οὖν τῷ ὄντι, ὥσπερ ἄρτι ἐλέγομεν, ἡ ἐπιθυμία τῆς φιλίας αἰτία, καὶ τὸ ἐπιθυμοῦν φίλον ἐστὶν τούτῳ οὗ ἐπιθυμεῖ καὶ τότε ὅταν ἐπιθυμῇ, ὃ δὲ τὸ πρότερον ἐλέγομεν φίλον εἶναι, ὕθλος τις ἦν, ὥσπερ ποίημα μακρὸν συγκείμενον;

κινδυνεύει, ἔφη.

ἀλλὰ μέντοι, ἦν δ᾽ ἐγώ, τό γε ἐπιθυμοῦν, οὗ ἂν ἐνδεὲς ᾖ, τούτου [221e] ἐπιθυμεῖ. ἦ γάρ;

ναί.

τὸ δ᾽ ἐνδεὲς ἄρα φίλον ἐκείνου οὗ ἂν ἐνδεὲς ᾖ;

δοκεῖ μοι.

ἐνδεὲς δὲ γίγνεται οὗ ἄν τι ἀφαιρῆται.

πῶς δ᾽ οὔ;

τοῦ οἰκείου δή, ὡς ἔοικεν, ὅ τε ἔρως καὶ ἡ φιλία καὶ ἡ ἐπιθυμία τυγχάνει οὖσα, ὡς φαίνεται, ὦ Μενέξενέ τε καὶ Λύσι.

συνεφάτην.

ὑμεῖς ἄρα εἰ φίλοι ἐστὸν ἀλλήλοις, φύσει πῃ οἰκεῖοί ἐσθ᾽ ὑμῖν αὐτοῖς.

κομιδῇ, ἐφάτην.

"如果坏真是使得某物被称为朋友的原因,那么它消失了,也就不会再使得一物成为另一物的朋友了。因为如果原因消失了,我想因其原因而存在的某物就不可能继续存在了。"

"你说得没错。"

"那么,我们已经同意了,朋友因为某种原因喜爱某物而与之成为朋友。而且我们是不是假设了,'既不好也不坏'是因为'坏'才爱着'好'呢?"

"是的。"

[221d]"不过,现在出现了另外一种关于爱与被爱的原因了。"

"看起来是的。"

"会不会是这样的,正如我们一直在说的,欲望[66]才是友爱的真正原因。那欲望着某物的人,在其欲望之时,对于其所欲望的对象乃是朋友。而我们之前关于朋友所说的,都只不过是些废话,就像一首糟糕地拼在一起的诗?"

"确实很像。"

"但是,"我说,"有所欲求的,乃是欲求[221e]自己所缺乏的。不是吗?"

"是的。"

"在这种情况下,那缺乏者对于其所缺乏之物就是朋友吧?"

"我看是这样的。"

"缺乏某种东西,是因为这种东西被从它那里剥夺了吧?"

"当然。"

"那么这就表明,那些我们的情欲、友爱、渴求的对象实际上是属于我们的,梅尼克齐努斯和吕西斯。"

他们俩人都同意了。

"你们俩如果是朋友的话,那么可以说本来是相互属于彼此[67]的。"

"毫无疑问。"他们一同说到。

'καὶ εἰ ἄρα τις ἕτερος ἑτέρου ἐπιθυμεῖ, ἦν δ' ἐγώ, [222a] ὦ παῖδες, ἢ ἐρᾷ, οὐκ ἄν ποτε ἐπεθύμει οὐδὲ ἤρα οὐδὲ ἐφίλει, εἰ μὴ οἰκεῖός πῃ τῷ ἐρωμένῳ ἐτύγχανεν ὢν ἢ κατὰ τὴν ψυχὴν ἢ κατά τι τῆς ψυχῆς ἦθος ἢ τρόπους ἢ εἶδος.
πάνυ γε, ἔφη ὁ Μενέξενος· ὁ δὲ Λύσις ἐσίγησεν.
εἶεν, ἦν δ' ἐγώ. τὸ μὲν δὴ φύσει οἰκεῖον ἀναγκαῖον ἡμῖν πέφανται φιλεῖν.
ἔοικεν, ἔφη.
ἀναγκαῖον ἄρα τῷ γνησίῳ ἐραστῇ καὶ μὴ προσποιήτῳ φιλεῖσθαι ὑπὸ τῶν παιδικῶν.
[222b] ὁ μὲν οὖν Λύσις καὶ ὁ Μενέξενος μόγις πως ἐπενευσάτην, ὁ δὲ Ἱπποθάλης ὑπὸ τῆς ἡδονῆς παντοδαπὰ ἠφίει χρώματα.
καὶ ἐγὼ εἶπον, βουλόμενος τὸν λόγον ἐπισκέψασθαι, εἰ μέν τι τὸ οἰκεῖον τοῦ ὁμοίου διαφέρει, λέγοιμεν ἄν τι, ὡς ἐμοὶ δοκεῖ, ὦ Λύσι τε καὶ Μενέξενε, περὶ φίλου, ὃ ἔστιν· εἰ δὲ ταὐτὸν τυγχάνει ὂν ὅμοιόν τε καὶ οἰκεῖον, οὐ ῥᾴδιον ἀποβαλεῖν τὸν πρόσθεν λόγον, ὡς οὐ τὸ ὅμοιον τῷ ὁμοίῳ κατὰ τὴν ὁμοιότητα ἄχρηστον· τὸ δὲ ἄχρηστον φίλον [222c] ὁμολογεῖν πλημμελές. βούλεσθ' οὖν, ἦν δ' ἐγώ, ἐπειδὴ ὥσπερ μεθύομεν ὑπὸ τοῦ λόγου, συγχωρήσωμεν καὶ φῶμεν ἕτερόν τι εἶναι τὸ οἰκεῖον τοῦ ὁμοίου;
πάνυ γε.
πότερον οὖν καὶ τἀγαθὸν οἰκεῖον θήσομεν παντί, τὸ δὲ κακὸν ἀλλότριον εἶναι; ἢ τὸ μὲν κακὸν τῷ κακῷ οἰκεῖον, τῷ δὲ ἀγαθῷ τὸ ἀγαθόν, τῷ δὲ μήτε ἀγαθῷ μήτε κακῷ τὸ μήτε ἀγαθὸν μήτε κακόν;
οὕτως ἐφάτην δοκεῖν σφίσιν ἕκαστον ἑκάστῳ [222d] οἰκεῖον εἶναι.
πάλιν ἄρα, ἦν δ' ἐγώ, ὦ παῖδες, οὓς τὸ πρῶτον λόγους ἀπεβαλόμεθα περὶ φιλίας, εἰς τούτους εἰσπεπτώκαμεν· ὁ γὰρ ἄδικος τῷ ἀδίκῳ καὶ ὁ κακὸς τῷ κακῷ οὐδὲν ἧττον φίλος ἔσται ἢ ὁ ἀγαθὸς τῷ ἀγαθῷ.
ἔοικεν, ἔφη.

"那么,当一个人欲望着另一个人时,"我说,[222a]"孩子们,或者对他有着强烈的感情时,如果他不是以某种方式属于他所爱的对象,不管是在灵魂上还是灵魂的某种特性上,或是行为方式或是类型上,[68]就不能说他是在欲望着或爱着的吧?"

"完全正确。"梅尼克齐努斯说,但吕西斯却没有作声。

"非常好,那么那些自然属于我们的事物,我们显然就会去爱了。"

"看起来是这样的。"〈梅尼克齐努斯〉说。

"那么在这种情况下,那些真正的而非虚情假意的爱人,就必然会被他所爱的人爱着了。"[222b]吕西斯与梅尼克齐努斯点头表示勉强同意,但是希波泰勒斯可就高兴了,简直眉飞色舞。

为了检查一下这个论证,我接下去说:"吕西斯和梅尼克齐努斯,如果'属于'与'相似'是不同的,在我看来,那么我们关于朋友是什么〈的话题〉所说的,似乎还有些值当;但是如果这两者其实是一样的——相似与属于,那么我们之前所说的关于'相似者就其相似而言对于相似者是没有益处的',就无法抛开了,而认为没有益处的东西是朋友[222c],这显然是错误的。"我说,"这论证已经把我们弄得醉晕晕的了。要么,我们是不是说:'属于'是不同于'相似'的?"

"是的,完全正确。"

"那么,我们是否可以说:'好'是属于每一个人的,而'坏'〈则对于每个人来说〉是格格不入的呢? 或者还是说:'坏'属于坏人,而'好'则属于好人,'既不好也不坏'则属于'既不好也不坏的人'?"[222d]他们都说应该是各属其类。

"那这么一来,"我说,"我们就陷入了我们已经抛开的在最开始时关于友爱的说法了;因为[我们现在又承认:]不正义的人可以成为不正义的人的朋友,坏人与坏人为友,好人与好人为友。"

"看起来是这样的。"他〈梅尼克齐努斯?〉说。

τί δέ; τὸ ἀγαθὸν καὶ τὸ οἰκεῖον ἂν ταὐτὸν φῶμεν εἶναι, ἄλλο τι ἢ ὁ ἀγαθὸς τῷ ἀγαθῷ μόνον φίλος;

πάνυ γε.

ἀλλὰ μὴν καὶ τοῦτό γε ᾠόμεθα ἐξελέγξαι ἡμᾶς αὐτούς· ἢ οὐ μέμνησθε; μεμνήμεθα.

[222e] τί οὖν ἂν ἔτι χρησαίμεθα τῷ λόγῳ; ἢ δῆλον ὅτι οὐδέν; δέομαι οὖν, ὥσπερ οἱ σοφοὶ ἐν τοῖς δικαστηρίοις, τὰ εἰρημένα ἅπαντα ἀναπεμπάσασθαι. εἰ γὰρ μήτε οἱ φιλούμενοι μήτε οἱ φιλοῦντες μήτε οἱ ὅμοιοι μήτε οἱ ἀνόμοιοι μήτε οἱ ἀγαθοὶ μήτε οἱ οἰκεῖοι μήτε τὰ ἄλλα ὅσα διεληλύθαμεν—οὐ γὰρ ἔγωγε ἔτι μέμνημαι ὑπὸ τοῦ πλήθους—ἀλλ᾽ εἰ μηδὲν τούτων φίλον ἐστίν, ἐγὼ μὲν οὐκέτι ἔχω τί λέγω.

[223a] ταῦτα δ᾽ εἰπὼν ἐν νῷ εἶχον ἄλλον ἤδη τινὰ τῶν πρεσβυτέρων κινεῖν· κᾆτα, ὥσπερ δαίμονές τινες, προσελθόντες οἱ παιδαγωγοί, ὅ τε τοῦ Μενεξένου καὶ ὁ τοῦ Λύσιδος, ἔχοντες αὐτῶν τοὺς ἀδελφούς, παρεκάλουν καὶ ἐκέλευον αὐτοὺς οἴκαδ᾽ ἀπιέναι· ἤδη γὰρ ἦν ὀψέ. τὸ μὲν οὖν πρῶτον καὶ ἡμεῖς καὶ οἱ περιεστῶτες αὐτοὺς ἀπηλαύνομεν· ἐπειδὴ δὲ οὐδὲν ἐφρόντιζον ἡμῶν, ἀλλ᾽ ὑποβαρβαρίζοντες ἠγανάκτουν τε καὶ [223b] οὐδὲν ἧττον ἐκάλουν, ἀλλ᾽ ἐδόκουν ἡμῖν ὑποπεπωκότες ἐν τοῖς Ἑρμαίοις ἄποροι εἶναι προσφέρεσθαι, ἡττηθέντες οὖν αὐτῶν διελύσαμεν τὴν συνουσίαν. ὅμως δ᾽ ἔγωγε ἤδη ἀπιόντων αὐτῶν, νῦν μέν, ἦν δ᾽ ἐγώ, ὦ Λύσι τε καὶ Μενέξενε, καταγέλαστοι γεγόναμεν ἐγώ τε, γέρων ἀνήρ, καὶ ὑμεῖς. ἐροῦσι γὰρ οἵδε ἀπιόντες ὡς οἰόμεθα ἡμεῖς ἀλλήλων φίλοι εἶναι— καὶ ἐμὲ γὰρ ἐν ὑμῖν τίθημι—οὔπω δὲ ὅτι ἔστιν ὁ φίλος οἷοί τε ἐγενόμεθα ἐξευρεῖν.

"要么,我们还是说:'好'与'属于'是一样的,但那就只有好人才会成为好人的朋友了?"

"是的,完全正确。"

"但是我想我们岂不是已经把这一点反驳了。你们还记得吗?"

"我们记得。"

[222e]"那么,我们下面还能继续讨论什么呢?是不是很显然再也没有什么〈可讨论的〉了?我只能要求你们像那些在法庭上的专家,回头总结所说的一切。[69]如果被爱者与爱者,相似者与不相似者,好或者属于,以及其他一切我们说到的——我都记不太清了,因为说了太多——这些当中没有一样是朋友的话,那我真的不知道该说什么了。"

[223a]我这么说是为了激发那些年纪大一些的人参与讨论。这时,监护人突然出现了,就像某些精灵一样。这些是梅尼克齐努斯与吕西斯的监护人,还带着他们的兄弟,大声叫唤让他们回家,因为天色已经不早了。最开始我们和那些站在周围的人打算把他们挡开,但他们根本不把我们放在眼里,依然用糟糕的希腊腔[70]怒吼着,[223b]喊男孩们回家。后来我们发现他们可能在赫尔墨斯节上喝多了,因此很难对付,所以我们只好退让,也就散伙了。[71]不过就在他们离开时我说道:"吕西斯与梅尼克齐努斯!我们今儿可成了笑柄了,我,一个老头,还有你们。因为这些人离开后会说我们的:我们自以为彼此是朋友——我把自己也当作你们的一员——但是却没能发现朋友究竟是什么"

注　　释

1 阿卡德米(The Academy)与吕克昂(The Lyceum)位于古代雅典城外,它们是古代雅典三个大的运动场(gymnasia)中的两个,另外一个运动场是库诺萨戈斯(Cynosarges);运动场往往也是雅典的有闲阶层聚会的场所。阿卡德米(The Academy)在雅典城的西北,之后由于柏拉图在此所建立的哲学学园所闻名;吕克昂(The Lyceum)在雅典城的东南,后来也由于亚里士多德在其所建立的学校所闻名。由此看来,苏格拉底是绕着北面与东面的城墙在行走,他所选择的并非是一条"径直"的路线。

2 帕诺普斯喷泉处(the spring of Panops):帕诺普斯一位雅典英雄或是当地的神的名字;这个名字依其古希腊语的字面意思是"all-seeing","无所不见的"、"通观的"。《吕西斯》当中有许多"观看"的意象,包括多层观看。希波泰勒斯最强调"自己看",他的幸福就在于默默凝视所爱的美少年。但是苏格拉底又多次看出希波泰勒斯的真实动机。而苏格拉底又通过转述,告诉了我们他所看到而在场的人未必看到的事情。最后,在苏格拉底和青少年的身边,是默默无语的"无所不见"之神旁观了这天下午城外体校的这场友爱对话。

3 帕厄尼阿区(*Paeania deme*):雅典的一个区/镇。

4 漂亮(beauties),此处的古希腊文是 *kalos*,可以被翻译为"好看的",也可以被翻译为"好"的、"漂亮"的。还有"值得称赞的"、"高贵的"的意思在里面。

5 摔跤学校(wrestling-school),指教授并练习摔跤、角力的场所,也可以在其中进行其他的体育运动。

6 此处的古希腊文为 logois,其意可以理解为"讨论"、"争论"、"交谈"、"演说",也可以理解为"理性"、"道路"。它可以同时表示演说与通过演说得到清晰理解的思想。

7 教授(teaching),此处古希腊文为 didaskei,意思是"教授"、"教诲"、"指教"。

8 米库斯(Miccus)的古希腊文字面含义为"小的";后面苏格拉底说他智慧上不赖,不知道是不是名不副实。但是他在这次对话中从未出场。

9 宙斯啊(Zeus!),此处的古希腊文为 ma Dia,是 Zeus 的宾格,古希腊人以呼唤"宙斯啊"来表示惊叹,类似"天啊"、"天神啊"。

10 看出(recognize),此处的古希腊文是 gignosko,意思是"看出"、"认出"、"判断"、"决定";爱人和他爱的对象(a love and object of love),此处的古希腊文是 eronta te kai eromenon,在古希腊文中,"eronta"指追求者、爱慕者,eromenon 指被追求者、被爱慕之人。参照《会饮》177D、198D、212B;《斐德若》257A;参看《忒阿格斯》128B;

11 被称呼其父亲的名字,类似于"德莫克拉特的儿子"的称呼,如 207B、209A;

12 此处的"长相"古希腊文为 eidos,它起初的意思是一件事物的模样或样子,后来在柏拉图的学说中被翻译为"理念"或"理形"、"形式"。对于这个词的普通用法与哲学用法的区别,可参阅 Jacob Klein, *A Commentary on Plato's ´Meno*(Chapel Hill, 1965)。pp 49 - 51。此处的意思大致是:"苏格拉底啊,事实上你是知道这个人的,他的美貌让人过目不忘,而你又总是关心那些美少年;你只是对不上号他的名字罢了。"这里也蕴含了"你看到那个少年就会认识到他的父亲(或父子肖似)"的意思。

13 此处的古希腊文为 gennaion;意思是"高贵的",参 207C、

209A;

14 活力(Dashing)：对比于之后的猎人，猎取。

15 这一组连续的用词暗示了克特西普斯自己的"不正常"。

16 参看《伊翁》531A，苏格拉底也不想听伊翁的唱，而只想听他究竟如何想。

17 爱人(lover)，此处的古希腊文是 erasten，指追求者、爱慕者。一般来说，在古希腊同性恋爱的关系中，爱慕者是年长之人，而被爱慕者是年少之人。在这篇对话中，希波泰勒斯的年纪就要比吕西斯大，希波泰勒斯是青年人，而吕西斯还只是一个十二三岁的少年人。此处克特西普斯的话意思是指，希波泰勒斯虽然是爱慕者，年纪比吕西斯要大，可言行却很幼稚。恋爱中的人突然都会写诗了。然而希波泰勒斯的诗歌如果是自己所做，就都幼稚可笑；如果是听来的，则都是陈腐不堪的老太歌谣。

18 马匹的培育往往是财富的象征：赛马需要高品质的牧草，适合种植这样的牧草的土地很少，尤其在雅典周围，这样的土地往往被用来种植生活必需品；除了奥林匹克运动会之外，还有三个著名的运动会，即在德尔斐举行的皮提安运动会，在科林斯举行的地峡运动会(The Isthmian)，以及在尼米安举办的运动大会(尼米安 Nemea 在伯罗奔尼撒半岛上，位于西南不远处)。在这些赛会上，胜利者只会获得花环作为桂冠，赢得全希腊瞩目的荣誉，却不会得到任何钱财上的奖品。

19 地区(demoe)，在古希腊文中指"乡区"，与"城市"相对应。某某德谟，类似于今天的某某乡镇。

20 在古希腊，那些富有的人在较大的运动会中赢得胜利之后，都会雇某个诗人——如著名的品达——创作一首颂诗，歌唱赞颂这场胜利。

21 言谈的技艺(musical ability)。此处提及的谈话与歌唱，在古希腊都属于"诗艺"，是广义的"音乐技艺"。

22 不理智(senseless),此处的古希腊文为 *alogia*,意思是"缺乏理智"、"考虑不周"。

23 此处的古希腊文为 *anakoinoumai*,意思是"告知"、"商量"、"交谈"。

24 被爱者的爱的对象(an object of love for a beloved),亦可译作"得到所爱之人的爱"。

25 喜欢听人谈话(outstanding love of listening),此处的古希腊文为 *philekoos*,意思是"喜欢倾听的"、"喜欢听人谈话的"。

26 赫尔墨斯节(Hermaea festival)是一个为纪念赫尔墨斯神而设立的节日。赫尔墨斯神是运动场的保护神。关于这个节日的细节不甚清楚,但其中可能有将青年人与男孩混合在一起的运动比赛。雅典的法律禁止在运动场上青年人与男孩混在一起,目的是为避免发生鸡奸事件。赫尔墨斯节是一个例外(埃斯基尼斯 Aeschines,反梯玛库斯 Against Timarchus 12)。这也许就是为什么希波泰勒斯会说吕西斯可能不会过来,因为他要避开那些不友好的具有同性恋癖好的青年人的注意。这两个男孩,吕西斯和梅尼克齐努斯,年纪大概在 12 岁左右,也许是柏拉图对话中最年轻的参与者。

27 此处的古希腊文为 *malista hetairos*,意思是最为亲近的伴侣。*Hetairos* 的意思是"同伴","(一同做奴隶的)伙伴","战友","(同船的)伙伴","门徒"等。

28 掷距骨(*Astragaloi*)游戏:距骨(*Astragaloi*)是动物脚上的小骨头,被拿来当作骰子玩。"这种骰子只有四面,同时掷出四个骰子,以掷得'顺'为佳,掷得'同花'则为劣。"——引自《古希腊语汉语词典》,罗念生、水建馥编,商务印书馆 2004 年版,第 126 页。

29 他们之前可能正在裸身参加体育竞赛,现在竞赛已经结束,需要穿束整齐,参加祭祀仪式;在某些传统的祭祀场合,有些人需要戴上花环。参看《会饮》212E,阿尔喀比亚德头顶花环,闯入宴会;

30 美貌加端庄(beauty – and – goodness),此处的古希腊文为

kalos te kagathos,既美又好。前面苏格拉底在说希波泰勒斯的爱人颂歌其实是写给自己的时候,也提到如果希波泰勒斯无法获得"美好高贵"的少年,损失可就大了。

31 此处的古希腊文为 *demophontos*,德谟丰的儿子。吕西斯父亲的名字是"德谟克拉特"(Democrates;*demokratous*),含义是"民主"。于是,吕西斯便是"民主"的长子。当然,这些名字是否有所指,尤其是 207e 以下关于吕西斯和他父母的关系的讨论似乎涉及到民主与爱欲、民主与自由、民主与教育的关系。

32 教练(trainer),此处的古希腊文是 *paidotriben*,意指"体育教练",考虑到此处是摔跤学校,因此可能指教摔跤角斗术的教练。与前一处 204A 不同。

33 战车竞赛以危险而闻名,往往由值得信赖的奴隶执鞭参赛,主人则提供战车、赛马。

34 此处的古希腊文为 *paidagogos*,字面意思即小孩的看护人。*paidagogos* 往往由一个受信任的奴隶担任,他的工作是负责看护好年少的主人,尤其是护送其前往学校,并从学校返回住所。他有时还负责教导少主人行为举动合乎礼仪。统治还是被统治,自由还是被奴役,是希腊"强者幸福"观中幸福还是不幸的重要区分标志。

35 刀与梭子:平整与编织羊毛绳的纺织工具;古希腊妇女的主要工作就是在家中编织羊毛,制作衣服。

36 "得罪":直译为"对……不义"、"不正义地伤害了……"。苏格拉底在问吕西斯父母对吕西斯那么严苛,是否是因为吕西斯不孝?

37 "长大"是一个时间概念,可对比于后文中所说的"头发因为年老而花白"。时间概念的引入,对理解存在是必不可少的因素。

38 参考阿里斯托芬之《云》。

39 大王(the Great King)指的是波斯的国王,他在古代地中海世界通常被看作是世界上最有权势、最富有的人。参看 Terry Pen-

ner、Christopher Rowe,*Plato's Lysis*,Cambridge University Press2005,p.22.此处的波斯大王可能指的是大流士二世(BC424-406);(参见《阿尔喀比亚德前篇》123A);

40 在古代,灰经常被用作一种药膏,或者融入某种液体中,当作药剂。古代的医学家曾经探讨过不同种类灰的不同性质。关于这些"药",还可以参看后面小孩中毒后父亲用酒当药的讨论。此外,医生比喻在后面也再次提到。

41 苏格拉底的话似乎是说:事物的归属权,在于谁能从其中获益。此处所提到的"属于"(*oikeioi*)将会成为全文的最后一个论证中的关键词:友人就是"属于"[自己的]。属于自己或者属己,也就是"亲近"。最首要的含义就是家人。苏格拉底这里提出的"有了知识,大家就把你当亲人来爱"的论证,似乎不合常理。但是可以视为是已经提出《吕西斯》中的两个重要的对立思路:友人究竟立足于"属己"还是立足于"善好"?

42 这些爱好鹌鹑与公鸡的人并非是美食家,因为鹌鹑和公鸡都是拿来斗耍的。

43 爱智慧的人,此处的古希腊文为 *philosophoi*,也就是后世所说的"哲学家"。

44 这句诗来自梭伦的一首哀歌。最初的版本已经不清楚了。梭伦是著名的古希腊诗人,被认为是古希腊七贤之一。他也被看作是古希腊的立法者。据亚里士多德《雅典政制》记载,雅典的民主制被认为起始于由梭伦起草的法律。

45 此处的古希腊文为 *te philoi*。可解为"可爱的",也可解为"朋友"。

46 此处的古希腊文为 *Xenos*,这个单词字面意思是"客人-朋友"。一个得到款待的陌生人,他与主人之间的关系就是 *xenos*。款待异乡客人的人,是出于好客习俗,并不是与陌生人是多年老友。而且陌生人很快就离开失去关系。所以,这也被视为单向度友爱的一个例子。此外,"款待"也可以建立在某种亲朋之间的互惠性的友好关系之上,这种关系是非常重要的社会联系纽带。前面希波泰勒斯写给吕西斯的颂诗中就特别提到吕西斯祖辈因为与赫拉克勒斯是亲戚而款待他。

47 此处的古希腊文为 ho phile hetaire。苏格拉底在前面(210b)已经称吕西斯为"朋友"。然而,在 212a 他却说自己一辈子追求的只是朋友却困难重重从未获得。

48 此处的古希腊文为 te philosophia。

49 引自荷马:《奥德赛》,17.218;柏拉图在《高尔吉亚》510B、《会饮》195B 中间接提到了这句。苏格拉底在此所引用的与原文有出入。原文中这句话是,"看呀,真是贱货专门帮贱货,上天总是把同一类的搞到一起。"(引自杨宪益译本)说这句话的是美阑修,向潘奈洛佩求婚之人的牧羊奴。他嘲笑牧猪奴尤迈奥和奥德修,奥德修此时打扮得像一个乞丐。"相似者",英译本均做"like",古希腊语为 ton homoion,意思是"相似的,同样的"。

50 此处所指或是恩培多克勒的学说,恩培多克勒主张相似者相近,并以此作为宇宙论原则。

51 "好人",此处英文译为"good"或"good men",古希腊文为 tous agathous。

52 引自赫西俄德:《工作与时日》,25-26;原文为:"这种不和女神有益于人类。陶工与陶工竞争,工匠与工匠竞争;乞丐忌妒乞丐,歌手忌妒歌手。"(张竹明、蒋平译文)

53 "相反者",英译本做"opposite",古希腊文为 to enantion。直译为"相对者,相对立者,相互面对者"。

54 参看厄里克希马库斯所说的涨与泻,《会饮》186C。

55 当苏格拉底说自己将要"预言"(prophecy)时,可能有几个意思:第一,当然是涉及到神圣的事物时,苏格拉底代神而言,近于巫师;第二,是当他感到不能确定时,预言类似于猜测;第三,即便说了,别人也可能不懂,这是神谕的一个特点。神谕需要解读。(参看 Terry Penner、Christopher Rowe, *Plato's Lysis*, Cambridge University Press 2005, p.102.)赫拉克利特喜欢说自己的话类似于神谕。第四,他自己也不懂,而他是自知无知的。这些意思当然是相互关联的。

56 白色的粉末,或指铅粉。铅粉往往被用来作为化妆品,一般涂抹于妇女的脸部,因为古希腊社会认为居家的妇女乃是女性的理想模式,于是这些妇女因为常年不见阳光而脸色苍白。

57 参看《会饮》204A:"可以这样子讲:没有哪个神爱智慧,也没有欲望要成为有智慧的,因为,神已经是有智慧的了;甚至那些已经有智慧的人,也不爱智慧。反过来说,不明事理的人同样不爱智慧或者欲求成为有智慧的;因为,不明事理的人的麻烦正在于,尽管自己不美、不好、不明事理,却觉得自己够自足的了。谁不觉得自己欠缺什么,谁就不会欲求自己根本不觉得欠缺的东西。"(《柏拉图的〈会饮〉》,刘小枫等译,华夏出版社 2003 年 9 月版。)

58 "因为什么缘故"的原文为 *dia ti*,意思是"由于";而"为了什么目的"的原文是 *heneka tou*,意思是"为了"。这并不能等同于后来亚里士多德的术语"动力因"与"目的因",不过不妨对照思考。

59 "第一朋友",英译本译作"original friend"、"a friend of first"、"a primary lovable object",古希腊文为 *proton philon*。

60 三升(kotyle)酒:kotyle 是古希腊计量单位,相当于 0.48 品脱,大概 700 毫升;按照希腊人通常的习惯,要兑五份的水,结果即便对于一个成人也是很大的量。参看 Terry Penner、Christopher Rowe, *Plato's Lysis*, Cambridge University Press 2005, p.129。这儿提到酒与酒杯等等,可能也让人想到前面苏格拉底和吕西斯讨论亲情时,强调其父母不让他碰许多东西。父母总是不让小孩子喝酒的吧。

61 这句话直译是:"我们只是用一个词语在说它['朋友']而已"。意思是我们用了一个不合适的词语在命名它。参看 Terry

Penner、Christopher Rowe, *Plato´s Lysis*, Cambridge University Press2005, p. 130

62 "好",英译本译作"the good"、"which is good……"、"something good",古希腊语为 *to agathon*。这个词通常也译为"善"。但是我们觉得它并没有现代汉语赋予"善"的那么强的道德意蕴,所以大多译为"好",有的地方也译为"善好"。

63 "坏",英译本译作"the bad"、"bad",古希腊文为 *to kakon*。我们不像有的译者那样将其翻译为"恶",也是因为它的道德意蕴不强。

64 "欲望",英译本译作"desire"、"appetites and desires",古希腊文为 *ai epithumiai*。

65 饥饿好的方面在于能迫使人吃饭保持健康,坏的方面在于使人挨饿;或者如果吃得健康,饥饿就是好的,反之则是坏的。参看《高尔吉亚》499D。

66 有的注释家认为这里的"欲望"后面当然跟着"好",即"对好的欲望将是友爱的原因"(Terry Penner、Christopher Rowe, *Plato´s Lysis*, Cambridge University Press2005, p. 153)。不过这里的文本中仅仅只说"欲望"。

67 该词的希腊原文是 *oikeioi*,意思是"属于自己"(属己)、"自己的"、"亲近的"、"亲人的"等。剑桥本将其译为 belong to。所以我们将其译为"属于"。这有助于不少地方的句子连贯理解。但是一定要注意它的后面几乎有一个"自己",故完整的翻译应当是"属于自己",简称"属己"。属于自己的就是亲近的,牛津本译为 be close to。博罗丁译本将 *oikeion* 译为"akin",也是亲近、亲缘的意思。这个词来自 oikia(意指家、家乡:house,household,home)。自家人是最为亲近的。在希腊,*Hoi oikeioi* 一般指住在一起的人,常常表示一个人亲戚。而中性的 *oikeion* 的意思的范围则包括从一个人自身到其喜欢的某物。见 David Bolotin, *Plato´s Dialogue on Friendship: An*

Interpretation of the Lysis with a New Translation，页56。《吕西斯》开头苏格拉底和吕西斯谈话的时候，特意指出如果一个人没有知识，那么他的属己者即亲人也将不爱他，对他不亲；属于他的家产也不属于他。参看 Terry Penner、Christopher Rowe, *Plato´s Lysis*, Cambridge University Press2005, p.24。此处，在整个对话的结尾，苏格拉底又一次提出了"属己"或"亲人"的概念，作为"友人"的最后一个可能性。

68 这里的"类型"是 *eidos*。这是一个多义词。Penner 指出，它可以是身体性的外貌或者美貌，也可以说灵魂的类型。或许人们还可以想到柏拉图的"理型"。苏格拉底这里用这个词可能是有意的。不懂的人以为是外貌，便喜不胜收；但是苏格拉底其实指灵魂上的高度一致。达到这样程度的人显然不是日常四处猎艳的那些雅典年青人。参看 Terry Penner、Christopher Rowe, *Plato´s Lysis*, Cambridge University Press2005, p.161.

69 这儿的意思是"把说过的所有东西'过一遍'"。在柏拉图的《法义》724B 有类似说法。参看 Terry Penner、Christopher Rowe, *Plato´s Lysis*, Cambridge University Press2005, p.180。在本篇对话中，苏格拉底提出了各种各样的"朋友是 x"的建议，吕西斯等少年可能因为年纪小，没有自己提什么观点，但是对苏格拉底的各种提议都表达了同意或不同意，也可以视为是一道提出了这些观点。苏格拉底说不记得了自己的全部提议了，也是对的，因为这里列举的没有穷尽他涉及到的所有观点。

70 古希腊的奴隶一般来自遥远的外邦，因此他们都不可能说很地道的希腊话。

71 直译为"*sunousian* 被 *dialysis*"了。亚里士多德认为友谊的关键是一道生活，在本体论上呈现为共在(《尼各马可伦理学》)。而吕西斯的名字是 lysis：解散了，松开了。

《吕西斯》解读

1 题解

柏拉图的读者们难免会觉得奇怪,在《吕西斯》中,吕西斯与其好友梅尼克齐努斯都是苏格拉底主要的谈话对象,可柏拉图为何取"吕西斯"而非"梅尼克齐努斯"作为篇名呢①?对于这个问题,我们暂时没有答案。不过我们知道,在古希腊语中"吕西斯"(lysis)有这样一些含义:1.解脱,解放,释放,(被囚者的)赎出、赎罪;2.(困难的)解决,(悲剧布局中的)解,离婚;3.解脱的方法(或力量)②。这些词义或许能够为解答之前的问题做出一些参考。在《吕西斯》中,苏格拉底告诉吕西斯:一旦他掌握了知识,他就能获得所有人的喜爱,摆脱一切限制,掌控一切。这是否就包含了"解脱"的意思在里面呢?与此同时,我们或许还能联想到《理想国》中的洞穴比喻,那些处在洞穴之中的人,如果运气够好的话,能够被解除束缚,从而走到洞外,获得真知。

这篇对话是以苏格拉底为第一人称的叙述,苏格拉底叙述了整个故事。在柏拉图的对话中,共有四篇作品具有类似的形式,即《理想国》、《卡尔米德》、《吕西斯》、《情敌》。这种叙述形式使得读者会认为苏格拉底正与某个匿名谈话对象交谈,而读者又往往会将自身

---

① 柏拉图另有一篇对话名为《梅尼克努斯》,这篇对话的主要内容是苏格拉底与梅尼克齐努斯讨论一篇葬礼演讲稿。

② 参看《古希腊语汉语词典》,第515~516页。

当作那个匿名的谈话对象①;同时,这一叙述形式又好像是苏格拉底的回忆。按照柏拉图的说法,回忆之中就带有着自我认识的因素②。因此这个匿名的谈话对象也有可能就是苏格拉底自己:他自己把这个故事回忆一遍,记述下来,就好像记一篇日记;或者,我们还可以把这篇作品看作一封信,苏格拉底写下了这封信,寄给他的好友。当然,这一切或许都出于柏拉图的精心设计。柏拉图使得这篇对话的读者看上去好像接到了苏格拉底的一封信,或者似乎正在偷阅苏格拉底的私人日记,或者就好像走进了苏格拉底的内心。不管怎样,读者都被柏拉图装上了一副"苏格拉底"牌的眼镜,我们必须透过这幅眼镜去看这篇对话。

如果将《吕西斯》的篇名含义与作品表现形式联系起来,作进一步推想:一方面是"解脱",一方面是"回忆",通过回忆去解脱,认识自己,更新自己,三省吾身,这是否是"吕西斯"的真意呢③? 只有通过进一步的阅读,我们才会有更深入确切的认识。

2 开场,苏格拉底路遇希波泰勒斯(203A-204C)

苏格拉底说,他从阿卡德米(Academy)出来,在城墙外沿着城墙脚下的那条路径直前往吕克昂(Lyceum)。阿卡德米和吕克昂是古代雅典城外的两个运动场。前者在雅典城的西北,后来柏拉图学园就建在这里;后者在雅典城的东南,是亚里士多德学园后来的所在地。柏拉图写下这篇作品时,可能其学园已经建立起来了,而他是否能预计到亚里士多德学园的建立,就不太好说了。但据《尼各

---

① Davis 也讨论了这个问题。参看《哲学的自传》,【美】迈克尔·戴维斯著,曹聪、刘振译,华夏出版社 2011 年 1 月版。

② 参阅伯纳德特,"苏格拉底与柏拉图:爱欲的辩证法",载《苏格拉底问题》,刘小枫、陈少明主编,华夏出版社 2005 年 9 月版,第 153 页。

③ 参阅柏拉图《吕西斯》211B、223B。

马可伦理学》的内容来看,亚里士多德应该读过《吕西斯》篇①。从西北到东南,让人不禁联想起中国古语的"天倾西北,地缺东南"。更进一步说,苏格拉底走在城墙之外,似乎象征着后来发生的对话无涉城邦政治;然而他却又沿着城墙脚下走,这好像又表现出他与政治的若即若离。苏格拉底说自己是"径直"②在走,而在城墙外从西北走到东南,必然是一条曲线。这径直应该作何解释呢?我们知道两点间的距离直线最近,然而这是在二维平面之内,如若在球面,两点间的直线距离就是一条曲线。实际上即使苏格拉底从雅典城中穿过,从西北直线达到东南,他也是走在地球的表面之上,同样还是一条曲线。从日常的经验中我们常常懂得,两点之间的距离并非直线最近,反倒是曲折的路更有效,从而也显得更近一些。因此反过来说,走曲线,就是"径直"了。我们也可设想,苏格拉底取城墙外的弯路而行,或许就是要避开城墙里的是是非非,从而才能"径直"前往自己的目的地。当然,苏格拉底始终都没有告诉我们,他去吕克昂的目的是什么。

苏格拉底说,当他走到帕诺普斯喷泉处(the spring of Panops)的小门时,遇到了希诺吕慕斯(Hieronymus)的儿子希波泰勒斯和帕厄尼阿区(Paeania deme)的克特西普斯,以及其他的一些青年,他们站成一圈。据资料记载,帕诺普斯(Panops)是一位雅典英雄或是当地

---

① 参阅亚里士多德《尼各马可伦理学》卷九。
② 对于《吕西斯》开场的含义,许多学者提出了细致的解读,比如 Haden 在介绍了施特劳斯派对柏拉图的文学形式的关注的基础上,提出了自己的理解。他特别强调开场环境中的性的象征,参看 Friendship in Plato's "Lysis", James Haden, The Review of Metaphysics, Vol. 37, No. 2 (Dec., 1983), pp. 328 – 330,344 – 348;Planeaux 则对此处苏格拉底"径直"行程提出了自己的质疑和分析;有关讨论参看黄群:"柏拉图《吕西斯》的场景设计",《浙江学刊》2010 年第 2 期。戴维斯则认为,"径直"以及《吕西斯》剧情中苏格拉底的行动,隐喻着哲学讨论一步步深入到人的内心。参阅《哲学的自传》,[美]迈克尔·戴维斯著,曹聪、刘振译,华夏出版社 2011 年 1 月版,第 75 ~ 92 页。在我看来,人生一般轨迹是"径直"走向一个目标,但是其中又可能有许多"歧出",包括出到一进入一个神秘莫测的未知世界,度过一个未曾想到过的下午。

的神的名字。其古希腊语的字面意思是"all‑seeing","浑身是眼的","达观的"。这个喷泉的名字,可能会使人联想到关于真理的性质。真理必然是某种整全,而整全肯定是包含各个方面的,达观的。我们不知道苏格拉底径直前往吕克昂是否就是为了追求真理,然而却在路上的一个与真理有着某些关系的地方停下来了。柏拉图为何不把这个喷泉安放在路的终点,而是要放置在路的中央呢?这个位置,既不是起点,也不是终点,而"既不……也不……"是苏格拉底在随后的对话中提出的关于存在物的一种性质。

苏格拉底遇到了希波泰勒斯和克特西普斯,前者他称之为希诺吕慕斯(Hieronymus)的儿子,后者他称之为帕厄尼阿区(Paeaniademe)的,可见亲疏程度不一。此外还有一些青年,他们既非熟人,也不知名,用"一些"泛指即可。这三种人站成一圈,好像由人组成的"城墙"。

苏格拉底说,希波泰勒斯看到我向他们走去,便问:"苏格拉底!你这是要走到哪里去? 又从哪里来啊?"苏格拉底回答说他从阿卡德米来,直接到吕克昂去。希波泰勒斯说:"直接到我们这里来吧,你不一道来吗? 这里真值得你来。"从该篇对话后面的内容可推测,希波泰勒斯出现于此并非偶遇,而是有求于苏格拉底之故意安排①。希波泰勒斯明知故问,苏格拉底的回答也就直接了当②。值得注意的是,苏格拉底说,希波泰勒斯看见苏格拉底走近后才问,这就好像苏格拉底看见了希波泰勒斯的"看见"一样。这种情形也出现在《理想国》的开篇中,苏格拉底说,当他与格劳孔正往回走时,玻勒玛

---

① 苏格拉底走这条道似乎已经被别人摸出规律了。在《忒阿格斯》中,忒阿格斯父子也是在半道上把苏格拉底截下的,他们也装得好像是偶遇苏格拉底的样子。

② "从哪里来到哪里去?"这既是一个最平常的问题,甚至只是一个搭讪语、问候语,同时如果我们自问的话,却是一个最深刻的哲学问题。对于这样一个问题,苏格拉底的回答似乎也包含有多个层次的意思,最主要的意思当然就是如实告诉对方自己的来处去处,然而"从阿卡德米来,直接到吕克昂去",这样的话多读两遍,联系到古希腊的思想史、哲学史,确实让人觉得意味深长。

库斯看到他俩,于是差了小厮跑过来命令他们等一下,这也好像苏格拉底看到了玻勒玛库斯的"看到",甚至他还看到了玻勒玛库斯如何对其小厮下令①。这些或许都表明,柏拉图笔下的苏格拉底善于发现人的内心活动,他人的心思在其眼中几乎一览无遗。果然,希波泰勒斯的第二句话,就是邀请苏格拉底加入他们的队伍,并说这很值得他加入。希波泰勒斯已被苏格拉底看出有所欲求,他却依然笨手笨脚地打算诱惑苏格拉底。在对话后面的部分,苏格拉底曾将希波泰勒斯比喻成一个糟糕的猎手,因为他只会用糟糕的言辞惊动而非安抚其猎物,从而无法获得吕西斯的芳心。在这里,希波泰勒斯所等待的"猎物"就是苏格拉底。不过随后事实证明,这个糟糕的猎人轻而易举就被其"猎物"俘获了。

苏格拉底说,对于希波泰勒斯的问题(诱惑),他反问希波泰勒斯"这里"指的是哪里,所要加入的"我们"又是些什么人。希波泰勒斯想用模棱两可的话诱惑苏格拉底,苏格拉底却将其拆解为实实在在的问题。苏格拉底需要搞清楚具体的地点(空间)、人物(对象)②。希波泰勒斯于是指着一处由围墙围起来的地方给苏格拉底看,说就是"这里"。这个地方的大门是打开着的。希波泰勒斯还说,他们就在这里打发时间,人数不少,其中长得漂亮的也不少。希波泰勒斯显然还想诱惑苏格拉底,他自作聪明地指出一个"这里",对应苏格拉底问的"这里",同时还不忘告诉苏格拉底里面漂亮的人不少,他自以为苏格拉底一听到"漂亮"就会身不由己。人们都认苏格拉底"好色",但是对于他究竟好什么"色"却不甚了解。

苏格拉底说,他接着又问道,这究竟是什么地方,而他们又是如何打发时间的。在苏格拉底的追问下,希波泰勒斯只好告诉他,这里是一个摔跤学校(palaeatra),不过他们把大部分时间都花在讨论

---

① 《理想国》327B。
② 在苏格拉底的问话中,他问希波泰勒斯所说的"我们"是"谁",这似乎说明,"我们"必然是由一个个具体的"谁"所组成的,就好像"朋友"也是一个个具体的人一样。

上,也欢迎苏格拉底能加入他们。古希腊的摔跤学校不同于大型的公共运动场,它们很多是私人性质的,青少年在其中进行赤身的体育锻炼,一般会阻止成年人进入,以防止有伤风化的事情发生①。平日里苏格拉底无法进入这样的场所。按照对话后面的内容所给出的信息,当时正是赫尔墨斯节其间,因庆典的缘故,成年男子可以接近少男。由此我们可推测,这正是希波泰勒斯所选的一个特殊的时间点,只有在这个时间点上,他才能把苏格拉底弄进这个摔跤学校里去。而苏格拉底对这个节日的特殊性并非完全无知,或许他在远远地看到希波泰勒斯等人时,他就预计到了希波泰勒斯想要干什么了。希波泰勒斯在前一句答话中说漂亮的人还不少,但苏格拉底竟然对此毫无反应,他只好再增加一层"诱惑",他说他们并非仅仅在健身,且花费许多时间在讨论上。这就反映了希波泰勒斯对苏格拉底的第二层认识,在第一层认识中,希波泰勒斯以为苏格拉底是一个"饥不择食"的人;在第二层认识中,希波泰勒斯认为苏格拉底愿意加入任何的讨论②。

于是苏格拉底接着就问,如果他们是在这里经常讨论,那么是谁在这里教他们？希波泰勒斯回答说,是苏格拉底的一个朋友,一个钦慕者,此人名叫米库斯。苏格拉底听后回答说,原来如此,他确实不是一般人,此人对传授智慧相当在行。希波泰勒斯于是赶紧问,你现在就可以进去了吧,他认为他已经捕获了自己的"猎物"苏格拉底。但苏格拉底并不是一个任何讨论都会加入的人,他要知道讨论的具体内容是什么。而这只能通过询问谁是讨论的核心人物来了解,所以他会问此处的教师是谁。米库斯(Miccus)的希腊语字面含义为"小的"。此人不见于柏拉图的其他对话,在该篇对话中也仅在这里提及。苏格拉底进入摔跤学校之后,也不见此人踪影。就

---

① 参阅黄群"柏拉图《吕西斯》的场景设计",《浙江学刊》2010 年第 2 期,第 34 页。
② 在希波泰勒斯等人看来,苏格拉底是一个好色、好谈话的人,并且看上没有选择性和标准,或者说他们根本不知道苏格拉底的标准。

好像他直接替代了米库斯的位置一样。希波泰勒斯此时还在诱惑苏格拉底,他称米库斯乃是苏格拉底的朋友,甚至是钦慕者。希波泰勒斯当然不知道对于苏格拉底来说,朋友究竟意味着什么①;然而对于他自己来说,钦慕者就好像是一个与他类似的人:希波泰勒斯是吕西斯的钦慕者。他幻想着吕西斯一旦认识到自己是他的钦慕者,就会对他刮目相看,同样他也幻想着苏格拉底一旦认为米库斯真是自己的钦慕者,就乐意走进摔跤学校之中。希波泰勒斯打算以诱惑自己的方式来诱惑苏格拉底,从他对苏格拉底的诱惑之词中,就能大概看出他是一个怎样的人:他既不知如何分辨真正的漂亮("漂亮的也不少"),也不知道究竟应该讨论些什么(度过时间),他在乎的事情只是钦慕(或者被钦慕)②。

　　苏格拉底说,对于希波泰勒斯的问话,他又继续问道,如果他进到摔跤学校之中自己又能够得到什么,而摔跤学校中的那个最漂亮的人又是谁。希波泰勒斯无法回答前一个问题,他只想引诱并利用苏格拉底,却没有想过要真正给苏格拉底提供任何"报酬",所以假装偶遇把苏格拉底骗进来。他没把这件事情看作一笔交易,苏格拉底却直接说出了希波泰勒斯的逻辑:"你既然要我帮忙,那我可以得到什么呢?"希波泰勒斯缺乏对苏格拉底的认识,根本不知道苏格拉底所要追求的是什么。苏格拉底的第二个问题更是让希波泰勒斯难以回答,之前苏格拉底似乎不被他所提到的美色所诱惑,此时苏格拉底重将这一问题提起,令他猝不及防,这实际上就是问他自己觉得好看的是谁,但他知道这一点肯定是不能说的,他不能让苏格拉底看出自己的打算,也不能让"好色之徒"苏格拉底知道吕西斯

---

① 如果苏格拉底真是米库斯的朋友,那么苏格拉底究竟是"大的",还是"小的",还是"不大不小的"呢? 如果我们将"小的"看作是年纪小的,那么这里似乎就是说,苏格拉底是少年人的朋友。作为少年人的朋友,苏格拉底究竟是大的还是小的,还是不大不小的呢?

② 希波泰勒斯认为,被人钦慕是一件极好的事情。也就是说,他假定人人都追求荣誉,在他对人性的认识中,获得他人的承认乃是第一法则。

的存在①。

对于苏格拉底的问话,希波泰勒斯选择了躲闪逃避,他说大家各有所爱,每个人所认为的美人都不同。但没想到苏格拉底却追问他,究竟他喜欢的那个人是谁。苏格拉底告诉我们,这个问题让希波泰勒斯脸红了。然而苏格拉底并没有停下脚步,他随后向希波泰勒斯表明,自己具有一种特殊的能力——来自于神的能力——使得他能够很快地看出爱人和他所爱的对象②。苏格拉底还说,希波泰勒斯不必说出所爱之人的名字,因为他已经知道希波泰勒斯陷入疯狂的爱恋之中了。苏格拉底说,听了他说出这样的话,希波泰勒斯的脸就更红了。苏格拉底的这个问题乃是从开篇到此苏格拉底所提出的第一个问题。既然希波泰勒斯不能提供给他合适的报酬,那么他似乎就打算自己去寻找。苏格拉底很想知道谁能使得希波泰勒斯如此沉迷,因为此人竟然使得希波泰勒斯打算欺骗苏格拉底。

希波泰勒斯的第一次脸红说明他觉得苏格拉底可能看穿了他的心思,他的第二次脸红说明他认为自己已经露馅了。他真的以为苏格拉底已经知道他所爱的对象的名字,而他能做的事情只能是到"巫师-苏格拉底"之前去忏悔了。我们注意到,是苏格拉底让我们知道了希波泰勒斯的脸红得更厉害。苏格拉底看到的情形是希波泰勒斯的脸一直红着,而他叙述的情形是希波泰勒斯的脸更红了。

---

① "柏拉图隽语"(*Epigrammata*)中有这样的一句:当我仅仅是低声地说了娅乐克西丝很美后,他立即成了万众观看瞩目的焦点。我的心啊,为什么向狗显示骨头呢?你将会为此后悔难过的。我们不正是这样才失去菲德罗的吗?(在 Cooper 本中,这被编为隽语第 4 条。参看 Cooper, J. M. 1997, Hutchinson, D. S., ed., *Plato: Complete Works*, Hackett Pub. Compapny,1984。)

② 参阅《巫师苏格拉底》,【法】居古拉·格里马尔迪著,邓刚译,华东师范大学出版社 2007 年 3 月版。该书认为苏格拉底具有某些萨满巫师的特征,然而,他同时又是一个哲学家。这两种不太相容的特性在苏格拉底身上同时存在。苏格拉底像是一名惯使逻各斯的巫师,通过逻各斯澄明真理,并安慰人的灵魂。究竟如何看待柏拉图作品中存在的关于苏格拉底的种种通神行为,我们还必须联系到具体作品的剧情来看待,如《卡尔米德》、《苏格拉底的申辩》、《忒阿格斯》等等。

苏格拉底关于"神所赐予的能力"的说法,乃是一种诗性的言辞,苏格拉底只知希波泰勒斯在爱,并不知他爱的是谁,却说已经知道了。这就是他后来所说的优秀的猎手迷惑其猎物的手段①。

至此,希波泰勒斯与苏格拉底的第一次谈话以希波泰勒斯的完败而告一段落。那么希波泰勒斯最开始安排的计划会是怎样的呢?不妨这么设想:他不让苏格拉底知道有吕西斯的存在,仅仅把苏格拉底拉进学校里,通过苏格拉底与克特西普斯的谈话,将吕西斯吸引过来,他就能够以此接近吕西斯。苏格拉底如此沉浸于谈话之中而没有发现吕西斯的存在,吕西斯如此沉浸于倾听之中而没有发现希波泰勒斯的存在,于是希波泰勒斯就可以长久地、肆无忌惮地看着自己喜爱的吕西斯,这估计就是希波泰勒斯最开始的设想。

3 苏格拉底与克特西普斯及希波泰勒斯的对话 (204C – 206D)

苏格拉底的言谈技术火力十足,不但轻而易举地俘获了希波泰勒斯,还让克特西普斯也中招了。苏格拉底说,在希波泰勒斯脸变得更红以后,克特西普斯就笑话起他来了。克特西普斯说看到希波泰勒斯脸红觉得很好玩。他认为希波泰勒斯想跟苏格拉底说出吕西斯的名字又怕羞。然而在平时,希波泰勒斯却把吕西斯的名字一直挂在口头,念叨个不停让人烦。克特西普斯说最烦的事情是希波泰勒斯竟然还要为吕西斯创作诗歌,用极其难听的声音来朗诵。现在苏格拉底问起这个名字,他却脸红了。在后文中我们知道,当吕西斯因沉浸在谈话之中不自觉地插话而脸红时,苏格拉底觉得吕西斯非常认真,十分可爱(213D)。而当希波泰勒斯脸红时,克特西普

---

① 这种手段既是苏格拉底的手段,也是柏拉图在写作戏剧时采取的方式,因此我们可以说,是柏拉图戏剧作品中的苏格拉底采取了这样的手段。

斯只觉得好玩。克特西普斯似乎把希波泰勒斯在苏格拉底的追问下的脸红当作了一次小小的惩罚,从而使得他们平日里遭受的烦恼得到了些许补偿。他没有意识到希波泰勒斯不想讲出吕西斯的名字的原因,他只觉得希波泰勒斯是怕羞,因为苏格拉底并非圈子里的熟人;接下来,克特西普斯却把希波泰勒斯圈子里的事情更多地讲给苏格拉底这个圈外人听,他要希波泰勒斯羞得更厉害[1]。但是克特西普斯不知不觉中却把自己也陷入了玩笑之中,因为他也以为苏格拉底已经知道吕西斯的名字了,所以他便毫不遮掩地把吕西斯的名字说了出来,他同样被苏格拉底所谓的"神力"给迷惑了。在克特西普斯的这段话中,我们也大概知道了他们平日为"打发时间"而谈的东西究竟是些什么。

苏格拉底说,他随后便问克特西普斯,这个吕西斯是不是年纪很小,因为他听到这个名字的时候没有认出来。这表明其实苏格拉底并不知道希波泰勒斯爱慕的是谁,也不知道吕西斯的名字,但因为他耍了一个小计策,就把这个名字给套出来了[2]。

在听到苏格拉底的这句话后,克特西普斯马上意识到自己中计了,他以为苏格拉底知道吕西斯的名字,现在看来苏格拉底并不知道,克特西普斯这时需要弥补自己的失误,却没有看到他脸红[3]。苏格拉底说,这时克特西普斯就回答说,人们确实都没有注意到吕西斯自己的名字,他一直被以其父亲的名字而称呼,如"某某的儿子",因为他父亲非常有名。克特西普斯说,如果苏格拉底一看到吕西斯马上就会发现自己是知道他的:吕西斯早就仅仅因为美貌而广为人

---

[1] 参阅"论《吕西斯》",伯纳德特,载《情节的论证》,[美]伯纳德特著,芝加哥大学出版社2000年版,第205~207页。

[2] 还值得我们注意的是,苏格拉底说他没有认出这个名字,这似乎在提醒读者注意名字与人之间的特殊关系。

[3] 人的脸红,是表明对自己的过失或无知尚存一些羞愧。这种身体感觉乃是人走向自我认识的基础之一。但这种感觉并不会伴随人一生,也并不是所有人都具有。那些不再脸红的人,即所谓无耻者。

知了。这话也可以视为是在说：克特西普斯认为即使苏格拉底不认识吕西斯，他也一定认识吕西斯的父亲，只要他看到吕西斯的样子，马上就会知道他是谁的儿子，因此苏格拉底就算是认识吕西斯了。依据这个逻辑，克特西普斯就不必为泄露希波泰勒斯的秘密负责。这种说法当然牵强，特别是在苏格拉底还没有答应进入摔跤学校之前。他如果看不到吕西斯，也就不知道他是谁的儿子。但其中的关键是，即使苏格拉底看见了吕西斯，也知道了他是谁的儿子，却并不知道他就叫"吕西斯"这个名字。因此通过克特西普斯的话，"吕西斯"这个名字就变成了吕西斯所具有的一个特别的秘密，认识吕西斯的一个关键就在于认识"吕西斯"①。又，据克特西普斯所言，看到吕西斯本人就知道他是谁的儿子，可见其相貌与其父非常相似。父与子乃是相似者，这显然会让我们联想到后文中所讨论的相似者之间是否为友的问题，而这个问题恰恰开启于吕西斯的插话（213D－214B）。

　　苏格拉底随后问到吕西斯究竟是谁的儿子，克特西普斯告诉他，吕西斯是阿厄克索尼（Aexone）区的德谟克拉特的长子。苏格拉底转而对希波泰勒斯说，恭喜他找到了一个高贵又有活力的对象。接下来，苏格拉底想知道希波泰勒斯在吕西斯与众人面前是如何表现的，"是否知道如何去谈及所爱的人，无论是对其本人还是对其他人而言。"（205A）如上文所言，苏格拉底很轻易就知道了别人所不知道的吕西斯的名字，而一般人要见到其人，才仅仅知道他是谁的儿子。这时苏格拉底顺着克特西普斯的话又问出了其父的名字。如此一来，苏格拉底还没有见到吕西斯之前，就已经知道了吕西斯的父亲、住地以及独属于他自己的名字，对于吕西斯"从哪里来"这个问题，苏格拉底已经有答案了。随后苏格拉底马上给出了自己的

---

　　① 或许我们也可以说，认识《吕西斯》的关键也在于认识"吕西斯"，既是这个人，也是这个名字所代表的意思。而"吕西斯"如此俊美，让所有人为之倾倒，其中是否也有特别的意味呢？

第一个判断,吕西斯乃是一个高贵又有活力的(爱恋的)对象。如何理解苏格拉底的这个判断呢,或许我们可以做一点大胆的猜测。德谟克拉特(Demokratous)乃是民主或民主政体(Demokratia)一词的变体,"民主"在雅典当然是高贵的,而"解放"(lysis)确实代表着某种活力①。至于克特西普斯说,吕西斯乃是德谟克拉特的长子,对此我们或许可以联系《理想国》中苏格拉底关于民主政体与其治下民众的品性的分析(555B – 562A)。在苏格拉底做出这样的判断以后,他说他就想知道希波泰勒斯如何表达他的爱。

希波泰勒斯或许认为苏格拉底想看他在熟人圈子里的丑态,因此否认克特西普斯说的事情是真的②。苏格拉底于是问希波泰勒斯是否真的爱着吕西斯,希波泰勒斯对此无法否认,但他否认自己曾经作过诗歌。希波泰勒斯显然担心苏格拉底要他背诵那些诗歌,如果苏格拉底一旦有类似的要求,他又无法直接拒绝。苏格拉底随后告诉希波泰勒斯,他并不是想听希波泰勒斯朗诵诗歌,而只是想知道他向其所追求的人表达自己的方法。希波泰勒斯将话头转给了克特西普斯,他说如果克特西普斯真地被他唠叨烦了,肯定就记得这些诗歌。接下来克特西普斯将希波泰勒斯所创作的诗歌的内容简单地复述了一遍③。从苏格拉底所叙述的这段话来看,克特西普斯似乎认为苏格拉底像他一样喜欢看希波泰勒斯出丑,因此他特别想让苏格拉底知道希波泰勒斯确实是作了这样一些荒谬的诗。苏格拉底却对让希波泰勒斯再次出丑没有兴趣,苏格拉底想要知道的是希波泰勒斯对爱的理解。他如何理解爱,就会将这种理解表现出来。而一个人对爱的理解,与一个人的自我认识密切相关。苏格拉底的兴趣来自于哲学的推动。

---

① 参阅 *Plato's Lysis*, Terry Penner, Christopher Rowe, Cambridge University Press, 2005, p.6。
② 这表明了希波泰勒斯对人性的第二点认识:每个人都喜欢看别人出丑。
③ 如若复述不对,希波泰勒斯就可以指责克特西普斯"污蔑"自己。

那么苏格拉底是想知道希波泰勒斯对爱的理解吗?似乎这又仅仅只是其中的一个原因。另外一个原因可能是这样的:希波泰勒斯已经无法提供出苏格拉底进入摔跤学校的理由了,这时苏格拉底要想进入摔跤学校,就必须自己找一个理由,而苏格拉底不想自己给出这个理由,于是他才会启动对希波泰勒斯的审查,以从他那里重新获得进入摔跤学校的理由。据后面的内容我们得知,苏格拉底从希波泰勒斯那里找到的理由是,他可以向希波泰勒斯演示如何与"猎物"对话。通过这个理由,苏格拉底在众人的拥簇下进入了摔跤学校,而希波泰勒斯、克特西普斯以及那一圈青年都相信了这个理由。我们必须说,这个理由是值得怀疑的,因为苏格拉底似乎从中得不到任何好处,同时也将自己陷入巨大的危险之中,这明显就是在腐化青年,也坐实了雅典法庭对他的指控。因此我们需要将这一疑问带入随后的思考之中,苏格拉底为何要借此理由进入摔跤学校,而他本人真正的理由又是什么?

苏格拉底说,克特西普斯随后就复述了希波泰勒斯所创作的诗歌的大概,其内容是歌颂吕西斯高贵的门第、伟大的祖先、富裕的家产、光荣的事迹,甚至在最近作的一首诗歌中,还把吕西斯的上几辈子老人和神话传说中的英雄联系起来。"前天他就作了一首诗,谈论对赫拉克勒斯的款待。说什么这是由于赫拉克勒斯与吕西斯的祖先有亲戚关系,因为赫拉克勒斯正是宙斯与这个区的建立者的女儿所生的后人。"(205C – 205D)。关于克特西普斯所描述的这些"希波泰勒斯诗歌",有论者认为这类似于品达式的颂歌[1]。这些关于神话英雄的故事,使人联想到雅典贤人梭伦的身世。

接下来直到苏格拉底与众人一起进入摔跤学校之间的这段话,就是苏格拉底对希波泰勒斯这个"猎物"的诱捕。通过之前的对话,

---

[1] 参阅"论《吕西斯》",伯纳德特,载《情节的论证》,【美】伯纳德特著,芝加哥大学出版社2000年版,第204页。

苏格拉底差不多已经打消了希波泰勒斯的自负,攻陷了其心理防线。接着,苏格拉底针对克特西普斯所复述的希波泰勒斯所作的诗歌,作了一番准确但居心叵测的分析。苏格拉底说,他当时告诉希波泰勒斯,其所作的赞歌实际上是对自己的歌颂,因为如果他赢得了吕西斯,那么他对吕西斯所有的赞颂,就是对自己的占有物的赞颂。希波泰勒斯对爱的理解就是占有,对求爱的理解就是捕猎。因此他顺着希波泰勒斯的理解大谈捕猎和猎手,又转而谈到言辞的诱惑作用。他说好猎手应该通过言辞使得猎物平静下来,而非挑逗其猎物的野性。苏格拉底言之凿凿,显得精于此道。希波泰勒斯于是向苏格拉底求教,他想知道应该如何追求吕西斯,"如果你有什么秘诀,请一定指教:一个人该怎么说话、该怎么做,才能让被爱者爱上自己"(206C)。苏格拉底之前曾说自己具有看出爱人与其爱的对象的能力,现在他似乎又具有了捕获爱人的能力,在希波泰勒斯眼中,苏格拉底简直就是爱的猎神。他愿意为这尊神献出一切,只要能求得爱的猎术。苏格拉底顺水推舟地说,这个技艺无法口说,只能实际演示,所以如果能让他与吕西斯谈话,那么希波泰勒斯就知道应该如何猎捕其爱的对象了。希波泰勒斯此时已经完全被苏格拉底的言辞所迷惑,他立刻就同意了。

  从开篇至此,苏格拉底其实已经向他的读者演示了如何捕猎,第一个猎物就是希波泰勒斯。希波泰勒斯对此完全没有意识;他甚至都没有想过,一旦苏格拉底将吕西斯捕获了,那么他就什么也得不到了。他就这样把自己最爱的东西交给了拥有"猎爱专业技术"的苏格拉底。通过掌握技艺能够获得一切,甚至使得波斯国王把自己最心爱的王子交出任由处置,这乃是苏格拉底进入摔跤学校后与吕西斯谈话的内容;但早在苏格拉底与吕西斯交谈之前,他就已经把希波泰勒斯逗得团团转了。对于吕西斯来说,苏格拉底给他描绘的通过知识就能控制全世界的图景只是一个幻象,然而对于苏格拉底来说,这就是当下实实在在已经发生的事实。

还有必要注意的是进入摔跤学校前的最后一段话,当时苏格拉底问希波泰勒斯如何使得他能够与吕西斯交谈,希波泰勒斯说,这一点都不难,只要苏格拉底跟克特西普斯进去并坐下交谈,吕西斯自己就会走过来,因为他非常热爱倾听谈话。在赫尔墨斯节,青年人与男孩子都混在一起了。所以吕西斯可以来苏格拉底身边。即使他没有,也可以让克特西普斯把他叫过来,因为吕西斯与克特西普斯的侄子梅尼克齐努斯是好朋友,由此也熟悉克特西普斯。我们在上一节中谈到了希波泰勒斯的最初的设想,这个设想与他这里对苏格拉底所说的办法有些类似,这也是他能够马上同意苏格拉底与吕西斯进行交谈的原因。在这两种情况下,他都能站在一边凝视自己所爱之人,何况据说苏格拉底还能向他演示猎爱技艺。然而,在这一段话中,希波泰勒斯还是给出了更多的信息:首先我们知道了吕西斯是一个热爱倾听谈话的少年;其次,他明确地提到了赫尔墨斯节的规矩,在这一天成年人能够与男孩接触,这说明他是有意要利用这一次机会的;第三,他几乎说出了自己何以能够忍受克特西普斯损他的原因,因为克特西普斯的侄子与吕西斯是好朋友,通过克特西普斯能够接触到吕西斯。

在这篇关于友爱的对话的开始部分,希波泰勒斯与克特西普斯之间的朋友关系就让人觉得奇怪。克特西普斯当然知道希波泰勒斯需要利用其与吕西斯的关系,希波泰勒斯也正是因此而忍受克特西普斯非常过分的揶揄嬉笑,他们俩对友爱的理解似乎也有些类似:忍受朋友的伤害,与此同时利用朋友。克特西普斯忍受了希波泰勒斯疯疯癫癫的唠叨,同时利用对此的嬉笑来满足自己的乐趣;希波泰勒斯忍受了克特西普斯的奚落,同时利用克特西普斯的关系来满足自己的欲望。在《吕西斯》的开场部分所展现出来的友爱关系,竟然不是一般所认为的"扶友损敌",而是"损友利己"。苏格拉底也许在此并非故意,但他的行为确实已经触碰到城邦习俗的禁忌了①。

4 苏格拉底与梅尼克齐努斯及吕西斯的谈话(206D–207D)

苏格拉底说,随后他与众青年走进了摔跤学校。这时吕西斯与其好友梅尼克齐努斯便进入了我们的视野。在苏格拉底的叙述中,没有任何人将吕西斯介绍给他,也没有将他介绍给吕西斯。苏格拉底似乎自己一眼就认出了吕西斯。根据苏格拉底的叙述,他的谈话是从梅尼克齐努斯开始的。同样,从苏格拉底的叙述中,也没有任何人向他介绍梅尼克齐努斯,也没有将梅尼克齐努斯介绍给他,谈话好像发生在相互熟识的朋友之间一样。

苏格拉底说,他问梅尼克齐努斯与吕西斯哪一个年纪更大。梅尼克齐努斯的回答是,他们对此意见不一。由此我们可以推测吕西斯年纪应该比梅尼克齐努斯稍大,然而梅尼克齐努斯并不承认②。苏格拉底说,他随后又问,是否他们俩会争执谁的出身更好。梅尼克齐努斯回答说,确实如此。苏格拉底又问他们是否会争执谁更漂亮,这时苏格拉底告诉我们,梅尼克齐努斯与吕西斯都笑了。前两个问题在吕西斯看来是不需要争执的,而在梅尼克齐努斯看来却需要争执,因此答话者仅仅是梅尼克齐努斯一人,吕西斯的沉默既不认可梅尼克齐努斯对苏格拉底的回答,也不认可梅尼克齐努斯对这些问题的争执态度。对于第三个问题他们却都笑了,这或许是因为

---

① 参阅"论《吕西斯》",伯纳德特,载《情节的论证》,【美】伯纳德特著,芝加哥大学出版社 2000 年版,第 202 页。

② 好辩的梅尼克奇努斯或许能提出的理由:虽然吕西斯年纪大一点,但他梅尼克奇努斯却更懂事(能说会道),掌握了更多的知识(克特西普斯的徒弟),所以他更"成熟"。

他们确实争执了这一个问题,然而却都对争执这个问题觉得害羞。漂亮与否其实是无法争得的,必须通过他人的认可才能得到确认,然而人们(特别是少年人)又特别喜欢为漂亮而争执,因为这是他们获取他人承认的途径①。

前三个问题说明两位少年之间有争有和,他们之间的争执并没有恶化到如同克特西普斯与希波泰勒斯相互伤害的地步。他们之间也不存在相互利用,其和谐来自于对争执的羞愧。这也与他们所争执的问题有关,他们争执的乃是"漂亮",也就是美。尤其是,这是一种属于自身的漂亮和美。他们的争执此时还在关注自己的善好,而非如希波泰勒斯与克特西普斯那般只关注猎物与玩笑。我们会看到,美这一问题在很长的一段对话后,又被苏格拉底重新提出,以挽救讨论的困局(216C – 216D)。

少年人对漂亮的追求是一种最素朴的追求,经不起时间与理性的拷问。随后苏格拉底就向我们叙述了他所问的第四个问题,以及想问却没有来得及问的两个问题。苏格拉底说,他接着对两位少年说道,他相信他们肯定不会对"谁更富有"产生争执,因为朋友之间的东西是共同的,两位少年一致赞同。正当他想问他们中间谁更正义、更聪明时,梅尼克齐努斯却被人叫走了。因此我们总共就从苏格拉底那里获得了五个问题,其中第三个问题是关键点,前两个问题与后两个问题相互对应。所谓谁更富有的问题,对应着谁的出身更好;而谁更正义、更聪明的问题,则对应着谁的年纪更大。这四个问题都是对第三个问题的实质内容的深化。关于漂亮、美的问题追究下去,必然会涉及到财富、出身、正义、智慧等等问题。通过这个对应苏格拉底似乎暗示,谁更富有似乎就等同于谁的出身更好,然

---

① 关于这一点,我们需要联系后文中的内容。苏格拉底后来曾说,既不好也不坏的身体,因为遇到了疾病的缘故,又由于对健康的追求,因此成为了医生的朋友。那么对比于这里,懵懂无知的少年人,因为不被承认的缘故,又由于对漂亮的追求,因此互相之间成为了朋友,他们成为朋友的表现就是自觉可笑的争执。

而少年人对于前一个问题没有争执,而对后一个问题则意见不一。这其实乃是因为少年人根本还没有处理实际经济事务的经验,无须与实际的经济纠纷打交道,他们身无分文,当然可以轻易同意"朋友的东西是共有的"。他们能够争执的仅仅是看在眼里听在耳中的关于家族荣耀的传说,而这种荣耀的基础却在于财富。而那个因为偶然变故而没有问的谁更正义、谁更聪明的问题,则对应于谁的年纪更大这一问题。这种对应似乎暗示着,更正义、更聪明的人具有超出时间维度的大小差别的权威性。

通过这五个问题,苏格拉底获得了对这两个少年的初步认识,他也向我们展示了这两个少年对彼此之间关系的基本认识。吕西斯与梅尼克齐努斯的关系中蕴含了向希波泰勒斯与克特西普斯的关系演变的可能性,他们因为年纪小而没有意识到自身的无知,或者自身的欲望尚未觉醒(或没有察觉);与此同时,其中又蕴含着在希波泰勒斯与克特西普斯的关系中已经丧失的那种可能性,他们还愿意为自身的美而发生争执,尚未将美当作猎物来追寻,而当作自己的善好来看待。而吕西斯与梅尼克齐努斯对他们之间的少年人友爱关系的不稳定性都是缺乏认识的。此时只有吕西斯能够稍稍感觉到梅尼克齐努斯的争执中潜藏的敌意[1],而他也用最轻微的方式即沉默来抵抗这种敌意。

在这一节我们留下一个疑问,如果梅尼克齐努斯不因为偶然的因素离开,那么苏格拉底如何同时猎捕这两个性情差异的少年呢?他有自己的计划吗?根据他最初的这次火力侦察,如果继续谈下去的话,苏格拉底主要的谈话对象就会是梅尼克齐努斯,而非吕西斯,苏格拉底就不能够通过谈话来捕获吕西斯这个"猎物"了。这样看来,梅尼克齐努斯偶然的离开,竟然给整个对话的情节提供了一个

---

[1] 梅尼克齐努斯(Menexenos),这个名字(*mene - xenos*)在古希腊语中有"自始至终的他者(陌生人、客人)"的意思。梅尼克齐努斯总是一个"异乡人",相对于主人而言的客人,或者说他总是一个反对者。

极为关键的契机,随着他的离开,吕西斯终于毫无遮挡地暴露在苏格拉底面前。或者也可以说,梅尼克齐努斯作为吕西斯的朋友,几乎是他的最后一道防线。

5 苏格拉底与吕西斯的第一次谈话(207D – 211D)

经过了初步的接触之后,借着梅尼克齐努斯离开的契机,苏格拉底正式开始了对吕西斯的"诱捕"。梅尼克齐努斯究竟是因为偶然因素离开,还是被人故意叫走的呢？如果是偶然因素离开,值得注意的就是他离开后去参加的活动,据苏格拉底的叙述,他是去参加某个祭祀活动了,而这个祭祀活动礼拜的对象很可能就是赫尔墨斯神;而如果是被人故意叫走的,那么这人很可能是希波泰勒斯或者克特西普斯其中的一个。他们中的每一个都有可能特地叫人把梅尼克齐努斯支走,留下吕西斯与苏格拉底单独谈话,因为他们对于苏格拉底的猎爱技艺都十分感兴趣。或者我们把这个疑问暂时留在这里,柏拉图这样的安排似乎向我们表明,不管是偶然的还是人为的因素,吕西斯总会在某一个时刻处于毫无防范的危险境地之中,此时他将单独面对那些色欲勃勃又掌握了猎爱技艺的人们。

苏格拉底诱捕吕西斯的过程类似于其对待希波泰勒斯的过程,第一步是打掉吕西斯的自负,攻破其心理防线,第二步则是诱惑,向他许诺一个梦境似的未来。希波泰勒斯的自负表现在他所作的诗歌上,他大肆歌颂吕西斯的高贵、财富、身世等,妄图将其据为己有;苏格拉底仅仅向他表明,如若他没有成功俘获吕西斯,这首诗歌就是对他最大的嘲讽,事实上也确实如此,这一步就击溃了希波泰勒斯的心理防线:苏格拉底知道他在干什么,也知道他哪里做错了。苏格拉底对希波泰勒斯的诱惑则是,许诺向他演示真正的猎爱技艺,从而向他展示征服爱人之后的胜利前景。一破一立,希波泰勒斯就完全被苏格拉底所控制;而对于吕西斯,根据苏格拉底之前对吕西斯的认识,他了解到吕西斯对他的家族的高贵、财富等等方面非常在乎。吕西斯知道自己生于贵胄之家,也理所当然地把这些东西都当作自己的所有物,他因为这些所有物而骄傲自豪,它们铸就了他的心理防线。因此苏格拉底第一步就是将吕西斯与他的所有物分离开来①。

　　苏格拉底说,他首先向吕西斯提了一系列的问题,他问吕西斯其父母是否非常爱他,吕西斯回答说是。又问吕西斯其父母是否想让他尽量幸福,吕西斯也回答说是。再问吕西斯是否认为那些不能做自己想做的事情的奴隶是否是幸福的,吕西斯回答说他并不认为是这样。通过这三个问题我们发现,苏格拉底隐蔽地提出了一个区分,即吕西斯父母所认为的幸福和吕西斯自己所认为的幸福的不同。而这一个区分则与吕西斯被认为拥有的所有物和其自己实际所拥有的所有物的不同相对应②。吕西斯所感觉到的幸福是被其父母所爱而得到的幸福,吕西斯所理解的幸福是不被阻止干任何事情的幸福。父母对吕西斯的爱是因为吕西斯是父母的所有物或者创造物的一部分,是最珍贵的那一部分;吕西斯因为父母的爱从而获得了在父母的所有物之中最高的地位,使得他产生了拥有这些父母的所有物的幻觉。苏格拉底则依据吕西斯对幸福的理解重新审视

---

　　① 古希腊的"友爱"一词的含义比现在的理解要广泛得多。用 Blundell 的说法就是,"伴随着从自我出发向外延伸的不同的亲密程度,友谊有许多层次和种类。它们就像池塘里的水的波纹一样相互重叠和交叉着。其中首要的和根本的是家族。……这一点可以从荷马时代的用法中看出来,在那里'友爱'(*philotes*,*philia* 在荷马时代的用法)基本上是一种社会关系,但是可以延伸到用于一个人所拥有的亲密关切的任何的私人附属关系上,包括身体的各个部分以及朋友和家族成员。"参看 M. Blundell, *Helping Friends and Harming Enemies*, Cambridge University Press, 1989。

　　② 在此我们还必须注意一个问题:对于吕西斯的父母而言,吕西斯本人也是其父母所拥有的所有物。按照吕西斯自己所认可的幸福原则,一个人如若幸福的话,就能够不被阻止地干任何事情,那么其父母就拥有对吕西斯的绝对权力。因此按照吕西斯所提供的幸福理解延伸下去,很自然就会推论出随后苏格拉底所给出的"通过知识统治世界"的幸福观。

吕西斯对幸福的感觉,他要让吕西斯认识到自己仅仅是父母的所有物中的一份,并且也因此其父母拥有对其随意安排的权力,吕西斯所理解的那种幸福实际上只有其父母才具有。

随后,苏格拉底说,他便问吕西斯其父亲是否让他驾驭双轮战车参加竞赛,吕西斯回答说父亲不许,而将这个工作交给一名领薪水的驾车手。苏格拉底又问其父是否让其驾驭骡车,吕西斯回答说其父也不允许,而将此工作交给赶骡人。苏格拉底再问其父是否让他自己管理自己,而不必受其他人管理,吕西斯回答说他必须接受监护人的管理,而监护人乃是他们家的奴隶。苏格拉底遂故作惊讶地说,一名自由人竟然要受奴隶的控制。苏格拉底转而又问吕西斯如果其父亲不给他自由,那么他是否能够随心所欲地摆弄母亲纺织用的工具,据苏格拉底说,这时吕西斯笑着回答说,如果他碰坏了母亲的纺织工具,他甚至可能会挨打。苏格拉底说,他听到这里便惊呼起来,问吕西斯是否对其父母做了什么不义之事,为何他的父母对他管束如此严厉,不让他自由自在,而要置于别人的控制之下。吕西斯对此的回答说,他认为这是因为他还没有长大。

这是苏格拉底与吕西斯第一次谈话的第二阶段。通过第一阶段暗示出两种幸福观的不同,苏格拉底在第二阶段将吕西斯理解的幸福观比附到其幸福感觉之上,让吕西斯充分感觉这二者之间的隔离。苏格拉底的问话排列具有特定的目的,他首先举出的是双轮战车,其次是骡车,随后是吕西斯本人,这一个序列是价值递减的。骡车不如双轮战车,而吕西斯比不上骡车;相对应于此,驾驭双轮战车的是驾车手,管理骡车的是赶骡人,而看管吕西斯的是监护人。这一个序列也是价值递减的。因为驾车手需要付与薪酬,而赶骡人和监护人都只是奴隶。苏格拉底的排序会让吕西斯觉得,自己与监护人乃是其父亲的所有物中最没有价值的一对。此处苏格拉底用"被一大堆监管者管着"来证明父亲没有给吕西斯自由即幸福。自由在那个民主政治时代意味着最大的幸福,因为这意味着拥有强者的地位①。

接下来,苏格拉底转向关于吕西斯母亲的问话。这样的问话让人很容易联想到阿里斯托芬的《云》。斯瑞西阿得斯宠爱自己的儿子,甚至可以认同儿子打父亲是合理的;然而当斐狄庇得斯说要同样去打母亲时,斯瑞西阿得斯就说自己的儿子要遭受惩罚了②。在这里,吕西斯如若去做起父亲不允许的事情,他只是被阻止。然而他如若去动母亲的用具,则可能要挨打。因为母亲也是父亲的所有物③。虽然苏格拉底的问话非常具有腐蚀性,但吕西斯还拥有最后一层防护:他认为其父母不让他自由活动,乃是因为他的年纪还不够大。这个回答是城邦的法律在家庭与个人意识中的反映,是习俗中的一道屏障,为区分和维护父子之间的关系而设立,是最为常见、最微弱的礼法的表现④。

苏格拉底随后便挑战吕西斯所说的最后防线。苏格拉底提出的理由很简单,他认为吕西斯之所以受到限制的原因乃是缺乏知

---

① 参看 Plato´s Lysis, Terry Penner、Christopher Rowe, Cambridge University Press, 2005,p.29。有关希腊人对于强者与弱者的意识,参看包利民《古典政治哲学史论》,人民出版社 2010 年版,导论。

② 参阅阿里斯托芬《云》,1429 - 1451。

③ 孩子乃是父母的所有物,相对于其他的所有物而言,孩子占据着所有物中的最高位置,然而相对于父亲而言,母亲也是父亲的所有物。在父亲对其所有物的排列之中,母亲将取代孩子而占据最高的位置。

④ 父子之间的关系是政治关系的变形与投影。父亲强于儿子,然而父亲会变老,儿子会长大。父亲有抚养儿子的义务,儿子有赡养父亲的责任。两者之间的关系是变化的。又因为儿子又会成为父亲,因此父子之间的关系随着时间的变化会发生颠倒。所谓三十年河东,三十年河西。儿子确实是父亲的所有物,父亲却并不具有对儿子绝对的权力,因为儿子不是父亲通过某种技艺创制的。父亲对儿子的权力随时间的变化而变化,所以时间的刻度就是父子权力关系变化的一个标准,父子双方都需要遵守并依靠这个标准。这个标准乃是城邦政治的核心原则之一。

人与人在时空维度上的争执,要比仅仅在空间维度上的争执更为根本。即便说人与人之间的争夺就好像狼与狼的战争,那么,老狼与小狼之间的关系也比两只同龄狼之间的关系更为根本。

识,而不是因为年龄不够。一旦他掌握了足够的知识,他就能打破年龄的限制。苏格拉底说,他问吕西斯是否在家中能够随意弹奏七弦琴,在读写的时候随意安排字母的顺序,吕西斯说父母不会阻止他这样做。苏格拉底说,这就是因为他具有关于读写与音乐的知识。在得到了吕西斯将信将疑的答复之后,苏格拉底跨出了一大步,开始向吕西斯展现一个由于拥有知识而能够获得美好幸福的未来。苏格拉底说,只要吕西斯拥有了知识,他的父亲就会把他的所有财产都交给他处理,他们的邻居也将如此。进而所有的雅典人都会这样相信他,甚至波斯国王也会因为吕西斯具有知识,让他任意对待自己的儿子,比如说在波斯王子的眼睛出了毛病的时候,因为波斯国王相信吕西斯具有医学知识,吕西斯就能够对王子为所欲为,把灰撒到他的眼睛里去。苏格拉底最后总结说,只要有了知识,每个人都会把自己交给吕西斯,无论是希腊人还是非希腊人,无论是男人还是女人,同时将解放吕西斯自己,所有东西都将属于他,他将从中获得利益。

苏格拉底打破了吕西斯关于幸福的迷梦,取而代之的是一个关于知识的迷梦①。吕西斯的幸福迷梦乃是建立在财富与荣誉之上的,虽然这些东西现在不属于吕西斯管理,但随着时间的推移,吕西斯的父亲终将把这些财富与荣誉移交给吕西斯,吕西斯关于幸福的迷梦依靠对时间法则的遵守总有实现的可能。一无所有的苏格拉底在这方面无法提供给吕西斯任何东西,他只能依靠知识以动摇时间法则,借此攻击吕西斯的幸福。由此看来,知识似乎在本性上乃是要挑战时间、超越时间,最起码它许诺要将时间加速。苏格拉底的这套说法在周围的那些青年看来虽然荒唐,但会被理解为驯服吕西斯的计策而接受;对于读者而言,这些说法显然是不可信的。苏

---

① 参阅"论《吕西斯》",伯纳德特,载《情节的论证》,【美】伯纳德特著,芝加哥大学出版社 2000 年版,第 207 页。

格拉底的这套说辞似乎只能瞒得过年少无知的吕西斯。然而事情吊诡的地方就在这里,一旦知识表现得真地能够战胜时间时,人们又转而相信这套说法了①。

苏格拉底说,他通过让吕西斯相信只有知识才能使得他对其父母有用从而变得可爱,使得吕西斯接受了"知识决定可爱(友爱)"的原则。那么吕西斯的父母目前觉得他可爱,是否就是因为吕西斯具有知识呢?苏格拉底避开了这一个问题。他用一个简单、粗糙的论证来证明吕西斯是无知的。苏格拉底说,他问吕西斯,既然吕西斯现在还需要一个老师,那么是否这就证明他还没有掌握知识(210D)。吕西斯回答说是。苏格拉底接着说,如果吕西斯没有知识,那么就不应该感到自负吧。在此之前,苏格拉底还故作夸张地恐吓吕西斯说,如果他没有掌握知识,不能对其父母有用,那么他的父母将不再觉得他可爱,也不再宠爱他。经过苏格拉底的这一番连哄带吓,吕西斯看上去就被他捕获了。

苏格拉底前后两番关于吕西斯有知与无知的证明明显都是荒唐的。希波泰勒斯与克特西普斯的圈子只会把这种荒唐当作一种策略或者是玩笑。而吕西斯如果真的按照苏格拉底的吩咐事后再去回忆这一证明(211B),他就会认真考虑有知无知究竟意味着什么,又依靠什么来证明。依照苏格拉底前一个证明,吕西斯因为具有关于读写以及音乐的知识,就能够随意安排字母的顺序,随意调整七弦琴的琴弦。这是不是说明一个人拥有了知识就能够任意妄为甚至挑战知识本身的规律呢?关于读写与音乐的知识本身并不会提供这种知识(权力),这种知识(权力)只能建立在对无知者的欺瞒之上,它与知识本身的性质是相区别的。依照苏格拉底的后一

---

① 学者怀疑苏格拉底将"会运用 x"与"拥有 x"混为一谈。但是苏格拉底或者柏拉图确实可能认为:如果 x 的价值没有被开发,则拥有者等于拥有毫无价值的东西,也就是不拥有 x。这种"知识可以激活从而真正拥有 x"的观点,可以参见柏拉图杂篇之《厄律克西雅斯篇》403b – c。

个证明,吕西斯因为还跟随着一个老师,因此被证明自己是没有掌握知识的。这是不是说明,当一个人掌握了知识之后就完全不需要任何一个老师了呢? 这只可能发生在此人掌握了所有的知识的情况下,也就是说此人已经与神无异了。只有神是全知全能的,神不需要老师。这两个荒唐的证明在回忆之中必然会带给吕西斯别样的教诲,这将促使他思考什么是真正的知识,以及无知究竟意味着什么。

苏格拉底说,当他说到这里,他瞟了希波泰勒斯一眼,几乎忍不住要对希波泰勒斯说,像他这样跟吕西斯交谈,才是正确的猎爱方式。不过他看到希波泰勒斯因为他讲的这些话而感到苦恼,又想把自己隐藏起来免得吕西斯发现,因此苏格拉底好不容易把想说的话咽下去了。看来苏格拉底的言辞不但打压了吕西斯的傲气,又顺带把希波泰勒斯再收拾了一回。尤其是苏格拉底对吕西斯无知的证明,也许也给了希波泰勒斯当头棒喝,他发现自己确实无知,正因为自己的无知他才一直无法得到吕西斯的青睐。在这种情况下,他当然更加不想让吕西斯发现自己的存在。希波泰勒斯的昨天,或许就是吕西斯的今天。然而希波泰勒斯运气不如吕西斯,苏格拉底在诱捕吕西斯的时候毕竟留下了忠告,他要吕西斯好好地回忆这一段话,要他把所有的事情都清楚地回忆起来,如果有什么遗忘的地方,下一次还可以再去问苏格拉底。

在柏拉图写作的苏格拉底对话中,这里是仅有的一次苏格拉底自己意识到差点犯错的地方,更加特别的是,苏格拉底在犯错前的一瞬竟然把这个错误给制止了①。如果他没有意识到自己将要犯的错误,大声把那些话告诉希波泰勒斯,他之前与青年人布的这个局就会被吕西斯识破,这就要轮到苏格拉底脸红了。苏格拉底把他这

---

① 参阅"论《吕西斯》",伯纳德特,载《情节的论证》,【美】伯纳德特著,芝加哥大学出版社 2000 年版,第 205~206 页。

次思想(意识)中的脸红展现给了他的读者,却没有展现给当时在场的众人。

作为一部对话作品,柏拉图所安排的戏剧推动力似乎到这里就终止了。起初的悬念是想知道希波泰勒斯究竟有什么企图,接着是想知道他爱慕的对象究竟是谁,再接下来是看苏格拉底是否会进入摔跤学校,随后是苏格拉底究竟如何诱捕吕西斯,对话发展到这里似乎所有的悬念都解开了,却没想到整个对话峰回路转,柏拉图之前埋下的一个伏笔现在发挥了作用。苏格拉底说,这时,梅尼克齐努斯又回来了。

吕西斯避开梅尼克齐努斯,非常亲密地小声请求苏格拉底,把刚才对他说的那段话对梅尼克齐努斯再讲一遍。苏格拉底拒绝了吕西斯的请求,而是让他好好回忆一遍,然后自己去对梅尼克齐努斯讲。吕西斯答应了。吕西斯请求苏格拉底在他回家之前还是跟梅尼克齐努斯说点什么,他愿意也听一听。苏格拉底说他有些担心,因为梅尼克齐努斯是一个争论的高手,是克特西普斯的学生,而克特西普斯本人也在场,苏格拉底说需要吕西斯在梅尼克齐努斯反驳自己的时候帮帮忙。吕西斯则说,正是因为梅尼克齐努斯好争论,他才想让苏格拉底与其交谈,好给梅尼克齐努斯一些惩罚,他让苏格拉底不必担心克特西普斯的在场,只管和梅尼克齐努斯谈话即可。就在这时,克特西普斯抱怨苏格拉底与吕西斯两人搞私人谈话,不与大家分享。于是苏格拉底说,吕西斯有些问题想不清楚,而他认为梅尼克齐努斯可能明白,所以吕西斯让苏格拉底去问问梅尼克齐努斯。克特西普斯听后便说,那就问呗。

吕西斯从与苏格拉底的谈话中感觉自己被打压了,然而其随后的反应让人感到惊讶,他竟然让苏格拉底按照打压他的方式去打压梅尼克齐努斯,梅尼克齐努斯却是他的朋友。这是怎么回事呢?根据吕西斯的话来推测,在平日里梅尼克齐努斯或许常常在彼此的争论中占先,而吕西斯拿他没有办法,因此他想借助苏格拉底来惩罚自己的朋友,这是一次小小的报复。幸福的迷梦已经破灭,知识的迷梦尚未实现,处在这种双重缺失中,吕西斯选择通过惩罚自己的朋友来找回自己的心理平衡。通过苏格拉底的叙述我们发现,吕西斯与其少年朋友梅尼克齐努斯的友爱关系,有向希波泰勒斯与克特西普斯之间的"损人利己"关系发展的可能。他们也许会变得乐于看到对方受损,从朋友的受损中获得乐趣,在相互损害的同时找到最低限度的平衡[①]。

  这一节的最后还需要谈一谈克特西普斯。克特西普斯最开始嘲笑希波泰勒斯的疯狂,接着他或许也想看看苏格拉底如何演示其猎爱技艺,在苏格拉底成功的捕获吕西斯后,克特西普斯似乎忽然醒悟过来,陷入了对苏格拉底的嫉妒之中。克特西普斯提出苏格拉底不能独享他与吕西斯的谈话。苏格拉底则顺势提出要和梅尼克齐努斯交谈。克特西普斯立刻就同意了。克特西普斯显然也被苏格拉底欺骗了。吕西斯请求苏格拉底对梅尼克齐努斯所做的事情,类似于希波泰勒斯请求苏格拉底对吕西斯所做的事情,这也就是说,苏格拉底接下来将继续诱捕下一个猎物梅尼克齐努斯。吕西斯是希波泰勒斯的心爱之物,通过对希波泰勒斯的俘获,苏格拉底使得他心甘情愿地把吕西斯交到了自己手里;梅尼克齐努斯则是克特西普斯的外甥与学生,通过对克特西普斯的欺瞒,苏格拉底使得他心甘情愿把梅尼克齐努斯也交到了自己手里。在苏格拉底猎捕希波泰勒斯与吕西斯的整个过程中,克特西普斯作为旁观者也不由自主地陷入了苏格拉底的圈套。

---

  ① Bolotin 在讨论这一段的时候指出:也许柏拉图是希望人们看到即便少年朋友之间的关系也不是那么天真无邪的。参看 Plato's Dialogue on Friendship: An Interpretation of the Lysis with a New Translation, David Bolotin, Cornell University Press, 1979, p. 106。

6 苏格拉底与梅尼克齐努斯的第一次谈话(211D–213D)

苏格拉底说,当他开始转向与梅尼克齐努斯谈话时,他首先对自己早年的经历做了一个简单的说明。他说自己从小就对别人追求的那些可爱之物没有兴趣,他只想找到一个好朋友,苏格拉底甚至说,相对于大流士的黄金或者是大流士本人而言,他更想得到的是一个好朋友,但是他却从未如愿。所以当他看到吕西斯与梅尼克齐努斯这对好朋友时感到非常吃惊和羡慕,他想知道究竟一个人怎样才能成为另一个人的朋友。苏格拉底认为梅尼克齐努斯肯定有经验,因此他问梅尼克齐努斯,当一个人爱上另一个人时,究竟是爱着的人还是被爱的人变成了朋友。在此我们可以先稍稍对比苏格拉底对梅尼克齐努斯和对希波泰勒斯的说法的不同。

苏格拉底对希波泰勒斯说,他具有一种能力,能够马上看出爱者与被爱者,后来又说他还能够知道如何猎捕那被爱者;苏格拉底对梅尼克齐努斯则说,他具有一种爱好,即对朋友的热爱,但缺乏追求朋友的能力。结合这二者我们可以说,要么苏格拉底同时具有爱的能力与兴趣,要么他两者都不具有。事实证明苏格拉底是同时兼具二者的,但为何他要岔开说呢?这或许是因为,他必须对希波泰勒斯表现得自己对被爱者没有兴趣,希波泰勒斯才会把吕西斯交到他的手里,而对于梅尼克齐努斯,他又需要表现得缺少技艺,以此向梅尼克齐努斯示弱,这样才能获得梅尼克齐努斯初步的信任①。

---

① 友爱中有一个特有的现象,是爱欲所不具备的,即友人并不会完全合为一体,甚至也不追求这样的状态。这与爱欲的追求不同(想想喜剧家笔下的"圆球人"隐喻)。友人可以离开,然后再回来(这是不是"梅尼克齐努斯离开吕西斯去参加其他活动,然后回来再参加谈话"所要表达的一个含义呢?);可以好得如胶如漆,但是又有纷争(这是不是吕西斯与梅尼克齐努斯的关系所象征的呢?)。在有的学者看来,友谊因此是政治共同体的更好象征。参看 Friendship and Community in Plato's Lysis, Mary P. Nichols, The Review of Politics 68 (2006), p.3.

苏格拉底说，针对他的问话，梅尼克齐努斯回答说他觉得只要一个人爱着另一个人，那么两个人就互相成为朋友。苏格拉底问，如果被爱者对爱者并无好感，那么是否他们互相还是朋友呢？梅尼克齐努斯否认了这个说法。苏格拉底又说，只有在两者互爱的情况下，他们之间才能互相称为朋友。梅尼克齐努斯肯定了这个说法。苏格拉底接着问，是否一个人的爱没有得到回报，他就不能称为拥有朋友？依据之前的意见，梅尼克齐努斯认同了这个说法，这时苏格拉底举出了一首诗歌作为例证，说"幸福的人，拥有着亲爱的孩子们与骏马和追逐的猎狗，还有异乡来客"（*Olbios, ho paides te philoi kai monyches hippoi kai kynes agreutai kai xenos allodapos*）。苏格拉底将其中的"可爱的"（*te philoi*）一词读为"朋友"，以此证明单向度的爱也能给人带来朋友。但接下来苏格拉底又证明说，如果单向度的爱能带来朋友，那么很可能"如果被爱者而非爱着的那个人是'朋友'的话，那么许多人都被他们的敌人所爱，被他们的朋友所恨，是他们的敌人的朋友，又是他们朋友的敌人"（213B）。于是，苏格拉底认为单向度的爱也不可能使得爱着的人成为被爱者的人的朋友。由此苏格拉底就将关于单向度的爱与双向度的爱的各种可能都一一列举了出来，证明在各种情况下，爱者与被爱者相互之间都不能称为朋友。苏格拉底最后问梅尼克齐努斯是否还有其他可能，梅尼克齐努斯直爽地回答说，没有了。

让我们对这段话稍作分析。苏格拉底首先证明了单向度的爱不能使得爱者与被爱者之间任何一个成为朋友。因为与单向度的爱对应的可能是单向度的恨。单向度的爱是对对象的捕获与占有，似乎认为只要去爱，就必然有爱的对象的存在，而且这个爱的对象也必然要承受这份爱。苏格拉底则揭露了这幅众所周知的假象。

是否双向度的爱就一定会使得双方变为朋友呢？乍看上去情况似乎是这样，但是只要稍加思考，就会发现双向度的爱极有可能是单向度的爱的叠加，因此这种看似你爱我、我爱你的爱，实际上乃是一种互相占有、相互利用的关系。我们可因此成为虚假的互爱，在其里面是一种相互的恨意，这就好似希波泰勒斯与克特西普斯之间的关系。苏格拉底在此并没有深入谈到这种可能，而是将其避开，重新又来谈单向度的爱。

苏格拉底假借诗人的诗句，恢复了单向度的爱赢得朋友的能力。他提到了六种单向度的爱，对马、鹌鹑、狗、酒、运动、智慧的爱①，这些单向度的爱的对象都不能回报以爱，然而这些爱者却都将其当作自己可爱的朋友。苏格拉底由此提出了一种有别于占有式欲爱的兴趣式的爱。这种爱并不以占有为目的，其效应并不在于以占有爱的对象而获得满足，而是在爱的行为本身之中。然而这种爱仍然是一种单向度的爱，它并不能避免爱的对象对其的恨意。这种爱虽有别于欲爱，但它仍然只能获得虚幻的友谊。苏格拉底举出的例子值得注意，他说父母对孩子单向度的爱，却会引来孩子的恨意。这就需要我们对前后的两种恨意也有所区别。与欲爱所对应的恨意，是一种对强力的抗拒；而与父母之爱对应的孩子的恨意，往往乃是一种对父母之爱的不理解。吕西斯对希波泰勒斯纠缠的讨厌与他对其父母的抱怨不可同日而语，后者随着时间的推移可能就会被吕西斯理解。

随着苏格拉底穷尽了各种可能，这个关于谁是朋友的问题看似就走进了死胡同，这时梅尼克齐努斯却表现得无动于衷。他对于得不到一个恰当的答案没有感到任何遗憾。苏格拉底接受吕西斯的委托本来打算稍稍惩罚一下梅尼克齐努斯，这时他却发现此人有些油盐不进。梅尼克齐努斯只热爱争论，却对争论的结果是否跟自己

---

① 苏格拉底谈到了作为单向度的爱的对智慧的爱，即爱智慧(philo - sophos)。这似乎说明对智慧的爱并非一种欲爱，不是占有智慧。然而他却提出了一个疑问，如若智慧本身不能回报以爱，那么我们能说自己是智慧之友吗？

有关毫无意识①。这似乎是摆在苏格拉底面前的一道难题。如果一个人没有对自身利益或者珍爱之物的兴趣,苏格拉底如何去诱捕他、影响他呢?

7 苏格拉底与吕西斯的第二次谈话(213D – 215C)

让人意想不到的是,此时正是吕西斯使苏格拉底免于尴尬,也使整部对话的悬念继续保持、推进得以继续。梅尼克齐努斯对苏格拉底与他的讨论的结局毫不在乎,这时吕西斯却忘了这一场对话乃是他要求苏格拉底对梅尼克齐努斯所进行的惩罚②,情不自禁地插话了。

苏格拉底说,当梅尼克齐努斯爽快地承认没有任何其他关于朋友的本质的可能说法后,苏格拉底提出,讨论之所以陷入失败可能是因为刚才他们谈论的方式出错了。就在这时吕西斯插话进来说,他也认为确实是错了。苏格拉底说,"他(吕西斯)这么说的时候却脸红了。在我看来,他这句话是脱口而出的,因为他全神贯注于我们的对话,很显然他一直都在仔细倾听。我想让梅尼克齐努斯歇口气,也很为另一个人(吕西斯)对智慧的爱感到高兴,因此我转而与吕西斯进行讨论。"(213D – 213E)。吕西斯的脸红表明他沉入了对话之中,忘掉了这乃是对其朋友的"惩罚"。因此当他情不自禁插话

---

① 苏格拉底与梅尼克齐努斯的这段谈话,被许多后来学者视为是苏格拉底对小朋友耍智术诡辩。参看 Plato's Lysis, Terry Penner、Christopher Rowe, Cambridge University Press, 2005, p. 58;并参看 Plato and Aristotle on Friendship and Altruism, Julia Annas, Mind, New Series, Vol. 86, No. 344 (Oct., 1977), p. 551。那么,是否认为梅尼克齐努斯的漠然无动于衷只是表明了他认可自己在辩术上远远不如苏格拉底而已。但是他不认为讨论的内容(友谊)受到了任何真正的打击。

② 此处或可区分两种对于"我"的态度,梅尼克奇努斯对谈话的主题与结果与"我"是否有切身关系并不在意,他只在意"我"是否能主宰谈话,这是一种"忘我";吕西斯忘记了这场谈话目的在于惩罚梅尼克奇努斯,他情不自禁地插话,这是另一种"忘我"。这或许又会引发我们思考两个基本性的哲学问题,其一,我是谁? 其二,什么是忘记?

时,就意识到自己已经破坏了之前的布局。苏格拉底与梅尼克齐努斯的讨论没有触及梅尼克齐努斯的心灵,却触动了吕西斯的心灵。吕西斯把自己情况的思考带入到讨论之中了。我们知道吕西斯被其父母宠爱,他也以其父母为荣,而苏格拉底在前面的讨论中却向他揭露出父母与他之间隐藏着的敌意,如若他因为无知而无用,那么这种父子的友爱关系就会受到威胁。他当时被苏格拉底突然来袭的论证所俘获,现在细想就会觉得其中存在问题,再结合倾听苏格拉底与梅尼克齐努斯的谈话,他心中的疑惑就会更大。他无法相信自己与父母之间的友爱是不存在的。苏格拉底向梅尼克齐努斯证明,"许多时候一个朋友是非朋友(non-friend)的朋友,甚至是敌人的朋友,当他爱着的那样东西并不爱他,甚至还恨他的情况下;而有些敌人是非'敌人'的敌人甚至是朋友的敌人,当他恨着的东西并不恨他,甚至他所恨的东西反倒爱着他。……如果爱着的那个人不是朋友,被爱的那个也不是朋友,爱着又被爱的那个也不是朋友。我们是否能说除此以外,还有其他类型的人能够彼此成为朋友呢?"(213C)只要我们将吕西斯所在乎的父母与他之间的关系带入其中,我们就能理解到这种论断对吕西斯的冲击有多大①。

　　谈话进行到这里,苏格拉底已经对吕西斯与梅尼克齐努斯两人的品性有了进一步的了解。既然吕西斯已不在意是否惩罚梅尼克齐努斯,那么苏格拉底也就无需继续与对论证的结果漠不关心的梅尼克齐努斯谈下去。看来一个人如若沉浸到对智慧的友爱之中,这种爱就能使他摆脱恨意,使他的心灵得到初步的净化②。

　　苏格拉底说,这时他不再从爱之行为入手讨论,而是追溯交友的原因,即究竟是因为相似还是相反会引发交友。他首先讨论相似

---

① 父母爱着孩子,孩子却不理解父母、恨着父母。对于父母而言,孩子是他们爱着的"敌人";对于孩子而言,父母是爱着他们的"敌人"。

② 相对于第一次与吕西斯谈话中的虚拟的"解放"(lysis),这一次心灵的净化,可算是第二次"解放"。

的情况。为此,他引入了诗人们关于朋友的说法。诗人说神把人们聚在一起,神使得相似者与相似者为友。他又说,那些研究万物本性的有智慧的人也持类似的看法。他于是问吕西斯是否认为这是对的。吕西斯认为可能是对的。苏格拉底却说这可能只对了一半,因为一个坏人和另一个坏人在一起是不可能成为朋友的。因此只有好人之间才能成为朋友。吕西斯接受了苏格拉底的这一说法。苏格拉底接下来说,如果好人意味着处于一种自我满足的状态的话,那么就不可能对另外一个人有任何的需求,也不会珍视另外一个好人,彼此之间不会相互思念,不会互相看重,这种好人之间的友爱似乎不能带来更多的益处。因此好人之间互相成为朋友又变得可疑了。这便是苏格拉底与吕西斯这第二次谈话的大概内容。

  苏格拉底在对话中所引的那句诗"神始终让相似者(like)接近相似者(like)"来自于荷马所作之《奥德赛》,原文中这句话是,"看呀,真是贱货专门帮贱货,上天总是把同一类的搞到一起"。(引自杨宪益译本。)说这句话的是美阑修(向潘奈洛佩求婚之人的牧羊奴),他嘲笑牧猪奴尤迈奥和扮作乞丐的奥德修。而苏格拉底所指的研究万物本性的爱智慧者,很可能是指恩培多克勒,他提出了爱与恨两种力量,作为其宇宙论的动力学解释[①]。吕西斯也许无法在第一时间对苏格拉底所说的话有明确的意识。在荷马的诗中,所谓相似者与相似者在一起,其语境说的乃是坏人与坏人在一起。而在恩培多克勒那里,友爱被当作一种宇宙学的原则,而非对人世间朋友关系的解释[②]。从这两个角度来理解苏格拉底与吕西斯当下语境中的友爱关系,必然会出现问题。在这种吕西斯并不完全清楚苏格

---

① 参阅亚里士多德《形而上学》,第一卷,第三章,【984a 5 - 10】;第四章,【985a 25 -30】。

② 柏拉图这里的描述从人与人之间的友谊跳到了宇宙中广大的、总而中性的事物之间的关系,被许多学者所注意到,比如参看 *Plato's Dialogue on Friendship: An Interpretation of the Lysis with a New Translation*, David Bolotin, Cornell University Press, 1979, p. 128。

拉底引文含义的情况下,讨论却能够得以继续,其原因在于吕西斯是按照自己的理解来对待苏格拉底的这次论证。

我们可以将苏格拉底与吕西斯的第二次谈话与第一次谈话连接起来,那么苏格拉底所说的"相似者为友",在吕西斯的理解中就是他与其父亲的关系。克特西普斯曾经说过,只要见到吕西斯本人,就肯定知道他是谁的儿子——吕西斯与其父德谟克拉特就是这样的相似者。吕西斯当然会承认相似者为友。然而,苏格拉底所说的相似者既可以是吕西斯与其父亲这样的父子相似者,也可能是像希波泰勒斯与克特西普斯这样臭味相投的相似者,因此当苏格拉底说一个坏人不能与另一个坏人为友时,在吕西斯看来这也是能够理解的。而当苏格拉底继续说道,只有好人才能相互为友时,吕西斯当然会对此完全同意,他当时就说,"绝对是这样"(214E)。因为他认为他和父亲理所当然都是好人。可是没想到,苏格拉底又把在第一次谈话中所揭示出来的问题再次提出,苏格拉底说如果好人是自足的,那么他们就不会有相互需要,不会相互看重,他们之间就很难成为朋友。简而言之,好人之间缺乏爱的动力[①]。苏格拉底的说法重复了在第一次论证中的主题:当时苏格拉底说,如果吕西斯没有知识,不能对其父母有用,那么父母就不会觉得他可爱(友爱)。

相似者看来不能成为朋友,尤其是相似的好人。

可以说,苏格拉底带着吕西斯重新回顾了他们之间的第一次讨论。然而这一次讨论不再有恐吓与煽动,也不存在腐蚀与诱捕。第一次谈话的主题是奴役与自由、无知与知识,而在这次谈话中,苏格拉底开始提及之前根本没有出现的字眼,"好人"与"坏人"。他开

[①] 这一说法不仅在分析哲学-康德哲学的现代伦理学和古典学研究中引发了激烈反弹,而且也受到神学背景的友爱论学者的质疑:神尽管是好之顶峰,但是他启示我们的,岂不是应当去爱那些最不配交友的人吗?参看 Friendship and Political Philosophy, James V. Schall, *The Review of Metaphysics*, Vol. 50, No. 1 (Sep., 1996), p. 125;并参看"The Problem of Reported Speech: Friendship and Philosophy in Plato's Lysis and Symposium," Catherine Pickstock, *New Blackfriars*, November 2001, Volume 82, Issue 969, pp. 536ff.

始谈到了好人的完满,以及坏人的不能自洽。他提供给吕西斯一个重新审视其父子关系的视角,而这个视角是他从未知晓的。如果父母是好人,而好人是完满的,那么无论吕西斯获得怎样的知识,都不可能让已经完满的父母获得任何好处。这就间接地否定了第一次谈话中知识的绝对作用。然而吕西斯又一直沉醉在与父母暖意浓浓的互爱之中,苏格拉底使他发现必须在其中加入一些异质的东西,才能使得这种互爱获得更为稳定的基础:在父母的宠爱之中吕西斯一直不知道自己是谁,苏格拉底通过向他询问究竟他与父母之间相互能有何获益,开启了对自己的认识。这种认识是朝向善好的。

8 苏格拉底与梅尼克齐努斯的第二次谈话(215C – 216C)

苏格拉底说,与吕西斯对"相似者为友"的讨论陷入困局后,他转而谈起另一种说法,即相似者之间无法为友,常常是为敌;反倒是相反者之间才因为相互需要而成为朋友。对于相似者之间的敌意或者妒忌,他举出的例证是赫西俄德的诗句"陶工与陶工为敌,歌手与歌手作对,乞丐看不起乞丐"①。关于相反者为友,他提出了某种类似于赫拉克利特的相反者相成的学说。苏格拉底询问两位少年如何看待这一新的观点,这次梅尼克齐努斯取代了吕西斯成为苏格拉底谈话的对象。

苏格拉底说,梅尼克齐努斯表示他很赞同这种观点。苏格拉底

---

① 柏拉图乃至柏拉图派在许多地方都思考这一问题。比如在柏拉图杂篇之《爱马者篇》(On Virtue)中可以看到柏拉图在讨论德性是否可教时,对于有德性的人未能教育出有德性的后代,提出的质疑就是:这不可能是因为有德性的人因为妒忌而不愿意与其他有德性的人共同生活,"就像厨师、医生和建筑师们好妒忌——这样他们就不会有任何对手。因为对他们而言拥有许多对手或生活在许多相似专业人士中间是没有好处的"(376.d)。柏拉图接下去问:是不是好人也认为生活在与他们自己相似的人中间没有好处呢?

没有将问题展开,而是直接问他,如果相反者为友,那么敌意与友爱是否最为相对呢("敌对"一词的希腊文原意是"面对")?朋友和敌人是否相互为友呢?梅尼克齐努斯承认了前者,否认了后者。苏格拉底继续问,是否正义者与非正义能成为朋友,节制者与纵欲者会成为朋友?梅尼克齐努斯对此否认。苏格拉底随后稍作总结说,看来相似者与相似者,相反者与相反者都不会成为朋友了。梅尼克齐努斯再次表示肯定①。

喜好争论的梅尼克齐努斯对种种冲突非常感兴趣,所以当苏格拉底说到相反者为友时,他的赞同并不会让人感到意外。苏格拉底与梅尼克齐努斯的第二次谈话在某种程度上也是对第一次谈话的回顾。单向度的欲爱将爱的主体与对象割裂开来,从而造成了两者之间的对立。这种对立特别表现在言辞方面,因为事物之间的区别在语言中要比实际上更加绝对。爱好(philo-)争论的梅尼克齐努斯恰恰又是言辞的爱好者,于是苏格拉底将梅尼克齐努斯所推崇的逻辑推到底,让他面对所导致的荒唐结果。不过,苏格拉底在与梅尼克齐努斯的第二次谈话中也谈到了正义与非正义、节制与纵欲。梅尼克齐努斯身上表现出来的对争论的热爱,很可能发展成一种诡辩技艺,其最大危险就是主张知识的绝对性,以此颠覆城邦政治的正义观。这种诡辩技艺是一种戴着理性与知识面具的欲爱的化身。梅尼克齐努斯因年少之故,对欲爱尚无切身的感觉,还未完全陷入其中,然而已经初露端倪,相当危险。吕西斯沉醉于互爱之中,对自身的善好没有意识;梅尼克齐努斯沉迷于争论之中,对自身的正义没有意识。苏格拉底通过分别与二人的第二次谈话,给予了他们初步的启发,使得他们能够开始懂得真正地关心自己。

---

① 不少学者认为这一段的讨论之所以陷入僵局,也是因为苏格拉底还是在使用诡辩智术。参看 Plato's Lysis, Terry Penner、Christopher Rowe, Cambridge University Press, 2005, p. 69。

9 苏格拉底提出"既不/也不"(216C – 218C)

苏格拉底说,当时他没有让整个讨论就此陷入僵局,他决定在诗人和自然哲学家的观点都被穷尽(为不成立)之后,提出自己的观点:"既不好也不坏"才是善好的朋友。这一苏格拉底观点刚提出来时,梅尼克齐努斯表示不明白是什么意思。苏格拉底于是解释说,因为他听说美是朋友(可爱的),又因为美是柔软光滑的,所以它容易逃离论证。而美又是一种善好。这就能推论出,朋友(可爱的)也容易逃离论证。苏格拉底谦虚地说他像一个预言家,不是自己有能力说出什么新观点,而是神在通过他发布一个关于既不好也不坏的神谕。其内容是这样的,一切存在的事物都可以分为三种:好的、坏的、既不好也不坏的。如果相似者之间、相反者之间都不能为友,尤其是好的事物不能和好的事物为友,那么就只剩下一种可能:"既不好也不坏者"与"好"为友。为了证明这个抽象的思想(预言),苏格拉底举出了一个生活中的例子。他说,假设身体处于健康状态,这时它就不可能成为医术或者医生的朋友。但身体如果生了病,它就会与医术或医生成为朋友。这需要假设身体本身乃是既不好也不坏的,并且还需要假定此时身体尚未病入膏肓而变成绝对的坏。由此我们可以做出一个一般性的推论:既不好也不坏的身体因为疾病的缘故,但又尚未彻底变坏时,便会与代表着善好的医术、医生为友。这就是苏格拉底在讨论和否定了"诗人和自然哲学家"的观点之后,由他本人提出的第一个关于友爱的定义①。

苏格拉底的这个定义是一种对友爱的结构性描述,它体现了苏

---

① Bolotin 指出苏格拉底在其他地方比如《高尔吉亚篇》(467e – 468a)也提到过类似的思想,这就是所谓"居间者"(*ton metaxu onton*)。参看 *Plato's Dialogue on Friendship: An Interpretation of the Lysis with a New Translation*, David Bolotin, Cornell University Press, 1979, p. 145。

格拉底思想的特点,即关涉到价值和心灵。它的提出立刻带出了三个明显的问题。第一,这似乎将友谊的原因视为是自私或者功利考虑。现代著名柏拉图学者 Vlastos 就曾经指出柏拉图的友谊观太自私了①。第二,身体处于既不好也不坏的状态,这是健康的状态,那么健康本身究竟算好还是坏? 在第一次的定义中苏格拉底没有将健康算作善好,而把能够使发生疾病的身体恢复到健康状态的医术、医生作为了善好。这就为后来他所提到的第二个定义埋下了伏笔,这里存在着目的与手段的区分。第三,苏格拉底还面临着一个更麻烦的问题,他需要说明两种"变坏"的区别,一种是既不好也不坏因为坏的介入而完全变坏;这时既不好也不坏就变成了坏,无法与善好为友,因为坏不会与好为友;一种情况是既不好也不坏虽有坏的介入,但仍然没有完全变坏;这时因为坏的介入,它产生了对好的需要,就会成为好的朋友。在苏格拉底的这段叙述中,实际上已经将一种心灵的概念加入到存在之中。他最开始区分的三种存在,好、坏与既不好也不坏,都没有自我意识,但当他说到既不好也不坏因为坏的介入而产生对好的友爱时,这种能意识到自身的坏,并且不让自身完全变坏,反而试图扭转变坏的趋向,转而向善好的能力,就类似于一种心灵的能力。这也是苏格拉底在《斐多》中谈到他早年经历时所涉及的心灵问题。

然而,苏格拉底在这里为所谓"变坏"的两种可能情况举出的例证,更让人感到奇怪。苏格拉底说,当时他对梅尼克齐努斯说,如果有人用白色的粉末涂抹到梅尼克齐努斯金色的头发上,头发会变成白色还是显出白色。梅尼克齐努斯说会显出白色,因为白色的粉末

---

① Vlastos 的批评在学界曾经激起了许多回应。比如 Price 就说:完全不考虑友人双方的需求的友谊是没有立足点的。参看 *Love and friendship in Plato and Aristotle*, A. W. Price, Clarendon, 1989, p. 13。Penner 等人解读翻译《吕西斯》的著作也专门拨出一章从语言分析哲学的角度出发回应 Vlastos。*Plato's Lysis*, Terry Penner, Christopher Rowe, Cambridge University Press, 2005, pp. 280ff。

并没有使得金色的头发本身变白;苏格拉底又说,当老年使得人的头发变白时,这时头发是变成白色还是显出白色。梅尼克齐努斯说会变成白色,也会显出白色。苏格拉底就用这两个例子来区分"变坏"的程度。他所举出的例证与他随后的说明存在着种种矛盾,其中最大的矛盾是头发没有自我意识:被抹上白色粉末的头发,自身无法去除这些白色粉末;而因为老年所带来的头发变白,就算头发具有自我意识,也不能通过使其停止变化,或者是从白色变回金色。前者说明了存在与意识(心灵)的分离,后者说明了意识(心灵)的有限性。不过,这里最让人觉得奇怪的是,为何苏格拉底要举出这样两个看似不恰当的例子呢?

这或许只能从这篇对话的读者的角度来分析。我们可以这样假设,如果将梅尼克齐努斯本人用他金色的头发来代替,那么他目前这种性格(好争论却又不关心争论的结果与自己的关系),就类似于克特西普斯给他涂抹上的白色粉末。据相关资料说明,这里的白色粉末很可能是指铅粉,而这些铅粉往往被用来做妇女的化妆品[①]。这似乎代表着克特西普斯对梅尼克齐努斯的影响,使他这个少男染上了像女人那般好争论的脾性。然而苏格拉底又说,这种影响仅仅只是使得头发显出白色,并没有将头发变白。只要金色头发的主人醒悟过来,用手将那些白色的粉末抹去,那金色的头发又将显现出来。因此这个例证在读者的角度就能看出其在情节中的意味,而一旦梅尼克齐努斯通过回忆具有了某种自我意识,那时他也能从这个例证中体会出苏格拉底的良苦用心。

如果以这样的方式来理解,苏格拉底的第二个例证更是意味深远。那个领悟到自己金色的头发被白色粉末沾染的梅尼克齐努斯,在抹去那白色粉末之后,却不能阻止老年使得自己金色的头发变

[①] 参阅《美诺与其他对话》,柏拉图著,罗宾·沃特斐尔德译注,牛津大学出版社2005年版,第166页,关于ceruse的注释。

白,这说明自我意识具有自然的限制,它无法改变时间。在吕西斯与苏格拉底的第一次谈话中,当他被苏格拉底问到为何其父母不给其任意活动的自由,吕西斯回答,那是因为还没有长大。因此"时间"在此就具有了双重意味,首先乃是一种自然的限制,人老了头发变白(甚至,这里还暗示着人难免一死);其次,乃是一种人为的限制,人长大了才能获得成人的自由。这两种限制代表了两种正义观,而后者以前者为基础。再反过来看前一次苏格拉底问话中所举出的"知识"概念,就会了解到这种"知识"乃是对这两重正义观的同时突破。前一次谈话中,苏格拉底告诉吕西斯只要掌握了知识,就能突破时间的限制,不必长大也能任意行动。而在这里苏格拉底却通过这个例子表明,任何的知识都无法突破自然之限制。人会变老,头发会变花白。

我们将这段对话的情节与论证结合在一起,做更大胆的理解,可以把"既不也不"看作少年人懵懂无知的状态,而所谓的坏的介入,可能就是类似于希波泰勒斯对吕西斯的纠缠,以及克特西普斯对梅尼克齐努斯的影响。两位少年人虽然已经接触到了这些青年人不好的影响,但尚未发生本质上的改变,他们的心灵(自我意识)此时还未完全觉醒,他们只感到了有些难受(吕西斯对希波泰勒斯的厌恶,吕西斯对梅尼克齐努斯好争论性格的反感),或者还没有什么太多感觉(梅尼克齐努斯没有感觉到自己好争论的性格意味着什么,也不打算从争论中获得什么与自己相关的益处)。而苏格拉底本人就是他叙述中所谓的那个医生,这个医生因为坏的介入,而成为了原本既不好也不坏的少年人的朋友。因此我们看到,这个定义具有强烈的针对性。通过这个定义,苏格拉底已经使得两位少年完全赞同自己,把他当作了朋友。反过来说,苏格拉底的猎爱技艺已经使得他同时俘获了两位少年。然而对话情节的转折点也就发生在这里。当读者们都以为悬念已经完全解开,两位少年人都已经被苏格拉底分别从希波泰勒斯与克特西普斯那里夺过来,苏格拉底已经成功地捕获了自己的猎物,这时,苏格拉底似乎开始反思,自己是否是自己的猎物,或者自己是否被自己的猎爱技艺所迷惑。

苏格拉底说:"我自己呢,也感到非常高兴,就像某些猎手那样,对捕获的猎物满意无比。就在这时,不知道为什么,一种奇怪的怀疑溜进了我的脑子里,我觉得刚才我们所赞同的不是正确的,于是立刻焦虑地说,'哎呀,吕西斯与梅尼克齐努斯,我们刚到手的财富恐怕只是一场梦啊!'"(218C)

10 苏格拉底提出"第一朋友"(218C – 220A)

苏格拉底并未将自己的观点当作绝对真理,即便它看上去要比诗人和自然哲学家的观点更高明。实际上他立刻陷入自我质疑。这表现为他忽然意识到自己有可能被自己的猎爱技艺俘获了。

一开始,因为两位少年人遇到了坏的影响,掌握心灵(自我意识)治疗术的苏格拉底就成为了他们的朋友。这是较高层次的猎爱技艺,这种猎爱技艺深藏于关于心灵(自我意识)的知识之中。但是苏格拉底本人却不能从中获得好处。因为他不能从这个定义中获得他所宣扬的一直在寻觅的朋友。苏格拉底如果是既不好也不坏的话,他遇到了什么坏的介入,又需要谁来作为他的朋友来医治自己呢?看上去,能够医治苏格拉底的人只能是他自己。既不好也不坏的苏格拉底,因为要诱惑少年人,他展示出自己超凡的猎爱技艺,在这个过程之中他的猎爱技艺作为一种知识对他本人造成了蒙骗:对自己的无知,作为一种坏,介入了苏格拉底。这时他需要一个能够使得他意识到自己无知的医生的帮助,这个医生就是他自己,自知无知,也就是哲学①。

苏格拉底说,当时他与梅尼克齐努斯继续讨论,如果既不好又不坏的身体,因为疾病的缘故,成为了医术的朋友,那么医术乃是一件好的事物,但这是为了健康的目的,医药技术才成为友爱的对象。而健康本身乃是一件好的事物。这样一来就出现了两个好的事物,即医药技术与健康。苏格拉底将健康当作友爱的目的,而将医药技术当作友爱的手段。医药技术作为手段,相对于健康作为目的,就是次一级的朋友。手段因目的的缘故而获得友爱的性质,而健康本身又可能是更高一级目的的手段。苏格拉底于是推论说,应该存在一个最高目的的"第一朋友",它使得序列中的所有次级手段都成为了友爱的对象②。讨论至此,梅尼克齐努斯对苏格拉底的这些说法都感到逻辑清晰有力,深表赞同。

然而,梅尼克齐努斯没有看出苏格拉底匆匆跳过的论证中的问题。如果医药是一种善好,而健康也是一种善好,那么当身体处于既不好也不坏的状态之中时,身体究竟是不是健康的呢?或者既不好也不坏是不是一种非健康状态呢?既不好也不坏的状态如果等同于健康,那么健康本身就是既不好也不坏的。由于坏的介入,身体需要依靠医药技艺的帮助恢复健康,在这时,健康就成为了一种好。也就是说,坏的介入,使得原初的既不好也不坏转变成了一种好。而这种由既不好也不坏转变而来的好,最后可能会成为绝对的

---

① 人被自己的知识所迷惑,被自己的技艺所控制,这就是知识体系带来的异化。而哲学的一个功能就在于揭示这种迷惑,解除这种控制。柏拉图所表现的这一段情节,具有非常广泛的隐喻意味,许多欺骗别人的人,在无数次地宣讲这些谎言,特别当这些谎言看似是一个系统、科学的知识体系时,最终他自己就陷进去了,被自己的谎言所俘获。

② 反过来,苏格拉底说:这些手段性的朋友都不是真正意义上的朋友。我们平常的朋友和朋友观可能都错了。当然,这样的话能说到怎样的份上,学者在文本中寻找各种依据。McTighe 认为从希腊文看,苏格拉底并没有把手段性的朋友贬为假的朋友,只是说与真朋友不可相提并论;但是常人多误以为它们就是真朋友。参看 *Nine Notes on Plato's Lysis*, Kevin McTighe, *The American Journal of Philology*, Vol. 104, No. 1 (Spring, 1983), p.81。

好。这就同时证明了绝对的坏的存在。如果没有绝对坏的存在,绝对好的存在就是不可思议的。因此苏格拉底最初设下的三种存在状态,好、坏与既不好也不坏,就变成了两种,即绝对的坏与既不好也不坏。这个被苏格拉底跳过的问题,又为后来的讨论埋下了伏笔。"第一朋友"的定义尚未成功建立,其根基就是不稳固的①。

苏格拉底为"第一朋友"举出的例证更加让人触目惊心。苏格拉底说,当时他给梅尼克齐努斯举出了这样一个例子。他说,当一个人发现自己的儿子喝了毒药,而他又认为酒能化解毒药,救他儿子的命,这时此人就会把酒当作朋友,顺着这个逻辑,他还会把盛酒的容器也当作朋友,如此类推,这一切的一切都会因为他儿子的生命处于危机之中,而成为他的朋友。苏格拉底又说,我们平时看重金银,并不是因为金银的缘故,而是因为某个最终的目的,而这个目的肯定是存在的,正是这个目的使得我们想要去占有金银。梅尼克齐努斯对这两个例证都表示同意。

根据苏格拉底所举的第一个例子,我们可以把"儿子"看作是吕西斯。平日里父母对吕西斯宠爱有加,然而却禁止他做某些事情。又让教师教授他知识,希望他能够变得更加优秀。这时吕西斯是既不好也不坏。然而一旦吕西斯不小心喝下了毒药,他的父母就会将他的生命看得高于一切,这时之前那些阻止他变好或变坏的规则就全失效了。毒药作为一种坏,它介入既不好也不坏的吕西斯的程度是如此之猛烈,这种介入打破了苏格拉底在上文中对两种不同介入的区分。毒药的侵害,不是涂脂抹粉,而是直接要命;它也不像时间使得头发自然变白(或者人由于时间推移的自然死亡),而是一种非自然的介入力量,它又具有类似时间般的不可逆转的性质。相对

---

① 这个既不好也不坏的状态,可对比近现代政治思想家所设定的人的最初状态。人性最初是既不好也不坏,后来被文明所败坏(如卢梭,在古典时期则是伊壁鸠鲁);又可对比基督教思想对人性的解读,人在伊甸园中,本是无善恶之分的,因蛇的诱惑而堕落,又因上帝的拯救,开始有了对善的追求。

于涂脂抹粉的介入,毒药是猛烈的,触及根本的;相对于时间的介入,毒药是非自然的,外在的。由此可见,作为突然事件而介入的死亡,将打破苏格拉底所做的关于友爱的第一个定义,同时它也打破了在前两个例证中对自我意识的描述。这种自我意识的发现,并非来自对抹去头发上些许白色粉末的需要,也不是来自对自然死亡的顺从与接收,这种自我意识的苏醒对应着对死亡的思考。死亡在此变成了绝对的恶,正是这个绝对的恶,使得原来既不好也不坏的吕西斯的身体,成为了绝对的善,使他超过了之前作为手段的医药技艺,变成了所谓"第一朋友"①。

我们还需要思考一下这个"儿子"跟苏格拉底有什么关系。如果我们仍然把"儿子"当作吕西斯,那毒药很可能就是苏格拉底。在父母的宠爱下,吕西斯平日或许表现得非常乖巧,或许表现得像斯瑞西阿得斯的儿子斐狄庇得斯那般恃宠而骄。其父母可能对他很满意,因为他学会了某些技艺,表现得很优秀;也可能对他非常恼火,因为他吊儿郎当、不务正业。总而言之,在一般的状态下,吕西斯这个"儿子"本人的生命并没有摆在其父母所认为的价值序列的最顶端。然而一旦当类似苏格拉底式的智术师出现了,特别是那种具有非凡猎爱技艺的智术师的出现,就可能对其儿子造成恶劣的影响。这就好像在《云》中,斐狄庇得斯被送到思想所里接受了某些教育一样,斐狄庇得斯竟然据此认为儿子打老子有理,还要连同母亲一起打。在这个时候,吕西斯的父亲就会因为毒药(苏格拉底式的智术师)的出现,而将吕西斯本人的生命(一般状态)当作最高的价值。斯瑞西阿得斯的表现就是如此,他本来打算送儿子去思想所学习以变"好",然而当儿子学会诡辩术声称要打老子有理以后,斯瑞西阿得斯就后悔了,他宁愿要一个吊儿郎当的坏儿子,也不要一个

---

① 横死作为绝对的恶,与之相对应的生命作为一种绝对的善,此处可对比于霍布斯之《利维坦》。

理直气壮打老子的"好"儿子①。如果这个对比可行的话,在苏格拉底所举的例子中作为解药的酒,就是阿里斯托芬《云》中的"云神"。云神实际上所指的乃是诗人的言辞,这些言辞具有迷惑的性质,就好像美酒一般。对于哲人而言,这些言辞似乎能够消解哲人的毒性,或者把哲人思想中的毒性包裹起来。而对于常人而言,这些言辞能够迷惑自己,自我欺骗,推卸责任,在《云》中斯瑞西阿得斯就将自己儿子的堕落完全归之于思想所里的苏格拉底,于是他假借云神的名义,将思想所烧毁。斯瑞西阿得斯根本没有想过自己有任何过错,就好像稀里糊涂的父亲真的认为酒能解毒一样。

如果苏格拉底(苏格拉底式的智术师)被爱护儿子的父亲看作是毒药的话,那么我们就必须谈谈苏格拉底本人与毒药的关系,而这一点才会真正涉及到死亡是不是一种绝对的恶。哲学是苏格拉底的心爱之物,平日里他研究哲学的行为似乎既不好也不坏,虽然有人嬉笑有人责骂,但总也不会危及哲学本身的存在,当然也不会危及苏格拉底的生命,因为二者是一体的。只有当城邦判定苏格拉底有罪,并让苏格拉底服毒自尽时,哲学活动本身的存在以及苏格拉底的生命才成为首要的问题。按一般的看法,哲学是对智慧的追寻,而当城邦(政治)的突然介入,使得哲学本身的存在陷入危机时,哲学思考的对象就从原来的目标,转向了哲学本身②。

结合上述论点,这就存在着一种多重的转换:作为"儿子"的吕

---

① 参阅阿里斯托芬《云》,1407 – 1409。

斐狄庇得斯:我懂得了这种新的技巧和美妙的语言,能够藐视那些既定的法律,这真是一件痛快事!记得从前我只爱玩马的时候,我说不上三个字就要闹笑话;可是如今他改变了我的生活,叫我去留心巧妙的思想和语言,我相信我可以证明儿子应该打父亲。

斯瑞西阿得斯:凭宙斯起誓,你现在快去玩马吧,我宁肯替你养四匹马,免得在这儿挨打受罪。

——引自《罗念生全集·第四卷·阿里斯托芬喜剧六种》,【古希腊】阿里斯托芬著,罗念生译,上海人民出版社2004年6月第1版,第207~208页。

② 参阅"论《吕西斯》",伯纳德特,载《情节的论证》,【美】伯纳德特著,芝加哥大学出版社2000年版,第224页。

西斯与苏格拉底心爱的哲学活动,看上去都是既不好也不坏的,然而哲学活动所发生的某种影响竟然使自身变成了毒药,使得作为"儿子"的吕西斯在父亲的眼中变得生命垂危。因此象征着父亲的城邦,决定对这种毒药做出惩罚,他们决定让毒药不再存在,以毒攻毒。如此一来,哲学活动就使得自己处在危机之中。在这种情况下,哲学活动本身的存在而非其追求的目的,变成了哲学活动的实行者的"第一朋友"。所以,既不好也不坏的"儿子"(吕西斯,或青少年),就是在碰到了原本是既不好也不坏,然而却已经变坏了的哲学活动后,变成了"父亲"(德谟克拉特,或雅典城邦)的"第一朋友"。那么既不好也不坏的哲学活动,怎么会变成一种毒药的呢?或者它是因为怎么样由于坏的介入而成为毒药的呢?既不好也不坏的哲学,正是因为没有看到政治对它的威胁性,或者没有觉察到自身对政治的颠覆性,从而使自身成为了一种政治(父亲、城邦)眼中的毒药。也就是说,如果此处存在着"第一毒药"的话,那这种毒药就是哲学对自身性质的无知。这也就是说,对于哲学而言,终极毒药就是无知。

原本既不好也不坏的哲学活动①,因为无知的介入,变成了一种毒药,这种毒药使得既不好也不坏的城邦少年面临被腐蚀的威胁,所以城邦决定惩罚哲学活动,终止它的存在,因此这种毒药本身又反过来作用于哲学活动本身,使得哲学活动处于城邦的威胁之中,对于这一毒药最有效的解药,却又仍然来自哲学活动本身。因为哲学活动就是要自知其无知,必须将既不好也不坏的哲学,变成一种关心自身存在与善好的哲学,而这种哲学就是政治哲学。这也就是为何有论者指出,政治哲学乃是第一哲学的缘故②。

---

① 所谓"既不好也不坏"的哲学,或许就是认为能够脱离价值判断的哲学,如前苏格拉底的自然哲学。
② 参阅"为什么是政治哲学?——或回答一个问题:哲学何以要转向政治?",海因里希·迈尔/文。

由此我们看到,对于哲学而言,死亡并非绝对的坏,真正的坏乃是无知。死亡是生命中的自然事件,无论是自然的死亡,抑或是意外死亡。雅典城邦认为死亡是绝对的坏,因此将这种坏作为惩罚加之于苏格拉底,苏格拉底将毒芹汁饮下,在结束自己生命的同时,使自己成为一个哲学活动无法避开的基本问题。苏格拉底的死,横亘在后世所有研习哲学的学人面前,使他们得以认真思考哲学本身的善好,避免那最根本的无知,将哲学本身的善好带入到哲学思考之中,由此使得哲学活动能够得到保存、流传。对于雅典城邦而言,苏格拉底死了,城邦留存下来了。对于哲学而言,苏格拉底死了,哲学活动留存下来了。对于苏格拉底而言,他生活过,思考过,然后以自己能够选择的最好的方式离开了人世。

苏格拉底的死,向人们展现了城邦与哲学活动在各自的价值取向上的差异。城邦认为最大的坏是死亡,哲学活动认为最大的坏乃是无知。因此城邦的"第一朋友"就是生命的保存,而哲学的"第一朋友"却是智慧。苏格拉底所举的第二个例子,对此是一个补充式的解说:他说我们追求金银并非以金银本身为目的,而是为了更高的追求。可是这个世界上确实存在着以金银本身为目的的守财奴。金银是尘世生活的价值通货,城邦追求的一切价值都可以兑换成金银,而通过金银又能兑换出城邦的所有类型的价值。只有一种价值是超越金银的,并且无法用金银来兑换,那就是智慧与对智慧的爱①。

---

① 《吕西斯》的论证似乎否认了好人与好人之间、不好不坏者相互之间可能成为朋友,而唯有不好不坏者希望与好成为朋友。Haden 指出,其实也可能有这样的情形:好人们(即便不是像神那么好)之间,因为共同拥有、分享至善,而成为友人。事实上,此时个体之区分已经不是那么大,大家都存在于统一的伟大至善之中了。参看 *Friendship in Plato's Lysis*, James Haden, *The Review of Metaphysics*, Vol. 37, No. 2 (Dec., 1983), p. 353。

11 苏格拉底提出欲望作为友爱的原因(220A – 222B)

苏格拉底讨论"第一朋友"时所举出的例证,其实已经动摇了"第一朋友"的存在。因为从这个例证可以看出,"第一朋友"会因为外在因素的介入而发生变化①。在正常状态下,一个既不好也不坏的身体本身并非"第一朋友","第一朋友"分离于这个既不好也不坏的身体;在非正常状态下,既不好也不坏的身体本身成为了"第一朋友","第一朋友"结合在这个既不好也不坏的身体之中。

苏格拉底说,他问梅尼克齐努斯,如果因为坏的介入,我们产生了对好的需要,那么当坏不再存在时,我们是否继续需要好?梅尼克齐努斯回答说,如果坏已经不存在了,好也就没什么用处。苏格拉底于是说,那么"第一朋友"作为一种好,就跟所有以"第一朋友"为目的的朋友的性质是相反的。次一级的朋友之所以成为朋友乃是因为有"第一朋友"存在的缘故,换句话说,低级别的好的存在意义来源于高级别的好,而最好级别的好则规定着整个好的序列的存在意义。然而,"第一朋友"本身存在的理由,则来自于坏的存在。如果没有坏的存在,"第一朋友"的存在就没有意义了。

为了使论证不陷入僵局,苏格拉底立刻又给出了另一条解决的思路。苏格拉底说,他当时提出:如果坏不存在了,是不是饥饿与干渴就不再存在了。或者说,这些欲望还存在,但是已经不再是坏的欲望了。苏格拉底这就提出了一种既不好又不坏的欲望。这种既不好又不坏的欲望,去除了坏的存在,而它所欲望的对象,就是这种欲望的朋友。苏格拉底又说,欲望总是对其缺乏之物的欲望,而缺乏之物,又是本来属于其自身的。因此,既不好也不坏的欲望其对象乃是本来属于

---

① 许多读者都认为"第一朋友"就是柏拉图在《理想国》中所说的"至善"。但是对此观点可能要非常小心,因为柏拉图本人并没有这么说。参看 *Plato's Lysis*, Terry Penner、Christopher Rowe, Cambridge University Press, 2005, pp. 125 – 6。

自身之物。由此推论,苏格拉底声称,朋友的关系源自于"属于"(belong to)。所谓朋友就是相互彼此属于。对这样一个结论,吕西斯和梅尼克齐努斯一致赞同。苏格拉底又问:"那么,当一个人欲望着另一个人时,……孩子们,或者对他有着强烈的感情时,如果他不是以某种方式属于他所爱的对象,不管是在灵魂上还是灵魂的某种特性上,或是行为方式或是类型上,就不能说他是在欲望着或爱着的吧?"(222A)对此梅尼克齐努斯表示同意,而吕西斯默不作声。苏格拉底又问,是否那些自然属于我们的东西,我们就会去热爱?梅尼克齐努斯对此也表示同意。苏格拉底于是说道:"那么在这种情况下,那些真正的而非虚情假意的爱人,就必然会被他所爱的人爱着了。"(222A)对于苏格拉底的这个说法,梅尼克齐努斯与吕西斯都只是勉强同意,而最高兴的人却是在一边观看的希波泰勒斯。

苏格拉底所谈到的困难在他提出存在的三分性质时就已经埋下了。按照苏格拉底所提出的关于友爱的结构性描述:既不好也不坏因为坏的介入,而对好产生友爱。这个结构一方面缺乏明确稳定的目的因,另一方面缺乏合理的动力因。在这个结构中,好与既不好也不坏两者都能成为目的因,而动力因却来自于坏的介入。正如我们之前已经谈到的,这个结构最大的问题是缺乏自身意识。无论是坏的介入,还是对坏的介入的意识,或者是对好的友爱,都无法获得意识的保证。如果将既不好也不坏等同于健康,或者善好,那么由这个友爱的结构性描述推导出来的"第一朋友",实际上其动力来源于绝对的坏,或者说"第一敌人"。如果"第一敌人"消失了,苏格拉底所提出的友爱结构就失效了。把它放在苏格拉底所举的例证里,那就是说,如果没有毒药,儿子的性命就不会被推至"第一朋友"的位置;把它放在苏格拉底自己的例子里,如果没有城邦的敌意,政治哲学就不可能成为第一哲学。

我们也许可以进一步分析苏格拉底将这个结构打破的更深层意味。当苏格拉底提出这个友爱的结构性描述时,所谓既不好也不坏者,会因为坏的显现,而与好交友。苏格拉底所处的位置,就是那个"好"的位置。他之所以成了吕西斯和梅尼克齐努斯的朋友,是因为他们俩遇到了希波泰勒斯与克特西普斯的威胁的缘故。我们已经说过,在这个结构里苏格拉底就没有了自己的朋友,因此他不能从这个结构里得到益处,而是相反把自己套进了自己所设定的结构。于是进一步,他通过推导这个结构,得到了所谓"第一朋友"的论点。这个"第一朋友"就是苏格拉底找到的自己的第一个朋友。"第一朋友"就是作为理念的朋友,并且这个理念是终极理念,苏格拉底处在理念的序列之中,他是"第一朋友"的朋友,又因为有"第一朋友"的存在,两个少年人成为他的朋友。如果我们把这个"第一朋友"看作一个"友爱之神"的话,那么苏格拉底就类似于友爱之神的祭司,他是友爱之神与凡人的中介。论述至此,苏格拉底的猎爱技艺,已经通过关于友爱的结构性知识,进化成了关于友爱的神圣性知识。苏格拉底几乎建立了一个以友爱之神为中心的"友爱-教"[①]。

然而苏格拉底又立刻跳过了这一点,他用毒药的例子,表现了这种"第一朋友"存在的不稳定性。"第一朋友"的确立,必然以"第一敌人"或绝对的坏的存在为前提。因为有绝对的坏的存在,由"第一朋友"确立的友爱的价值序列,就变成了对坏的诊治与逐级修复。苏格拉底却认为,这个决定友爱价值序列存在的"第一敌人"并不具有绝对性,它是一种外在的、介入性的力量。苏格拉底拒绝承认由

[①] 许多学者注意到《吕西斯》与《会饮》的密切关系,或者说,柏拉图笔下的友谊与爱欲的关系。柏拉图似乎倾向于将友谊并入爱欲,又将二者都并入"欲望"。不过也有学者认为,柏拉图在这几个重要概念之间是进行区分的。其关系是:欲望是最低层次的,爱欲较高,而友爱是最高层次的。于是,这就排成了某种"大序"。参看 *Eros, Epithymia and philia in Plato*, Drew A Hyland, *Phronesis*, 13(1968), pp.39-40。这样的说法虽然漂亮有序,但是会依然受到文本的挑战,苏格拉底在《吕西斯》、《会饮》中似乎说的是:爱是最高的境界,但是爱的获得即进入友谊中之后,强度锐减,甚至"获得智慧的人就不爱智慧了"。有关讨论可以参看 *Aristotle and the Philosophy of Friendship*, Lorraine Smith Pangle, Cambridge University Press, 2003, p.25。

毒药带来的死的绝对性。因此,我们就可以这样说,通过推翻对友爱的结构性叙述,苏格拉底拒绝成为一名友爱的知识人(技术);通过推翻对"第一朋友"的论述,苏格拉底拒绝作一名"友爱-神"的信徒(宗教)。苏格拉底只愿意成为一名爱智慧之人。

基于这样的认识,我们就能对苏格拉底随后的言行有更多了解。苏格拉底在指出"第一朋友"的动力因在于"第一敌人"之后,便举出饥饿与干渴作为两个代表坏的例子。饥饿与干渴在严重的情况下,都会危及生命,然而这种对生命的威胁或者说"坏"并非像毒药那样具有极端性质。饥饿与干渴所威胁能够通过有效的方式予以解决,它不需要特定的解药,它是自然而然发生的。因此,相对于饥饿与干渴所威胁的生命与那处在毒药威胁下的生命就代表着两种不同的生命状态,也代表着两种对生命的不同认识。生命经常面临的威胁往往是前者而非后者,人经常所处的乃是既不好也不坏的状态,并非长期处于极端状态之下。因此,苏格拉底想了解的是,当健康或者生命本身又回到一种既不好又不坏的状态时,友爱对于生命来说意味着什么。苏格拉底提出存在着一种既不好又不坏的欲望,而这种欲望就是友爱的原因,欲望的对象就是朋友。在这种语境下,我们可以将这种欲望当作是对智慧的爱,而友爱的对象就是智慧。这种既不好又不坏的欲望就是研习哲学。欲求之物乃是智慧,缺乏智慧者乃是无知。自知无知者,认识到自身的无知,从而友爱于智慧。因此友爱就是对自己的认识,与自己为友[①]。

[①] 学界对于《吕西斯》最后究竟主张"善好"为最高朋友,还是"属己者"为最高朋友,争论了很长时间。最为典型的是德国学者 Pohlenz 与 von Arnim 之间在上世纪初开始的那次激烈争执。Pohlenz 认为柏拉图在《吕西斯》中最终认为一切友谊都类似爱欲,必须出于某种缺憾。但是 von Arnim 认为柏拉图认为第一朋友、最高的友谊的对象,是至善。所以对其友爱是纯粹的,不是出于任何缺憾。这样的话,《吕西斯》结尾回到的"属己者",只能是至善,而不是任何《会饮》的"圆球人"故事中的"另一半"。Bolotin 在其解读《吕西斯》著作的结尾特别附录讨论了 Pohlenz 与 von Arnim 之争,参看 *Plato's Dialogue on Friendship*: *An Interpretation of the Lysis with a New Translation*, David Bolotin, Cornell University Press, 1979, p. 202。

苏格拉底叙述至此,似乎得到了他最终的朋友。他的朋友就是智慧,他的友爱就是研究哲学。然而苏格拉底的智慧又存在着一种奇怪的性质:他的智慧是对自身无知的认识,这个朋友几乎永远无法得到。当他得到智慧之时,这个智慧就变成了一种知识,而不再是无知。他试图寻找一个最为特别的朋友,但这个朋友一旦被找到,它就变成了最普遍的东西,从而不再是他的朋友了①。任何特别的东西一旦进入言辞或思维之网,迟早就会成为普遍物、一般物,只有那些处在言辞或思维之外的东西才具有真正的特别性。这些东西就是苏格拉底想找的朋友。这也是哲学可能带来的最大危险之所在②。

在这段对话的最后,苏格拉底的论证有了急剧的回转。当他论证说既不好也不坏者的友爱对象乃是原先属于自身的欠缺之物后,他得出结论说友爱的对象就是属于我们自身的。两位少年对此表示同意。苏格拉底于是说如果他们是朋友的话,肯定是相互彼此属于的。对于这一点,两位少年当然会在最浅显的层面进行理解,于是他们都同意了③。但是当苏格拉底说到,如果彼此属于,两人则会在灵魂,或灵魂的特性,或行为方式或形体上彼此属于时,吕西斯却对此沉默了。他与梅尼克齐努斯显然不是同一个类型的人。而梅尼克齐努斯却对此表示赞同。此时梅尼克齐努斯或者仍然对论证的结果是否与自身相关没有意识,或者他将这种感觉赋予的对象并

---

① 参阅《哲学的自传》,【美】迈克尔·戴维斯著,曹聪、刘振译,华夏出版社2011年1月版,第92页。

② 参阅"论《吕西斯》",伯纳德特,载《情节的论证》,【美】伯纳德特著,芝加哥大学出版社2000年版,第227~228页;并参阅《哲学的自传》,【美】迈克尔·戴维斯著,第83页。

③ 这里已经退回到对话开始时的层次,当时希波泰勒斯写歌赞美吕西斯家世显赫,和神是亲戚。也就是说,是神的"属己者":吕家属于神,神也属于吕家。参看 Nine Notes on Plato's Lysis, Kevin McTighe, The American Journal of Philology, Vol. 104, No. 1 (Spring, 1983), p. 68。

非是吕西斯,而是克特西普斯甚或是苏格拉底本人。苏格拉底在这一节说的最后一句话令人诧异,他说,只要爱人是真心诚意地,那么必然会被他所爱着的人所爱。梅尼克齐努斯和吕西斯都只勉强同意,而希波泰勒斯听后则高兴得不行。这句话显然在表面上就是为希波泰勒斯所说的,可问题就在于此:为何在将希波泰勒斯等人的要求忽略了那么长的时间之后,又重新返回来给予其以满足呢? 这说明在整个谈话的进程中,苏格拉底一直用一只眼睛盯着希波泰勒斯,他不会忘掉他进入摔跤学校的原因乃是与那些青年们的一场密谋①。

12 终场(222B - 223B)

苏格拉底最后要做的事情,就是把关于友爱讨论的所有结论都拆散。为了他自己,也为了吕西斯与梅尼克齐努斯,还因为希波泰勒斯与克特西普斯的缘故。

苏格拉底说,最后,他说要与少年们来检查一下论证。结果发现,如若所谓的"属于自己"与"相似"是一样的。那么这个论证就不成立,因为前面已证明"相似者为友"是错误的。苏格拉底分析了"属于"的两种情况,一种情况是,好属于每一个人,而坏则与所有人都格格不入;另一种情况是,好属于好,坏属于坏,既不好也不坏也是如此。吕西斯与梅尼克齐努斯选择了第二种情况,显然这种情况就和"相似者为友"没有区别了。达到这一点后,苏格拉底就最后总结说:"那么,我们下面还能继续讨论什么呢? 是不是很显然再也没有什么〈可讨论的〉了? 我只能要求你们像那些在法庭上的专家,回头总结一下我们所说的一切。如果被爱者与爱者,相似者与不相似

---

① 或许,苏格拉底或者柏拉图并不想让整个讨论脱离个体这个世界吧。参看 *Friendship and Community in Plato's Lysis*, Mary P. Nichols, *The Review of Politics* 68 (2006), p.7。

者,好或者属于,以及其他一切我们说到的——我都记不太清了,因为说了太多——,这些当中没有一样是朋友的话,那我真的不知道该说什么了。"(222E)。苏格拉底于是貌似成功地推翻了前面他们的讨论所获得的所有成果。

其实,他们是否漏掉了一种可能性? 那个被少年们放弃、又被苏格拉底的总结所漏掉的可能性,即善好属于每一个人,而坏则与所有人都格格不入,这一点恰恰是苏格拉底所谈到的"属于"与"相似"的区别所在。这种可能性存在的前提是,将坏看作是一种无知,是一种自我的蒙蔽。就像苏格拉底常常所主张的那样,无人有意做恶,坏与恶都来源于无知。而消除这种无知的可能性在每个人身上都存在,所以可以说善好属于每一个人。然而这个选择为何被少年们放弃,而苏格拉底又如此确信少年人不会选择这种可能呢? 那是因为少年人尚处于自以为是的无知状态,他们不将无知看作坏,而将无知看作既不好也不坏。这就好像人们普遍所认为的存在一种蒙昧无辜的状态一样。如果不将无知当作坏,那么既不好也不坏的人,就会与善好无缘,因为他们会认为本身就已经很不错了。

苏格拉底说,他将讨论引向困境,其实是打算激发年纪大些的青年人也参加讨论。但是,一个突发之事中断了他的计划。于是我们无法听到苏格拉底更为深入的思想。不过,在遗憾之余,我们也不妨这样想:这场讨论只能被中断,因为在场的青年人并不够资格与苏格拉底进行进一步的交谈,更为深化的讨论必定是在对爱欲有着深刻体验的成年人之中,就好像在《会饮》中所进行的那样。然而,在那种情况下讨论根本无法展开,因为成年人不会像少年人那样老老实实听苏格拉底一个人讲。

苏格拉底说,吕西斯和梅尼克齐努斯的监护人的突然出现,终止了这场讨论,他们来叫两个少年回家。苏格拉底与周围的人本打算把这些监护人挡在外面,可这些监护人因为节庆的缘故喝多了酒,用一口糟糕的希腊话大声叫嚷,很难对付,所以苏格拉底等人选择了退让,于是谈论的圈子就散开了。对话至此,回到了开头的"亲情"的水平①。

这样,在苏格拉底叙述的最后,又给我们呈现出另外一幅关于友爱的意象。尽管在友爱的问题上,苏格拉底与两位少年,甚至青年们的看法并未达成一致,然而通过苏格拉底的言辞,以苏格拉底为中心的一个友爱的小圈子已经出现了。"属于自己"(oikeia),与"我的"("我们的",hemeteron)基本上是同义词。"圈子"也不失为一个对其不错的翻译。它最基本的形式是家庭,核心家庭与扩展开来的亲戚圈子。而朋友圈子则是其进一步的扩展,或者,我们也可以说朋友就是将外人变为家人②。《理想国》中苏格拉底建议启用共产制度来改变"我的"之语言。"友人"亲密圈子里面有个特点,就是分享亲密和信息,这是外人所不知道的。《吕西斯》呈现出许多"圈子"的意象。年轻人(the young men)的圈子与男孩们(the boys)的就不同。年轻人自己有一个圈子,里面可以相互奚落(但是可能

---

① 亲情对于哲人爱智的友爱究竟是什么关系,促进还是阻扰,学者们有各种解读。参看 *Aristotle and the Philosophy of Friendship*, Lorraine Smith Pangle, Cambridge University Press, 2003, p.35。

② 古代友爱论其实大多围绕如何将小圈子尽量推广,纳入更多的人成为"朋友",所谓"四海之内皆兄弟也"。Oikeia 概念后来在斯多亚伦理学中扮演了一个重要角色。斯多亚派哲学家 Hierocles 有一段话关于"职责的圈子",可以看出中期斯多亚哲学希望从内在亲密核心向外面逐步"推恩"(借用孟子概念)的思想:

> 他自己的心灵。他围绕着这个中心。这个圈子也包括了他自己的身体和为了身体的其他东西;第二个圈子是从这个中心推出又包括了这个圈子的,就是自己的父母,血亲,妻子儿女;第三个是叔,婶,舅,姨,祖父母,侄,甥;然后,再就是同一地方居民的关系;再就是同族的关系;再就是公民同伴;再就是邻近的城市和同一个国家的圈子;最大的圈子,包括了所有的其余的人,就是全人类。
> 一旦我们观察到所有这一切,有教养的人就该适当地对待每个这样的圈子,把它们都指向中心,并联系起来。我们有责任尊重人,把第三个圈子的看作是第二个圈子的,然后又把其他人看作好像是第三个圈子的。虽然从血缘说距离更远,减少了亲近感,我们仍然要努力同样地看待他们。(斯多拜乌斯,4.671.7–673.11(LS57G)。)

不容外人批评)。苏格拉底一开始在体校外遇见那些年轻人,加入了他们的圈子,他们的"秘密"是诱惑校内的男孩们,后者始终对此不明就里。但是,通过苏格拉底与男孩们的一番对话,以苏格拉底为中心的一个友爱小圈子已经出现了。青年人尽管始终不说话,但是后来也帮助苏格拉底试图抵御那些粗鲁的、喝醉了酒的作为监护人的奴隶。后者的"不讲道理"使得这个谈话圈中之人发现,他们彼此之间是"相互属于"的。因此在言辞与爱欲的圈子之外,还存在着一个暴力的世界。这个世界尊奉的原则是以身体的暴力划分敌友。苏格拉底的言辞所构成的小圈子在暴力面前没有抵抗力。他们唯一的选择就是退让,就好像城邦中的哲学家只能选择逃避政治那样。

苏格拉底说,就在他们各自离去的时候,他还向两位少年说了:"瞧瞧我们,吕西斯与梅尼克齐努斯!我们使自己多荒唐(katagelastoi)啊,我,一个老头,还有你们。这些人在离开的时候会说,我们也许已经认为彼此是朋友了——我也把自己当作你们的朋友——但是却没能发现朋友究竟是什么。"(223B)

究竟是什么事情会使得人们觉得苏格拉底与少年们显得荒唐呢?当苏格拉底、吕西斯、梅尼克齐努斯,甚至还有希波泰勒斯、克特西普斯等人回想起这段故事时,他们觉得荒唐好笑的地方是一样的吗?苏格拉底最后说,他们不知道朋友究竟是什么,却自认为是朋友。这句话究竟意味着什么呢?或者是否能简单地理解为,苏格拉底是要提醒少年人再把这一段故事好好回想,提醒他们时时刻刻思考着这一问题呢?苏格拉底还有一个最后的秘密没有告诉我们:他从阿卡德米出来直接去吕克昂,究竟是要干什么。这个秘密或许将决定我们如何去理解苏格拉底所说的荒唐[①]。

[①] 还有其他的疑团有待我们思考,比如,柏拉图的对话形式本身与"友爱"又是什么关系呢?参看 *Friendship and Community in Plato's Lysis*, Mary P. Nichols, *The Review of Politics* 68 (2006), p.19。

在赫尔墨斯节这个时间点上,在监护人不在场的情况下,甚至在最亲近的少年朋友暂离身边时,吕西斯正好都在与苏格拉底进行着对话,或者聆听着苏格拉底的对话。苏格拉底自己就好像是那位赫尔墨斯神。在人们为赫尔墨斯神狂欢的时候,他细心看护着这两个少年人,直到他们在监护人和兄弟的陪伴下回家。所谓"好"是内在地属于"既不好也不坏"的,或者说它们本来是在一起的,在此也可以得到另一种证明:对于吕西斯们来说,他们的父兄与监护人甚至还包括城邦的法律,就是保护着他们的最初的好①。

---

① 参阅"论《吕西斯》",伯纳德特,载《情节的论证》,【美】伯纳德特著,芝加哥大学出版社 2000 年版,第 229 页。许多人认为友谊的意义之一是友人之间的相互镜像,从友人身上得到自我意识。但是也有学者认为友人的意义不仅是简单的反映,而且有对自己的"指导和深入解释 – 揭示"的意义。(参看 Friendship and the Self, Dean Cocking and Jeanette Kennett, Ethics, Vol. 108, No. 3〈Apr., 1998〉, p. 527。) 吕西斯等青少年在和苏格拉底成为朋友之后,其自我认识应当会发生深刻的变化吧。

附一

《吕西斯》与古典友爱论

一 《尼各马可伦理学》中的友爱①

在古希腊社会中,友谊非常重要。这在社会习俗、传说、哲人反思中受到各种各样的关注。让我们先看看一位现代学者的描述:

"Philia,'友谊'(Philia,友爱)的重要性,在生活的每一方面都是巨大的。朋友是非常令人想望值得要的,这不仅是因为社交的快乐,还因为他们带来帮助和支持。它们作为不幸时的避难所②,是日常生活中不可缺少的③,并且,它们是实现政治抱负必不可少的基

---

① 《尼各马科伦理学》到现今已经有四个中译本,苗力田先生的译本是第一个中文译本,《尼各马科伦理学》,亚里士多德著,苗力田译,中国人民大学出版社2003年12月第1版。中国社会科学院哲学研究所廖申白教授(现为北京师范大学哲学系教授)在2003年11月推出了《尼各马可伦理学》的第二个译本,非常值得一提的是,亚里士多德的友爱问题恰好是廖申白教授的博士论文选题,他的相关研究以论著形式于2000年9月出版,书名为《亚里士多德友爱论研究》,这是国内目前唯一一本对亚里士多德友爱论作专题研究的著作。2006年,台湾商务印书馆又出版了高思谦译《尼各马科伦理学》。2010年9月,上海复旦大学邓安庆教授依据德文译本并参考多个英译本以及之前的三个中译本推出了第四个《尼各马可伦理学》译本。这四个译本本身似乎就已经构成了另外的一条线索,它反映了汉语学界对亚里士多德伦理学在理解与诠释上的演进。

② 亚里士多德《尼各马可伦理学》1155a11以下。; Men fr. 639 (korte – Thierfelder); Philemon fr. 108(Kock)。

③ 参见亚里士多德《尼各马可伦理学》1155a3 – 16 和 Hands 32 以下。

础。① 像财富,健康,荣誉,以及其他好处一样,它们能带来许多好处(亚里士多德《修辞学》1362b14 – 26)。它们是一个财富的储备处(Men. Mon. 810(Jakel);参见《伊索克拉底》1.29),最大的益处(色诺芬尼《回忆苏格拉底》1.2.7),最好的和最宝贵的财产,而且应该被视作如此(《希罗多德》5.24.3;色诺芬尼《回忆苏格拉底》2.4;参见 Oec.1.14)②。有足够多的朋友被认为是一件美好(kalos)的事情(亚里士多德《尼各马可伦理学》1155a30)③,而一个朋友也没有,却是可耻的(《伊索克拉底》1.24;参照赫西奥德 WD715)。没有朋友的人容易遭到伤害(《亚里士多德《修辞学》1373a5》。如果没有一个好朋友,这样的生活是不值得过的(德谟克里特,第尔斯辑《前苏格拉底哲学家残篇》68B99;参照亚里士多德《尼各马可伦理学》1155a5f.)。"④

对于如此重要的友爱现象,许许多多的学者都提出了自己的考察。《吕西斯》无疑是希腊哲学家中第一篇关于友爱的系统探索。之后,相关的研究和评说纷纷出现。首先就是亚里士多德的友爱论。作为柏拉图最出色的学生,亚里士多德在《尼各马可伦理学》中花了两章的篇幅专门谈论友爱问题,而且还对柏拉图的友爱观作出了一定的评价。实际上,在亚里士多德的几部伦理学中,都可以看到直接回应《吕西斯》的痕迹⑤,因此许多人便将这两篇作品进行比较。甚至有不少学者都认为,在友爱问题的研究上《尼各马可伦理

---

① 见例如,色诺芬尼 Cyr. 8.7.13;柏拉图《书信集》7.325cd;亚里士多德《政治学》1284a20 以下。;普鲁塔克 Aristides 1.2.4。普罗塔克把朋友叫做政治家的"工具"(《道德论集》807d)。对公共生活中友爱的出色讨论见 Connor。

② 这种谈论朋友的方式进一步参见 Dirlmeier 50。

③ 亦可参见 SVF 3.631. 但是道德学家们也告诫我们不要交太多的朋友(Hes. WD 715 以下。;亚里士多德《尼各马可伦理学》1170b20 – 71a20;普鲁塔克《道德论集》93a – 97b)。

④ M. Blundell, *Helping Friends and Harming Enemies*, Cambridge University Press, 1989。

⑤ 参看 *Love and friendship in Plato and Aristotle*, A. W. Price, Clarendon, 1989, p.9。

学》要比《吕西斯》更为深入、详密,因此也更具有学术价值。情况是否确实如此呢?在下文中,我们将基于《尼各马可伦理学》来分析亚里士多德对友爱问题的看法,并与《吕西斯》进行比较。

《尼各马可伦理学》分为十卷,关于友爱问题的论述集中在第八卷与第九卷。在直接分析这两卷内容之前,我们首先来对全书作一个简单的了解。按照一般对亚里士多德理论体系的认识,与通行本亚里士多德著作的排列顺序,《尼各马可伦理学》在亚里士多德的理论体系与论著序列中,被安排在形而上学与政治学之间,因此伦理学看起来就是形而上学与政治学之间的桥梁。然而,无论是形而上学还是伦理学,甚至是政治学,这些概念都是基于亚里士多德对知识学科的分类而设定的。在他之前并没有这样的区分,甚至伦理学这一单词,也是由亚里士多德首创的①,伦理(ethike)一词源自习惯(ethos:又译"性情")。伦理德性就是由城邦与政治世界的风俗习惯沿袭而来的②。总的来说,亚里士多德将人的灵魂分为两个部分,即理性的部分与非理性的部分。灵魂的理性部分能够通过运用理性能力,获得对事物对象的正确认识,与灵魂理性部分对应的是理智德性;而灵魂的非理性部分,则是人的种种欲望和情感,与这一部分对应的则是伦理德性。伦理德性来自风俗和习惯,而风俗和习惯是对人的欲望和情感的规约。亚里士多德认为,人的理性灵魂着力于人的非理性灵魂,通过理智德性来指导伦理德性。伦理德性的法则是中道,要获得恰当的中道则需要理智德性的指导。因此,只有同时具备了理智德性与伦理德性,人们才能过上良善的生活,亚里士多德认为这就是幸福,按照他的定义,即合乎德性的现实活动③。

---

① 参阅"亚里士多德为什么称伦理学为 Ethics",张伯伦著,黄瑞成译,载于《城邦与自然——亚里士多德与现代性》,刘小枫编,柯常咏等译,华夏出版社 2010 年 5 月版,第 250~260 页。

② 参阅《尼各马可伦理学》,1103a15-20。

③ 参阅《亚里士多德选集·伦理学卷》,亚里士多德著,苗力田编译,中国人民大学出版社 1999 年 12 月第 1 版,序言。

在《尼各马可伦理学》的第一卷中，亚里士多德对于最高的善，即幸福生活所追求的目的，作出了简要的分析。他认为，研究最高的善的科学是政治科学。这是基于他对人性的认识，即人是政治的动物，因此政治共同体具有比单个人更高的价值，或者说，脱离了政治共同体的单个人不能被称为人，因此也就不能以善恶论之。人的善恶与政治共同体结合在一起，属于人的最高的善只能在政治共同体中才能得到实现①，这是问题的一方面；另一方面亚里士多德又宣称，一个人要想在政治事务中有所成就，又必须具备良好的德性，这就要求他首先要从对德性的认识开始②。这也就是说，在实践之中，政治科学又必须退回到伦理学，而据我们上面的论述可知，伦理学中理智德性又是第一位的，因此伦理学又必然退回到形而上学。如此一来，虽然政治科学占据了最高的善这一领域，但是它的实现又必须回到形而上学之中。（这是否是亚里士多德对"哲人王"的论证呢？）

通过以上的论述，我们大致了解了伦理学在亚里士多德哲学理论体系中的位置与作用，接下来我们对《尼各马可伦理学》全书的具体结构作一个概述。虽然已有学者从亚里士多德的论著中提炼出了一个理论结构，然而这个结构与亚里士多德在论著中的行文结构却存在着区别。亚里士多德的论著并非戏剧作品，但他对行文的安排同样值得我们重视。

《尼各马可伦理学》的第一卷给出的是关于善与幸福的概述。从第二卷到第五卷，是对伦理德性的论述。第六卷是对理智德性的论述。第七卷则是对伦理方面必须避免的恶的分析。第八卷与第九卷论友爱问题，第十卷论述快乐与幸福。从这个结构来看，我们可以大致理出这样几个特点：

---

① 参阅《尼各马可伦理学》，1094a20 – 1094b10。
② 参阅《尼各马可伦理学》，1095b5。

（1）全书从幸福开始，又最终回到幸福，行文安排上构成了一个循环。

（2）全书有三处"高潮"，首先是第一卷对幸福的论述，其次是第六卷对理智德性的论述，第三就是第十卷中对幸福的再次论述。在第十卷中论述的幸福将前两个"高潮"结合了起来。最高的幸福乃从事理智思辨。

（3）相对于三处"高潮"，则是两次下降。第一次下降是从第一卷的幸福转而谈到伦理德性，然而对伦理德性的论述又是不断上升的，由勇敢、慷慨、大度、节制，接着在第五卷谈到公正，在公正之后谈理智德性；第二次下降是从第六卷的理智德性，转而谈到伦理上的恶。但是接在对伦理上恶的论述之后的，却是友爱问题，通过对友爱问题的论述，又慢慢上升，最终到第十卷谈到作为最高幸福的理智思辨。

通过以上的分析，我们发现《尼各马可伦理学》竟然也如戏剧一般，一波三折。由此也获得了对于友爱问题相关章节在全书中的位置的认识。对友爱问题的讨论，位于第二个高潮"理智德性"与第三个高潮"幸福"之间，它又接续在对伦理之恶的分析之后，对友爱问题的研究又是一个上升的阶梯。在结构上，与研究友爱问题的第八、九卷相对应的，是在第六卷"理智德性"之前的第五卷关于伦理德性"公正"的论述。这也就是说，友爱对应着公正，连接着理智与幸福①。

我们既已获得了伦理学在亚里士多德理论体系中位置的认识，又获得了友爱问题相关章节在《尼各马可伦理学》结构中位置的认

---

① 对于《尼各马可伦理学》第八、九卷关于友爱问题的论述在全书中位置的分析，有学者认为前七卷都是关于个人德性的分析，只有通过第八、第九卷关于友爱问题的分析，才把个人德性带入到公共生活之中。这样的说法也具有一定的合理性，不过仍然没有全面照顾到该书的结构特性。参阅《亚里士多德友爱论研究》，廖申白著，河南人民出版社 2000 年 9 月版，第 1~2 页。

识,接下来我们就可以进入到这两卷文本中进行分析。

首先,我们发现,对于友爱问题的研究在该书中被分为两卷。第八卷主要做正面的定义、分析与论述,第九卷则以提问的方式对友爱问题进行反思。如果联系到之前的第七卷,我们就会更进一步发现,第七卷对伦理之恶的谈论是下降,第八卷则是平稳的过渡,第九卷就是以反思的方式促使论述提升。

接下来,我们分述第八卷与第九卷的相关内容。在第八卷中,亚里士多德首先谈到了人们对于友爱有许多的不同意见,他也提到了《吕西斯》中的自然哲学家们的相关箴言,并评论说这些都是不正确的,因为与人世无关;接着他就提出了非常著名的对友爱的三分,友爱因其所追求的对象的不同,被分为三种,其一是利益,其二是快乐,其三是德性。对于这一点,我们会很自然地联想到《吕西斯》中涉及的三类朋友,即希波泰勒斯与克特西普斯(以爱欲为追求目的,相互利用相互忍受的朋友),吕西斯与梅尼克齐努斯(分享快乐的少年玩伴),苏格拉底与吕西斯及梅尼克齐努斯等(对德性的追求)。接下来他又谈到了平等的友爱与不平等的友爱,又从不平等的友爱谈到了父母对子女单向度的爱,以及对荣誉与追求承认的热爱。这些也会使我们联想到《吕西斯》中的相关内容,与《吕西斯》不同的是,苏格拉底在其中需要从不平等的爱(或爱欲)慢慢谈到一般人所认为的友谊——他先和希波泰勒斯谈"色欲",再和吕西斯谈"亲情",然后才和梅尼克齐努斯谈"朋友"。而在《尼各马可伦理学》中,亚里士多德却是先谈一般的朋友,再从所谓不平等的友爱谈到亲情,再由亲情谈到对荣誉、财物的热爱。接下来,亚里士多德就谈到了友爱与公正的关系,以及友爱与政治的联系。不同政体中存在着不同的友爱,亚里士多德在《政治学》尚未开始之前,就在"友爱论"里提出了政体的三种分类。然后就不同政体谈论了与之相适宜的不同友爱类型。以上便是第八卷的大概内容。

亚里士多德在第八卷中似乎给了读者一个关于友爱的普遍性

知识。接着他就在第九卷中,对这种普遍性知识加以反思。首先他谈到了友爱所关涉到的价值是什么。究竟什么是友爱的价值标准?亚里士多德说研究哲学的价值乃是最高的。接着亚里士多德又提出第二个疑问,在不平等的友爱关系中,什么是决定性的标准。亚里士多德认为知识是一个标准,但不是全部。因为对贤哲的尊重与对父亲的尊重是不一样的。亚里士多德的第三个问题是关于友爱是否会解体的问题,他提出一个疑问,如果朋友之间,有人进步飞快,有人停滞不前,这时友爱是否仍然存在?亚里士多德的回答是,这样的情况下,显然就无法维系友谊。通过这前三个问题,亚里士多德就为随后所提出的友爱也包括人对自己的善意给出了基础。因为如果友爱关系有着一个不断超越自我的价值追求,那么人就必须不停地学习与进步。接下来,亚里士多德谈到了一个人对自己的爱。在这里亚里士多德对自爱做出了区分,他认为真正的对自己的爱,乃是对自己灵魂中高贵部分也即理性灵魂的热爱。这实际上就已经涉及哲学的认识了。随后,亚里士多德谈到了一个非常关键性的问题,即好人(或幸福的人,实际上就是研究哲学的人)是否需要朋友。亚里士多德对此做出了肯定的论断,并给出了细致的分析。在这一段分析中,亚里士多德对人性做了根本性的论断,并从这种对人性的判断对友爱问题做出了根本性的理解。此处我们可以将这段话援引如下[①]:

"本性上的善就是高尚的善,就是自身的快乐。生命是有限定的,对于动物来说,它为感觉能力所限定,对于人类来说为感觉和思维能力所限定。……去生活似乎主要地就是去感觉和去思维。生

[①] 对《尼各马可伦理学》的相关引用均来自人民大学出版社苗力田先生译本,见《尼各马科伦理学》,亚里士多德著,苗力田译,中国人民大学出版社2003年12月版,第203~205页。

命就其自身就是善,就是使人快乐的。"①

"一个人看,就是他感觉到在看。一个人听,就是他感觉到在听。一个人在走,就是感觉到在走。其他情况也是这样,都需要有一个东西来感觉到现实的活动。譬如,我们感到我们在感觉,我们也可以想到我们在思想。我们感到我们在感觉,想到我们在思想,也就是我们存在。(因为感觉和思想就是存在。)

"去感觉和去思维的对象就是感觉和思维自身。幸福是一种完满的状态,达到完满的途径就是自我认识。在自我认识里,认识者与认识的对象合二为一。这就是'思维和存在的同一',这也是属于人的生命的限定和本性所在,只有人可以做到这一点。野兽没有,神不需要。这就是人的善好和幸福的基点与核心。

"感觉到生活本身就是快乐(生命的本性就是善,在自身之内拥有了善就感到快乐)。生命是宝贵的,特别是对于那些善良的人们,因为对他们来说,存在就是善和快乐,他们由于感到自身的善而快乐。"

以上这些说明了,思辨——即思维与存在的同一——就是生命本性的善好。接着亚里士多德说道:"他们是这样对待自己,也同样对待朋友,因为朋友就是另一个自己。既然存在自身对每个人都是可贵的,那么朋友也就同样的可贵。存在是由于作为对自身善的感觉而可贵,那么,这种感觉在其自身就使人快乐。对朋友的存在应该具有同感,这种休戚与共的同感来自共同生活、交谈和思想的交流。"

感觉到自己的存在与思维的同一,这对于自己来说是善好的,是让人快乐的。这就是"对自身善的感觉";与此对应的是对朋友的善的感觉,这种感觉不只是来自朋友本身,而是来自于共同生活。

---

① 参见廖申白译《尼各马科伦理学》相关章节注释,西方学者波尼特与罗斯将这段话归纳为若干个三段论推演,也饶有兴趣。

这种共同生活有其具体内容,即"生活、交谈、思想的交流"。如果共同生活、交谈和思想的交流其主题就是作为思维与存在同一的善好,那么这种共同生活实际上就是指共同的哲学活动。与朋友在一起探讨哲学思辨问题,这就是合乎德性的现实活动,就是最高的幸福。

这里显然是第八、第九卷的高潮,亚里士多德在此将最高程度的友爱赋予了哲学。随后亚里士多德又提出疑问,是否朋友应该多多益善?亚里士多德的回答是,适当就好。他又问,人们究竟是在不幸中或是幸运中更需要朋友?亚里士多德的回答是,两种情况都可以,但是真正的朋友总是选择自己承担不幸,而愿意与友人分享幸福,当然,他也不会拒绝朋友们对自己的帮助。亚里士多德在这里的具体论述,让人不得不联想到苏格拉底①。

在第九卷的最末,亚里士多德说道,在爱情方面最让人喜欢的是观看(观照)②,在友爱方面最让人喜欢的是共同生活。这表现了亚里士多德关于爱欲与友爱的根本性观点。因为以观看的喜悦作为最高价值的爱欲,只可能是研究哲学。只有哲学研究中的静观状态才符合亚里士多德的要求。而以共同生活为最高价值的友爱,其最好的表现自然是哲人们的共同生活。"他们在现实活动中,在相互促进中变得越来越好。他们互相把对方当作自己的榜样,并为此欢欣"③。

通过上文中对第八、九卷的分析论述,我们认识到,亚里士多德在《尼各马可伦理学》的写作手法上也具有非常值得关注的"准戏剧性"特征。所谓"准戏剧性"特征,意思是说虽然这并非戏剧,但

---

① 参阅《尼各马可伦理学》,1171b1 – 25。
② 关于"观照",可看《尼各马科伦理学》卷九,第十二节;《形而上学》卷一,第一节;观照是认知活动的起始点。
③ 参阅《尼各马科伦理学》,亚里士多德著,苗力田译,中国人民大学出版社2003年12月版,第208~209页。

其中的安排类似于戏剧情节的安排。亚里士多德不仅仅是在做理性的系统的分析，与此同时他也非常关注谋篇布局。

我们再来谈一谈《尼各马可伦理学》与《吕西斯》的关系。通过上文的论述我们发现，以这样的方式来理解亚里士多德的思想，就会与柏拉图、苏格拉底等古代思想家的思想更具亲缘性。亚里士多德不再像一个生活在古代雅典的"现代人"。但我们发现，亚里士多德似乎有意避免了友爱问题研究的"政治化"倾向。这并非是说他对友爱问题的研究没有涉及政治层面，因为他花了很大的篇幅谈论友爱与公正，友爱与共同体的关系。而是说亚里士多德没有涉及到哲学研究与政治世界的关系问题。也就是说，他没有指出研究哲学（比如说研究友爱问题）本身所带来的对城邦政治的威胁性。造成这个区别的最根本原因可能是这样两点，其一是亚里士多德力图通过将哲学研究客观化、知识化，以此化解与政治世界的矛盾，因此他没有再涉及哲学与政治的紧张关系问题；其二是因为对于柏拉图来说，老师苏格拉底的经历乃是一个必须面对的问题，而对于亚里士多德来说，这一问题并不显得那样迫切。

通过比较《吕西斯》与《尼各马可伦理学》，我们获得了关于哲学的根本性问题的视域：哲学与政治的关系究竟是怎样一种关系？一种非政治化的哲学是否可能？而通过政治视野，哲学又具有怎样的转向？在对《吕西斯》的研究中，我们了解到哲学与政治始终是存在矛盾的，非政治化的哲学因为丧失了对价值维度的探寻，无法获得关于世界的恰当认识。这个价值维度在宇宙论或本体论领域表现为目的因与动力因的追寻，自然与万物存在的根本原因与目的是什么？这个价值维度在人世中就表现为政治世界永不停息的争执。

二 晚期希腊哲学中的友爱问题

在"后亚里士多德"的晚期希腊哲学中，友爱论继续在发展。

一般来说，学界将古代希腊哲学划分三个阶段，即早期希腊哲学（或前苏格拉底哲学），中期希腊哲学（苏格拉底－柏拉图－亚里士多德哲学），晚期希腊哲学（亚里士多德哲学之后）。这三个阶段被看作一个哲学兴起－发展－壮大－衰落的过程。前苏格拉底哲学标志着希腊哲学的兴起，苏格拉底－柏拉图则代表着发展，亚里士多德的哲学乃是集希腊哲学之大成，而之后则是整个希腊哲学的衰落。

为何将晚期希腊哲学看作是哲学的衰落呢？学者的理由乃是因为晚期希腊哲学主要的兴趣都集中到了伦理学问题，最关注的问题是"治疗哲学"，即以哲学治疗人们在生活和精神上的苦楚；以现代启蒙之后的哲学的观念来看，这种哲学倾向导致了希腊哲学向基督教思想的转移，哲学日渐宗教化，最终被宗教纳入其体系之中，由此西方世界慢慢进入了所谓黑暗的中世纪。近现代哲学的复兴，乃是希腊哲学的核心精神的复兴，是亚里士多德思想的重生。

以亚里士多德哲学体系作为标杆，晚期希腊哲学确实显得十分偏颇而衰微。亚里士多德将友爱问题放入伦理学中，伦理学的领域又是所谓晚期希腊哲学关注的主要领域，因此西方学界对晚期希腊哲学的忽视，也使得友爱问题不太受近现代西方哲学关注。实际上，在晚期希腊哲学的演变中，友爱问题是非常值得重视的。接下来我们将首先从爱比克泰德所代表的斯多亚哲学谈起，然后论述伊壁鸠鲁学派对友爱问题的理解，最后我们将对西塞罗的相关著作做一个分析。这样，我们就可以对晚期希腊哲学中的友爱问题进行一次综观性的巡礼。

(一) 爱比克泰德的"论友谊"①

爱比克泰德是著名的斯多亚学派哲学家,大约生活在公元50－120年。他出身奴隶,后获得自由,求学于另一位著名的斯多亚派哲学家鲁富斯。他先是在罗马后在希腊尼科波利斯教授哲学。他的学生阿里安记载了他的谈话,编辑成一本《爱比克泰德谈话录》,流传于后世。我们要谈到的"论友谊"一文便出自该书。

众所周知,斯多亚哲学的创始者是芝诺,芝诺的老师是犬儒学派哲学家克拉特斯,但芝诺对犬儒主义的理论不太满意,又从学于柏拉图学园的克塞诺克拉特斯与珀勒蒙,经过他自己的思考与提炼,提出了斯多亚哲学的观点。相对于犬儒主义,斯多亚哲学更加重视逻辑学与自然科学,但与犬儒主义类似的是,斯多亚哲学也强调人的理性的至上作用。理性是最高的原则,而这一原则同样是宇宙的第一原则,由此他们发展出一套宇宙论与物理学。在这套宇宙论中,理性原则就是"普纽玛"。斯多亚哲学认为,真正的贤哲能够通过理性认识到宇宙的根本精神,并与这种精神相互呼应,在这种情况下,外在的世界无论如何变化都对人没有任何的影响。能够把握到这种根本的理性精神(斯多亚学派也称之为自由意志)的贤哲,就能够很好地处理与外在世界的关系,既不动心,也不放弃,他们就是以这样的态度来处理友爱问题。

具体到爱比克泰德的"论友谊",爱比克泰德在开篇就说,一个人感兴趣的就是他所友爱的事物,只有当一个人能够获得了关于好坏的知识时,才知道如何去爱(友爱),因此友爱的能力只属于明智的人。接下来爱比克泰德分析了一般性的爱与真正的友爱。在爱比克泰德看来,世人所认为的爱和被爱(友爱关系),莫不是出自自

---

① 见《哲学谈话录》,【古罗马】爱比克泰德著,吴欲波等译,中国社会科学出版社2004年10月版,第157~162页。

我的私利，表面上看，人与人之间或许存在着各种各样的友爱关系，如父子、亲人、朋友、战友等等，然而一旦有了利益的冲突，这些关系就会破裂。爱比克泰德认为，只有当人的自由意志（理性能力）成为友爱关系的主宰时，自我才能对"我"（真正的我）有正确的判断，从这一点出发才能正确地认识各种友爱关系，从而担负其相应的责任与义务。爱比克泰德说，认识到自由意志，获得了正确的判断之人，首先不会再责备自己，不会陷入悔恨之中，他会成为自己的朋友，其次，在与他人相处时，他会诚实坦率、宽容忍让。总的来说，在这段文字中，爱比克泰德所表述的观点与亚里士多德在《尼各马可伦理学》中关于友爱问题的观点类似，但在此爱比克泰德没有就如何获得自由意志谈论更多，他没有像亚里士多德那样明确地说出研究哲学与友爱关系的联系。当然，如果通读谈话录的话，这样的遗憾就可以补全。这并非是爱比克泰德的缺失，而是由谈话录的体裁所致。

  总的来说，斯多亚学派在友爱问题上的态度与亚里士多德较为一致。他们都将该问题列入伦理学思考的领域之中。他们强调了研究哲学（对于斯多亚学派来说是理解自由意志）对于友爱问题的重要性，却没有太多谈到研究哲学所面临的危险。换句话来说，他们没有谈到真正懂得了友爱的贤哲与不懂得友爱的一般人之间的矛盾。对于本体论问题、人神关系问题，他们有自己的一套知识进行解释，没有将友爱问题与之关联起来。

  斯多亚哲学脱胎于犬儒主义，犬儒主义的创始者乃是苏格拉底的弟子安提斯泰尼。在色诺芬的《会饮》中，安提斯泰尼是一位追求理性、生活简朴、对苏格拉底无限敬爱的人。安提斯泰尼在宴饮之时，发表了关于爱的言说，他表明自己没有什么欲求，对身外之物毫不在乎，一心只想追求理性，苏格拉底当时则提醒他注意场合，因为他发表这番言论时,正是在宴会之上,这样的话会让他人感到不适①。据第欧根尼·拉尔修的《名哲言行录》记载,在苏格拉底服毒时,安提斯泰尼就在身边,当时他用自己的长袍把自己的脸遮起来哭泣,后来又让别人看到了他的泪水,苏格拉底说,这是他的虚荣②。正如苏格拉底已经指出来的,脱胎于犬儒主义的斯多亚哲学也有类似的毛病,强调理性精神至上,强调掌握了自由意志的贤哲是外力不可侵扰的强者,这样的态度与虚荣只有一线之隔。这也是斯多亚学派遭受伊壁鸠鲁学派批判的关键点,也是日后斯多亚哲学被基督教思想所代替的原因之一。

(二) 伊壁鸠鲁与友爱问题③

真正对古典政治哲学中的友爱问题带来冲击的是伊壁鸠鲁的思想④。学界一般认为,伊壁鸠鲁的思想有两个主要的来源,首先是德谟克利特的原子论,另外则是阿里斯提波的享乐主义。伊壁鸠鲁似乎是将德谟克利特的自然哲学学说与阿里斯提波的人生态度结合了起来⑤。但实际上,伊壁鸠鲁与这两位前人之前存在着根本的区别,因为无论是德谟克利特还是阿里斯提波,都并不认为他们的学说适合普及,也并不认为每一个人都能理解他们的学说,过上哲人的生活。在自然哲学方面,伊壁鸠鲁学派的思想更多是利用对自然的解释,来讨论人们对死亡的恐惧,从他们所认为的最大的恶中解脱出来。因此在伊壁鸠鲁的自然哲学体系中,逻辑学与数学知识

---

① 参阅《色诺芬的会饮》,刘小枫编,沈默等译,华夏出版社 2005 年 11 月版,第 71~76 页。
② 参阅《名哲言行录》,【2.36】。
③ 参阅《希腊哲学史·第四卷》,汪子嵩、陈村福、包利民、章雪富著,人民出版社,2010.8.,第 305、第 318~323 页。
④ 参阅"伊壁鸠鲁对古典政治哲学的摇撼",包利民,《社会科学战线》2005 年第 1 期。
⑤ 参阅《名哲言行录》,【10.4】。

的比重被大幅度地降低,这样就便于普通人对伊壁鸠鲁学派的自然哲学知识的理解,而这一特点与德谟克利特的自然哲学,乃至亚里士多德学派的自然哲学是大不相同的;在人生态度方面,伊壁鸠鲁学派的思想则更多是讲究生活的无欲无求,通过无所欲求来免除人生在世的道德负担,从而摆脱这些负担给人带来的心灵上的烦恼。与之相比,享乐主义者虽然也不顾及世俗的道德评价,但是他们的举止是"反道德"而不是"非道德"的。还有另外一点,享乐主义的生活需要"有乐可享",这就对外在世界存在着不可缺少的欲求,自阿里斯提波之后的享乐主义者,都与僭主有着密切的关系,这便是一个佐证。因此享乐主义的生活也是无法普及的。

就像柏拉图大力抵制德谟克利特的理论,犬儒主义者大力抵制享乐主义的理论一样,斯多亚哲学也大力抨击伊壁鸠鲁哲学。然而令人意想不到的是,伊壁鸠鲁的哲学思想反而在希腊化世界里传播得最为久远,在他所创立的"花园"之中,他的思想被奉行为不可动摇之原则长达数百年。这既与伊壁鸠鲁主义哲学思想之简易有关,也因为它降低了对接受者的要求,更为重要的是,在希腊化罗马时期,战事不断,人类的生活陷入精神与肉体的双重苦难之中,亟需一种具有精神支持力的普遍化理论来治疗。伊壁鸠鲁主义哲学生逢其时,它教给信众们不惧生死、无欲无求的生活方式,以此避世,遂大行其道[①]。

伊壁鸠鲁在友谊上的态度,自古被指责为矛盾而不一致。让我们先看看伊壁鸠鲁"基本要道"中的几条:

> 在智慧给整个一生的幸福带来的各种帮助中,最大的是获得友谊。(第27条)
> 使我们坚信可怕的事情不会永远持续,甚至不会持续很久

---

① 参阅《古典政治哲学史论》,包利民,人民出版社,2010.7,第219~256页。

的同一个信念,也让我们相信,在我们的有限的生活中,友谊最有助于增强安全感。(第28条)

那些最能够获得免除邻人威胁的安全的人,也是那些满怀信任与别人融洽相处的人。不过,尽管他们享受着充分的亲密友谊,当朋友中有人早逝时,他们也不会为之悲哭,好像这是什么值得悲痛的事情似的。(第40条)

从伊壁鸠鲁主义哲学的视角来看待友爱问题,得出这样的一些观点也许是不难理解的。首先,伊壁鸠鲁哲学认为每个人都是单个的个体,就像原子一般,都以自我为中心,人的爱欲和情感都可以从自然哲学的角度得到解释,而所谓亲情、伦理、道德等等都只是暂时性的约定。在认识到这一点后,人们就能够摆脱所有这些事物中的"自然法"式的约束,从中获得自由。所谓自由,在这个哲学派别看来,就是顺应自己的自然需求,不再增加任何人为的因素;仅仅生活在最低的限度上。因此,在这种理解之上,伊壁鸠鲁学派必然趋向于认为世间所谓的友爱并没有什么"自身内在意义"。这些友爱包括亲情、朋友、政治共同体内的责任与价值等等,人必须从这些虚幻的友爱中脱身出来。在此基础上,回归一种平淡自然的生活,与那些同样认识到这一点的人生活在一起。伊壁鸠鲁主义者所认可的友爱就存在于这样类似佛教"丛林"的哲学花园(国内亦有学者译为"菜园")之中。这种志同道合者之间的友谊,伊壁鸠鲁派是推崇的。这一点我们可以从西塞罗笔下的伊壁鸠鲁派的发言看得很清楚:

孤单、没有朋友的生活肯定面临潜在的危险和警示。因此理性本身就要求有朋友;拥有朋友就拥有信心,就能够坚定地盼望快乐。正如仇恨、嫉妒、鄙视是快乐的绊脚石,同样,友谊是保证我们的朋友以及我们自己获得快乐的最可靠的保护者和创造者。它使我们享受现在,它激发我们对不久的将来以及久远的将来心怀盼望。因而没有友谊就不可能保证生活中有永久的满足,我们若不爱我们的朋友如同爱我们自己,就不可能保存友谊本身。我们为朋友的喜乐而喜乐,如同我们自己的喜乐一样,为朋友的悲忧而悲忧,如同自己的悲忧一样,与朋友同甘共苦。因而,智慧者对待朋友如同对待自己一样,也就是对人如己,为朋友的快乐尽心尽力,如同为自己的快乐一样。①

事实上,根据伊壁鸠鲁的遗嘱以及相关文献资料所给出的信息,在伊壁鸠鲁学派的内部,信徒之间的友爱关系是非常密切,也非常牢固的。伊壁鸠鲁对其学生十分关心,遗嘱中对他们的生活和学习的安排细致入微,令人感到父亲般的关爱。他嘱咐自己的继承人抚养去世的哲学友人的儿子,"同样,他们还要抚养梅特洛多诺的女儿。到她成年后,如果她理性自制,温和驯服,海尔马格要从学派中挑选一个合适的人与她成婚。阿米诺马克和狄莫克拉蒂还要在与海尔马格商议之后从我的财产中拿出他们觉得合适的部分,逐年送给这对夫妇,帮助他们维持生活。……"遗嘱的最后一段话是:

> 万一海尔马格在梅特洛多诺的孩子成年之前遇上了什么不测,阿米诺马克和狄莫克拉蒂要尽我留下的财力提供那些孩子所必需的东西,只要他们的理性懂事。对其他的人,也要按照我安排的那样进行关照,使得他们的生活没有什么困难。在我的奴隶中,我给予米斯、尼基亚和里科自由,我还给予菲德莉恩自由。②

---

① 西塞罗,《论至善与至恶》第1卷,第20节。
② 引自伊壁鸠鲁等《自然与快乐——伊壁鸠鲁派文选》,中国社会科学出版社,2006年。

而伊壁鸠鲁派对导师的热爱在古代世界也十分有名。伊壁鸠鲁在其学派内部就像神一般受到尊敬,他的观点不会受到任何的质疑,只会被一丝不苟地遵循与实践。卢克莱修在其著作中屡屡表达了对老师的仰慕。这种友爱关系也体现在信徒之间,他们相互帮助,一起生活,共同抵御外侮,引入新的信徒,将学园传承下去。我们不得不说,这种友爱关系与后来体现在基督教中的教徒团契之间的关系已经非常相似了。

通过以上的论述我们可以看到,其实伊壁鸠鲁学派所理解的友爱,乃是哲人之间的友爱的通俗版。伊壁鸠鲁通过大幅度降低哲人友爱关系之中的理智因素与政治因素,使得这种友爱关系得以普及。他所降低的理智因素表现在,处在伊壁鸠鲁学派内部的信徒们,已经不再具有自知无知的怀疑精神,怀疑既然会对普通人造成精神上的负担,使得人的灵魂无法安顿,怀疑精神就被伊壁鸠鲁从教理中去除。去除了怀疑精神的哲学思想,就与宗教教条只有一线之隔。他所降低的政治因素表现在,伊壁鸠鲁主义者认为人可以完全脱离世俗社会而生活,也就是说,通过脱离原有的世俗政治世界,到纯粹的自然世界中自己构建一个非政治的精神团体。这对于单个个体来说,类似于"回归田园",对于一个群体来说,就好像佛教所说的"出家"。通过明确表示自身及团体的非政治性,来降低对政治世界的威胁,也避免来自政治世界的威胁。而实际上我们知道,政治世界乃是唯一的人类世界,在这一个世界上并不存在任何的净土。而所谓的净土也有可能被政治所感染、腐蚀,变得比政治世界更加肮脏可怕。

伊壁鸠鲁主义哲学所理解与实践的友爱,为后世基督教思想中的团契概念奠定了基础。然而在基督教思想中,又存在着与伊壁鸠鲁主义哲学的根本不同。首先,正统的基督教思想并没有完全否定怀疑精神,而是将怀疑作为辩证法纳入到经院哲学的论证体系中,让怀疑精神为神学理论体系服务。因此基督教思想就获得了比伊壁鸠鲁主义更广泛的受众,那些习惯于理性思考的人,也能够被吸纳入基督教之中来,它对斯多亚学派的信徒也具有吸引力。其次,正统的基督教思想不将世俗中的个体作为信奉的对象,三位一体理论的提出,就要比伊壁鸠鲁学派内部对伊壁鸠鲁本人的崇拜高明得多;基督教思想也不认为在世俗世界中存在着能够逃离政治价值判断的净土。这种超政治的精神与世界只能存在于高于人类世界的另一时空中,就如奥古斯丁在《上帝之城》中表示的思想那般。这两方面的不同,乃是因为基督教思想的希腊思想源头中,还包括了新柏拉图主义的普诺提洛哲学理论。

但是,伊壁鸠鲁主义哲学对友爱关系上的态度还是有自己的特色和吸引力的:它降低了理论的标准,使得之前被高级知识分子、贵族阶层所拒绝的普通民众也被吸纳到文化精神世界中来,它关注了以往的哲学家、思想家们都并不关注的弱者的利益与呼声,它从理论层面为人与人之间在本性上的平等做出了证明,所以它既主张人们应该逃离世俗世界,但另一方面,又认为人们可以摆脱各种各样的身份限制,相互之间成为真正的朋友,这就为基督教的博爱思想提供了基础。这种博爱的理念,是古典政治哲学的思想家们完全所不具有的。在古典哲人看来,仁慈是可以理解的,但博爱却难以理解;在现代哲人看来,这两者之间并不存在根本的区别,仁慈是博爱的基础。也正是因为这样的观点,伊壁鸠鲁主义的思想会被近现代启蒙思想家们援引作为自由民主思想的理论渊源[1]。

(三)西塞罗的《论友谊》

罗马共和国的执政官西塞罗,一般被认为是斯多亚哲学的信奉者。他对柏拉图的热爱人所皆知,他写作了大量的作品,其中就包

---

[1] 参阅《伊壁鸠鲁主义的政治哲学》,【意】詹姆斯·尼古拉斯著,溥林译,华夏出版社2004年7月版,"中译本导言"。

括了与柏拉图作品同名的《国家篇》《法律篇》,他对古希腊哲学思想非常喜爱也十分熟悉,他的伦理学著作《论责任》,是作为寄给他在雅典学习的儿子马尔库斯的信来写作的,这似乎类似于亚里士多德以他的儿子尼各马可来命名其伦理学著作。一直以来,西塞罗受学界重视的是他在修辞学方面的著作,他是一个演讲大师,他的演讲稿被后人无数次地学习摹仿;他的《国家篇》《法律篇》被研究政治理论的学者们分析研究;而他的戏剧作品,如《论老年》《论友谊》则没有受到太多关注,相关研究成果也寥寥可数。但实际上,如果我们从古典政治哲学的角度来看待西塞罗的这些著作,就会发现里面别有洞天。

《论友谊》还有另外一个标题,即《莱利乌斯》,是《论老年》(又称《老加图》)的姐妹篇,从这篇作品的自我介绍来看,据作者称乃是献给他的好朋友阿提库斯的礼物。阿提库斯[1]身份的特别之处在于,他曾长期在雅典学习,对古希腊文化思想有深入的认识与了解,并且他还主持翻译出版了柏拉图的作品,所以这篇作品的理解框架,就被设定在两个对希腊文化有深入了解,特别是对柏拉图作品有深入了解的的好友之间。

《论友谊》是一篇对话作品,但这篇对话作品却如柏拉图《会饮》一般,存在着多重的转述,处在最里面的是罗马共和国的政治家莱利乌斯与其女婿范尼乌斯、斯凯沃拉的对话,其主题首先是关于

---

[1] 提图斯·彭波尼乌斯·阿提库斯(T. P. Atticus,公元前110年? ~前32年)出身于富有的骑士家庭,政治立场中立,致力于经济活动,为逃避政治斗争曾移居雅典。后接受西塞罗的建议开办出版社出版高质量的图书。他有着较高的文化修养,又极善经营。他聘请历史学家科内波斯(C. Nepos)和语法学家蒂拉尼昂(Tyrannion)等一批学识渊博的学者当编辑,并培训大批有文化的奴隶来担任抄书员和校对员。正因为有一个高水平而又严肃认真的"编辑部",因此由他出版的"阿提库斯抄本"的名著在当时享有极高的声誉。在他的出版活动中,最值得注意的是,他曾命人以亚历山大的忒拉绪洛斯编修本为基础,重新注疏出版了柏拉图作品集,并沿用悲剧四联剧套式将其编成四部一卷。参见《读书》1981年12期,王以铸,"谈谈古代罗马的'书籍'、'出版'事业"一文;以及第欧根尼拉尔修,《名哲言行录》,III 49 – 51;另参照百度百科中对阿提库斯的介绍。

莱利乌斯与西庇阿的友谊,随后是莱利乌斯所发表的对友谊的认识;然后是斯凯沃拉对这次谈话的转述,接下来就是"我"对斯凯沃拉所转述的谈话的再次转述。西塞罗在文中说,为了避免转述的麻烦,他对谈话的要点进行了处理,并且打算把谈话者带到"舞台"上来,让他们自己开口,以使得读者能够身临其境。使读者身临其境,其目的和柏拉图选择戏剧的形式来表现哲学应该类似,无非是让读者能够深入到论证之中,将论证与自我认识联系起来,把哲学研究当作是与自己密切相关、须臾不离的事情来看待。但这里发生的多重转述又有什么目的?或者我们只能将其与西塞罗写作的处境联系起来,西塞罗写作《论友谊》时,正处于晚年时期,在政治上遭到后三巨头之一的安东尼的打压,人身安全受到极大威胁,后来也正是安东尼派人将其暗杀的;而据西塞罗介绍,斯凯沃拉在转述莱利乌斯的谈话时,正与庞培发生剧烈的矛盾,友情破裂,在政治上也受到了威胁;又通过斯凯沃拉的转述,西塞罗又给他的读者透露了这样的信息,当时莱利乌斯的好友西庇阿忽然暴毙,他的两个女婿前来看望他,这才产生了这次关于友谊的谈话。而西庇阿暴毙的原因,据推测乃是政治暗杀。由此我们就可以了解到,西塞罗采取多重转述的方式来写作《论友谊》,其一是想避免政治上的麻烦,其二也是想向他的读者揭示谈论友爱问题在政治上的危险性。通过这一结构上的分析,西塞罗向我们表明他乃是以古典政治哲学的方式研究与表述哲学问题。这一点其实是显而易见的,因为他最爱的思想家一直都是柏拉图。

接下来是《论友谊》的主体部分。西塞罗又将其分为三个部分。在第一部分,莱利乌斯的两个女婿询问他如何看待其挚友西庇阿之死,其原因是莱利乌斯似乎对西庇阿之死表现得很平静,这与人们所设想的情况不太一致,另外更为重要的是,莱利乌斯没有出席近日举行的一次占卜师之间的例行聚会,这或许引起了某些人的怀疑。西庇阿的暴死,乃是当时政坛上一件非常重要的事情,在此时人们迫切需要了解到西庇阿的挚友莱利乌斯的个人意见,因为他的个人意见代表着他对西庇阿之死的政治态度。所以个人对友爱问题的理解,就直接与政治事实关联了起来。莱利乌斯在这部分的回答比较简短,他说自己没有参与最近一次占卜师例行聚会的缘故是自己生病了。这个回答实际上可以看作是托词,因为范尼乌斯说过莱利乌斯在这次之前,从未缺席过例会,也就是说在过去这么长的时间里,没有任何情况阻止莱利乌斯参加例会,由此我们可以设想,如果不是极为严重的疾病,是不可能阻止莱利乌斯去参加例会的,而就莱利乌斯本人目前的状况而言,又不像是从极为严重的疾病中恢复过来,因此所谓生病只能看作是托词,他不愿意参加这样的聚会。

对于自己好友之死的平静态度,莱利乌斯解释说,他确实感到悲伤,但觉得不应该太过悲伤,因为太过悲伤实际上是对西庇阿的嫉妒,而这种嫉妒不是友爱而是对自己的爱。他强调西庇阿的一生是幸福的,他与西庇阿在一起的生活是幸福的,因此自己也是幸福的,他希望这段友爱能传诸后世,留给人们长久的回忆。莱利乌斯的这段话表明,他与西庇阿的友爱已经随着西庇阿的去世成为了一件友爱的作品。他本人已不再对这个作品有任何进一步的想法,因为它已经足够完美。这实际上表明,他不会为西庇阿的暴死在政治上有任何进一步的报复行动。

随后便是《论友谊》对话主体的第二部分内容,在莱利乌斯婉转地表明了自己的政治态度后,即不愿意参加任何以西庇阿之死为借口的政治行动。对话的内容转向了对友爱的进一步讨论。女婿们要求他深入地谈一谈友爱问题。这一段内容也比较简单,所谈的无非是关于友爱的一般性意见,但这些意见也还是值得我们关注。莱利乌斯首先说,友爱只能存在于好人之间[①]。其次他说,友爱是关于人和神的一切问题的看法完全一致,并且相互之间亲善挚爱[②]。接着他还说,真正的朋友就是另一个自我,友爱还使得世界、城邦和家庭存在。最后他又引述了恩培多克勒的观点,称友爱乃是一种根本性的宇宙力量。在引述恩培多克勒时,他称之为"阿格利琴托的一位哲学家",然后就结束了这一部分的讲述。这一段话,基本上都是对友爱的正面论述,从一般的友爱最终上升到宇宙性力量,莱利乌斯突出了友爱的正面效应,这既是在宣传友爱的好处,同时也潜在地表达了他的关于友爱问题的政治观点,即友爱应该服务于家庭、城邦、世界的稳定和团结。为何莱利乌斯要做这样的表述呢?我们可以大胆地猜测,他的两个女婿所参与的占卜师的聚会,或许正在密谋一次以为西庇阿复仇为借口的政治活动,因此他借谈论友爱来劝诫其女婿不要打着友爱的旗子参与到不利于家庭、城邦稳定团结的政治密谋之中。以上便是第二部分的主要内容。

《论友谊》对话主体的第三部分篇幅最长,几乎占到全篇的三分之二,比前两个部分加起来还要多出不少。在经过了第二部分的谈话后,莱利乌斯的两个女婿要求他继续谈论友爱问题。实际上范尼乌斯与斯凯沃拉已经从其岳丈大人的话中听出了一些端倪,但并不是特别明白,这才请求他继续说下去。莱利乌斯说,他不能不满足女婿的要求,我们当然可以说,这也是他们翁婿之间友爱的见证。随后莱利乌斯就开始了对友爱问题更进一步的论述。

莱利乌斯首先从拉丁文词源学上对友爱给出了解释,他认为友爱(amicitia)来自于爱(amor),而不同种类的爱欲将造就不同层级的友爱。一般的爱都是需求性质的,会给人带来物质上的好处,而根本性的爱则是精神上的,由这种精神上的爱所造就的友爱就更崇

[①] 参阅《西塞罗三论》,【古罗马】西塞罗著,徐奕春译,商务印书馆2005年12月版,第52页。
[②] 参阅《西塞罗三论》,第53页。

高,也更坚固①。此时莱利乌斯并没有谈到哲学,他忽然停下来说不讲了,因为担心女婿们对这些没兴趣,但两个女婿都表示很愿意听下去,莱利乌斯才继续往下说。我们可以把莱利乌斯的这一短暂停顿当作一种思想上的检验。如若女婿们对两种友爱的区分有所感觉,继续谈下去才是有意义的,如若女婿们将所有的爱或追求都看作是同一种性质的,没有高贵低下之分,那么接下去的谈话也就没必要了。女婿们通过了检验,莱利乌斯才继续往下说。

  莱利乌斯接下来就谈到了人们对名誉的热爱。莱利乌斯在这一段的谈论直接了当,让人触目惊心。他说,人们往往热衷与追求名誉,而这种对名誉的热爱则是对友爱的致命打击。于是莱利乌斯给友爱制定了规则,"勿要求朋友做坏事,若朋友要你做坏事,你也不要去做"②。他又说,需要将"我们只要求朋友做好事,而且也只为朋友做好事"③当作第一原则。这几乎就是直白地告诉两个女婿不要去参与政治密谋。这可以算是对第二部分的一次复述。随后,莱利乌斯接着谈到了两种友爱态度,一种是认为应该避免友爱关系,不关心世界上的事情,这其实是伊壁鸠鲁主义的态度,另一种是认为美德意味着强者的高贵与孤独,应该认识到世界是由不可改变的理性所安排,一切都只能以"不动心"的态度应对,这其实是斯多亚学派惯常的态度。西塞罗笔下的莱利乌斯对这两者都作出了批评。他随后也批评了享乐主义的态度,和将友爱当作纯粹的利益交换的观点。在点评了这些关于友爱问题的意见之后,莱利乌斯也讲述了在友爱的实践中需要注意的细节,如平等、忠诚、宽容、敬重等。与亚里士多德不同的是,西塞罗笔下的莱利乌斯在介绍了友爱的好德性之后,又提到了在友爱实践中要注意到的威胁,如必须避免来自献媚者的伤害,必须认清楚他人的真实意图,又如在友爱关系发

---

  ① 参阅《西塞罗三论》,第57~59页。
  ② 参阅《西塞罗三论》,第62页。
  ③ 参阅《西塞罗三论》,第63页。

生变化时，应该采取适宜的策略处理等等。这些论述都表明了在西塞罗的认识中，友爱问题与政治存在的关联性，或者说，他认为必须从政治的角度来理解友爱问题。

随后就到了全文的结尾处。在这里，莱利乌斯的话值得我们注意，在他谈到人们必须注意与避免的友爱中的伤害之后，他说，"不知怎么搞的，我已经离题了，我所谈的已经不是那种完人的友谊，即'智者'（当然是指人性所能具有的那种'智慧'）的友谊，而是那些庸俗的、不牢靠的友谊。那么，让我们回到原题，并且最后作一个总结"①。实际上在这段话之前之后，莱利乌斯都没有再提所谓的完人和智者，也没有提到什么智慧。在这段话之前，他只说了关于友爱的原则，必须遵循的和必须避免的等等，这样的说法对于由法律文化培养起来的罗马人来说，是简单易行的；在这段话之后，莱利乌斯谈到的是美德，至于究竟美德是什么，他却一个字也没说，只是在最后说，美德是第一位的，没有美德就没有友谊，而仅次于美德的是友爱。那么美德究竟是什么呢？幸好在最后莱利乌斯对他与西庇阿之间的友爱关系做了细致的描绘，我们就来分析这一段话，莱利乌斯说：

"……我断言，无论是财富还是禀赋所赐予我的一切恩惠中，没有一件能比得上西庇阿对我的友谊。在我们的友谊里，不但有对社会问题的一致看法，有对私人事务的彼此商量，而且还有消磨闲暇时无忧无虑的欢乐。就我所知，甚至在最细小的事情上我也从来没有得罪过他；我也从来没有听见过他说过一句我不希望他说的话。我们住在同一座房子里，同桌吃饭，过同样的生活；我们不但在海外服役期间在一起，而且在外出旅行和乡间度假时也总是在一起。至于我们在闲暇时常常找一个僻静的地方一起专心致志地研究学问，

---

① 引自《西塞罗三论》，第83页。

这还用得着说吗？……"①

　　从这一段话中我们可以找出哪一点是促成莱利乌斯与西庇阿独一无二的友爱的那种美德呢？这肯定不是在社会与私人事宜上的一致看法，因为这一点一般朋友也可以做到；也肯定不会是相互不得罪，这只要相互尊敬之人就能做到。共同生活虽然关系密切，也应该不是友爱之美德的源泉，因为他与西庇阿所过的共同生活，大部分罗马公民也曾经有过。这样看来，唯一不同的，就在于莱利乌斯认为用不着说的那一点，即"在闲暇时常常找一个僻静的地方一起专心致志地研究学问"，也就是说，他们在一起研究哲学、追求智慧。这才是他们获得促成友爱之美德的源泉。即使是在这句话里，莱利乌斯也不忘提醒说，需要找一个僻静的地方研究学问②。

　　友爱的终极保证，只能是研究哲学所获得的智慧；完美的友爱只存在于哲人之间。这便是西塞罗以及所有古典政治哲学家对于友爱问题的一致看法。但这一点并不适宜于毫无遮掩地讲出来。尤其在一直不能完全接受希腊哲学文化的古罗马，将最高的友爱与哲学联系起来，这样的说法会对罗马的政治伦理造成威胁。因为罗马的政治基础是建立在法律与信条之上的，最高的美德不是哲学或智慧，而是勇气与服从。西塞罗作为柏拉图的热爱者深知这一点，他也以同样优美的方式将自己对友爱问题的思索表现了出来。

---

① 引自《西塞罗三论》，第84页。
② 参阅《尼各马可伦理学》，1172a1-16。

附二

三位现代思想家之友爱

古典友爱论后来进入基督教中,成为整个神圣救恩大序中的一环,尤其是在大公教会的神学体系中。那些友爱论述会更让人想到西塞罗、亚里士多德,当然也可以让我们向前想到柏拉图的《吕西斯》。它们将古典思想带到了近代(我们只举出蒙田和卢梭的例子),甚至还通过天主教传教士带到了东方(我们不妨提到卫匡国的《逑友篇》)[①]。

进入20世纪,哲人关于友爱的论述和实践,依然是我们理解政治哲学的一个关键。《吕西斯》的身影在当代哲思中不时扑面而来。对于哲学家而言,友爱问题并不仅仅是存在于白纸黑字间的理论问题,同时也是与生活息息相关的实际问题。这种生活既可能是平静愉悦的,也可能是惊涛骇浪般的。哲学家们往往需要同时思考与处理这交织在一起的两种问题,这个过程将他们所思考的哲学理论问题显现为一种特别的生活方式。在现代思想史中,有三位思想家的言行与友爱问题尤其显得密切相关。他们思考的问题与人生经历又彼此关联、相互影响,因此在研究友爱问题时特别值得我们关注。这三人便是伽达默尔、施密特与德里达。下面我们将通过对这三位思想家的言行的叙述与分析,展现友爱问题在哲学家那里的特别之处。并以这种方式给出一段关于友爱的思想史剪影。

---

① 参看包利民"逑友于必要的张力中——论卫匡国的《逑友篇》",载于陈村富主编:《宗教与文化》(1),1994,中、英文对照,东方出版社。

一、伽达默尔与友爱问题

1. 关于伽达默尔的一次访谈

上个世纪八十年代初,伽达默尔(Hans – Georg Gadamer,1900. 2.11—2002.3.13)曾访问美国,在波士顿学院他接受了福尔廷教授(Ernest L. Fortin)组织的一次访谈①。在访谈中,伽达默尔风趣地说,他在美国亲自观察到了施特劳斯"如此众多的学生在这个国家的不同部分所作出的贡献:您(指福尔廷),阿兰·布鲁姆,里查德·肯宁顿(Richard Kennington),维尔纳·丹豪瑟(Werner Dannhauser),希莱尔·吉尔丁(Hilail Gildin),斯坦利·罗森,还有其他人。我经常被要求在我从来没有听说过和我知道那里不会有人熟悉我的著作的地方讲演。每当碰到这种情况,我可以肯定,邀请是某个施特劳斯分子发出的。他们总是善意和开放的……"

伽达默尔回忆说,在二十世纪二十年代,他与施特劳斯就认识了。伽达默尔当时兼任马堡大学图书室的管理员,施特劳斯有时会来借书。伽达默尔说他仍然清晰地记得他们最初见面的情景,他说,施特劳斯"是一个矮个而我是个高个"。而他们有个共同的朋友,雅可布·克莱因。但是直到三十年代他们才熟悉起来,伽达默尔来到巴黎与正在这里做研究的施特劳斯会面,"非常愉快地一起盘桓了十天"。施特劳斯将科耶夫介绍给了伽达默尔,还带他去一家犹太餐馆用餐,甚至有一天他们一起去看了场电影。这场电影里

---

① 这次访谈的具体时间是 1981 年 12 月 11 日,其内容经福尔廷教授编辑并通过伽达默尔的同意后发表了。这次访谈的中译本被收录在《回归古典政治哲学——施特劳斯通信集》中。福尔廷教授是施特劳斯的学生。参阅《回归古典政治哲学——施特劳斯通信集》,【美】施特劳斯等著,朱雁冰、何鸿藻译,华夏出版社 2006 年 8 月版。第 485~501 页;本节中有关访谈的引用都出自于此。

报道了所谓"德国裸体运动"的体育新闻,实际上却是穿着衣服的运动员,只是这个运动组织得类似于阅兵,其中每一个人都表现得非常机械,使得法国人觉得十分滑稽。"整个剧院哄堂大笑。"此后他们就保持了经常的联系。后来虽然有一段时间通信中断了,但当他们再次见面时仍然热情如故。伽达默尔说:"一天,在谈论过程中,我提到我的一篇论文,他说'可您从来没有给我看过!'我告诉他,把我写的所有东西都送给他看没有什么意义,因为其中很多东西远离他的兴趣。他回答:'噢,不。我总是对您写的一切都有兴趣。'我很感动。我提这件事,不是因为它反映了我自己的价值,而只是为了表明,我们是好朋友。"①

福尔廷随后坦率地质疑了伽达默尔与施特劳斯之间的友谊。他认为:"对于我们时代的危机,对于海德格尔所谓'世界的黑夜降临',对于所有意义和价值视域的灾难性冲突,施特劳斯比您(伽达默尔)赋予了更多的重要性。在他(施特劳斯)看来,这是新诠释学所现身的处境,其特点是在根本问题上完全缺乏共识(agreement),以及所有迄今普遍接受的观点的无根据性大白于天下。您(伽达默尔)似乎对此不太重视。"

这个质疑显得直接而犀利。伽达默尔曾说,施特劳斯"非常友善,我听他说话非常愉快。但每当发生了哲学问题,他就避开了"。"他不喜欢讨论他和我之间的分歧。对话没有展开,我对此一直感到遗憾。"或许施特劳斯所避免的正是类似的质疑。而在这次访谈时施特劳斯已仙逝七年,由他的学生提出这个质疑,伽达默尔可以稍稍弥补这个遗憾。

伽达默尔回答说:"我认为,没有一些共识,一些基本的共识,任何分歧都是不可能的。在我看来,分歧的首要性乃是一种偏见。这即海德格尔所谓'为明证知识操心';这就是,专注'认知性知识'献

---

① 参阅本段第3小节关于"善良意志"的论述。

身于确定性,认识论的首要性,科学家的独白。我自己的观点则一直是关于整个世界的诠释学。我们必须认识到科学方法论或独白认识论的限制。在我们社会所奠基其上的意见制造技术的结构之下,我们可以看到一种更基本的包含着某些共识的交流经验。这正是我为什么总是强调友谊在希腊伦理学中的作用的原因。在我和施特劳斯的讨论中(参见《真理与方法》页485),我提到这一点。我的就职演讲——一个人开始其教学生涯的公开演讲——讨论的就是这一主题。我的观点是,在亚里士多德的《伦理学》中占据了两卷的东西在康德那里只有不超过一页的篇幅。当时我28岁,还没有成熟到足以把握这一事实的完整的意义;但我多少有所预感,而我的最深刻的(如果我可以这样说的话)见解之一与我所称的思想者与社会之间的紧张关系有关——一个施特劳斯式的主题。"①

  接下来伽达默尔却谈到了他与阿兰·布鲁姆的一次争论,阿兰·布鲁姆认为苏格拉底是无神论者,而伽达默尔认为苏格拉底和柏拉图"都坚持一种和宗教崇拜有些疏远的遵奉主义,但是在这种遵奉主义背后潜藏着一个信念:存在着神,存在着某些我们永远不可能设想的东西"。伽达默尔相信,"施特劳斯也许会同意我的观点,但我怀疑布鲁姆是否会同意"。随后他讲到与阿兰·布鲁姆在对《游绪弗论》解释上的争执,他说,"我们之间发生了热烈但友好的口角"。

---

① 伽达默尔致力于对友爱问题的思考,他曾写过一系列关于柏拉图著作的文章,其中有一篇就是对《吕西斯》的解读。这篇文章是他晚年的作品(1972年,伽达默尔时年72岁),据伽达默尔著作的编辑者说,这一篇文章与另一篇关于柏拉图的文章"柏拉图《斐多》中对灵魂不朽的证明","最为清楚地显示了伽达默尔对柏拉图的解释学研究"。也因此在编辑伽达默尔关于柏拉图作品论文集时,这两篇文章就被排在了卷首(参阅《伽达默尔论柏拉图》,【德】伽达默尔著,余纪元译,光明日报出版社1992年1月版。编者导言)。放在第一篇的就是"柏拉图《吕西斯篇》中的言语与行为"。

虽然这份访谈还包含着更多精彩的内容①,但我认为引述到这

---

① 福尔廷教授随后提出了一个稍微缓和的问题,他说如果诠释学本体论只是"一个过渡期,一个与所有的视界之瓦解精确地一致的时期",这就会类似于海德格尔所期待的一种新的共识,甚至是"新的神"。而在他看来施特劳斯会认为,即使这种过渡期成为了现实,那还是会出现一种后诠释学的处境,这也就是说,这个过渡期根本不可能实现。伽达默尔回答说,他"否认谈论一个后诠释学的时代有任何意义。……它最多也只是一种形象化的说法"。他认为"海德格尔的意图也只是让人们看到在我们当代的技术社会中达到顶点的这一西方道路的片面性"。因此伽达默尔就表明,他根本没有指望出现一个所谓所有视界之瓦解精确一致的时期。他也完全不能认同海德格尔所谓新神或类似的说法。伽达默尔为此还提出了两个特别的观点。

其一,他认为传统是活的东西(因此不可能希求精准),而这种传统甚至是实实在在的影响与观念,他认为人们"是在14岁到18岁之间被塑造成形。学术教师总是姗姗来迟。在最好的情况下,他们可以训练年轻的学者,但是他们的作用不是去培养性格"。这也就是说,这些早已形成的性格,作为传统的一种形式,就是在理解之前很难绕过的条件。他甚至认为教授们在教育上不能改变这一前在的性格,而他自己就是证明,他只是部分认同海德格尔,并没有被海德格尔"改造"(参阅《哲学的基本假设与理想国》,陈家琪著,中国人民大学出版社2007年版,绪论,"哲学中的文化差异",第25~38页)。

其二,他说到当海德格尔"开始说出他关于诸神的回归的神秘暗示时,我们真的是被震惊了。我再次和他接触,发现那并不是他心里所想的。它是一个 faon de parler(说话方式)。甚至他的'只有一个上帝能够救助我们'的著名说法,也只是意味着,计算性政治不是能够将我们从迫在眉睫的灾难中解救出来的东西"。伽达默尔似乎暗示,甚至在海德格尔那里,也存在着某种意味上的"隐微写作",海德格尔所讲的和所想的并不一致。

此处又可回应之前福尔廷问及关于隐微与显白写作方式时,伽达默尔所做的回答。伽达默尔认为当年他与克莱因一起发现了柏拉图作品中戏剧因素的重要作用(在施特劳斯的《剖白》一文中,施特劳斯将此功归于他与克莱因,参阅《苏格拉底问题与现代性——施特劳斯讲演与论文集:卷二》刘小枫编,彭磊、丁耘等译,华夏出版社2008年3月第1版,第273页),他并不像克莱因那样强调戏剧结构的重要性,他认为这种方法类似于"塔木德式"或"拉比式",由于施特劳斯是犹太人,伽达默尔认为这种身份和特殊的经验会促使他在解读文本的方式上做出这种选择,伽达默尔说:"在康德时代最早的犹太哲学家之一萨洛蒙·迈蒙(Salomon Maimon,1754—1800)身上,是存在着这种因素的。迈蒙写过一本非常有趣的自传,其中追溯了犹太学校制度对他自己思想的影响。该书是有启发意义的,因为我们在这里看到一种类似的,特别是压迫的经验。施特劳斯出身的黑森林州,在这个世纪的头几十年以其反犹主义而著名。"由此,就可以和之前他所说到的第一点联系起来,知道他为何要提出人们会在14到18岁之间被塑形。又可以和访谈最开始时他提到在马堡时期对施特劳斯的印象联系起来,伽达默尔说他"特别记得他(施特劳斯)有趣的样子:隐秘的、怀疑的、讽刺的,和总是不无愉快的"。(关于施特劳斯的性格,还可参看《走向古典诗学之路——相遇与反思:与伯纳德特聚谈》,【美】伯格编,肖涧译,(转下页)

里对于我们的主题来说已经足够了。从这段访谈里我们可以看到伽达默尔作为一代思想大师的风度,可以见证到他与施特劳斯的深厚友谊,以及他对这种友谊的确证。还可以看到,他是如何看到他与施特劳斯之间的友谊和思想分歧之间的联系,以及施特劳斯的学生们又是如何看待这种联系的。在访谈中,我们还看到了伽达默尔是如何替他的老友继续与学生们交流、沟通。我认为从这段访谈看来,作为一个思想家而言,友爱问题已经在伽达默尔那里得到了完美的呈现。

友爱的完美呈现却无法替代对友爱问题的思考,或者说对友爱问题的思考恰恰是对完美的质疑。是否这种友爱关系仅仅是伽达默尔的"善良愿望"呢?接下来,我们接续绪论结束部分的话题,将目光转向伽达默尔的一篇重要论文"柏拉图的教育城邦"。在这篇

(接上页)华夏出版社2007年1月版,第44~46页。)克莱因曾提醒伽达默尔,施特劳斯对他有所疑虑,这可能是因为伽达默尔身上有一种"因为成功而自豪的青年学生的盛气"。伽达默尔在知道施特劳斯的敏感后,就十分小心不去冒犯他了。由此我们可以看到,伽达默尔在访谈中所展示出来的他的思维模式的确是诠释学的,无论是对人还是对事,伽达默尔完全忠于他的思维方式。而施特劳斯与伽达默尔的核心争论点也许就在这里,一个人是否能超出其无法超越的前见呢?甚至他都无法逃脱其年少时被塑形的观念吗?如此就要牵涉历史主义与虚无主义的问题了。

福尔廷的最后一个问题很委婉,但其内容却还是非常尖锐。他说施特劳斯同时关注哲学与政治两个维度,而伽达默尔似乎对政治的维度不太关注。伽达默尔深知这一问题的严重性,这需要他代表整个经历过纳粹德国统治并未出走的德国思想家发言,伽达默尔假借对亚里士多德的理解回答说:"我们是会死的人,不是神。如果我们是神,问题可以被作为一个选择提出。遗憾的是,我们没有这种选择。……我们总是根植于我们在其中成长的社会结构和规范性看法之中,必须承认我们是一个总是在某些预先形成观点基础上前进的发展过程的组成部分。我们的处境是一种根本的和不可逃避的诠释学处境,我们不得不安于这样一种处境,通过在政治和社会的实践问题与理论生活之间进行调解。"这段回答让人不得不联想到雅斯贝斯、海德格尔等等诸多德国思想家。就像施特劳斯声称自己永远不可能脱去犹太人这一身份那样,伽达默尔也只是说,他们永远是出生于德意志的日耳曼人(参阅"论哲学在政治上的无能",伽达默尔著,张小简、周晓亮译,《第欧根尼》期刊,2000年第1期)。如果思想家相信人能凭借哲学超越个人的前见,那么这一理论生活与实践生活之间的紧张矛盾问题将会得到一种特殊的解决。如若认为这种前见是无法超越的,那么这一紧张将始终存在。

文章中,伽达默尔论述了关于友爱与哲学及政治之间的关系。

2. 关于"柏拉图的教育城邦"

在福尔廷对伽达默尔的访谈中,伽达默尔曾认为,人们"是在 14 岁到 18 岁之间被塑造成形的。学术教师总是姗姗来迟。在最好的情况下,他们可以训练年轻的学者,但是他们的作用不是去培养性格"①。伽达默尔曾被问及如何看待教授们作为一个教育者的责任,而他的回答是"教授们在这方面没有什么作用"。正是因为采取了这样一个视角,即将生活经历当作人们思考时很难逾越的前见(传统、基础),因此在伽达默尔对柏拉图《理想国》的理解中,他赋予了柏拉图的《第七封信》②以特别重要的位置。

"柏拉图的教育城邦"的第一句话是,"第一次世界大战以后,德国的柏拉图研究者把柏拉图的政治生活当作理解其著作和哲学的一个基础"③。伽达默尔认同这个基础,但他并不认为《理想国》所讨论的并非城邦的实际结构和政治制度,他认为《理想国》"所关心的是城邦的正确教育,有关公民的权利和义务的教育。而从根本上说,它就是哲学教育。这场对话是一场哲学讨论,在其中构筑了一个理想的城邦,一个远离现实的乌托邦。柏拉图在这里要求一个

---

① 在原文中,伽达默尔说这些话的目的,在于说明他与海德格尔之间的关系,他只承认海德格尔对他的有限影响。

② 如何理解柏拉图的书信,在学界的意见并非统一。一部分学者将这些书信看作真实的书信,即它确实是由柏拉图所写出,其目的也在于寄给某人的。还有一部分学者认为,柏拉图的书信也是他所创造的哲学作品。柏拉图通过这些书信同样传递出了他特别的政治哲学教诲。可参阅《柏拉图书简的真伪》(彭磊,《求是学刊》2009 年 3 月)、《哲人的自我教育——柏拉图"自传"诠解》(彭磊,《北京大学教育评论》2009 年 1 月)、《政治生活中的哲人:柏拉图论"建议"》(彭磊,《世界哲学》2010 年第 6 期)等相关论文。

③ 第一次世界大战后,辉煌一时的德意志帝国轰然倒塌,随之而来的是孱弱无力的魏玛共和国,德国的政治界和知识界都还没有做好面对议会民主政治的充分准备。如伽达默尔在访谈中所说,"普遍的感觉是找不到方向",因为政治忽然成为了每一个思想者必须关心的问题。这是德国知识界对柏拉图研究开始转向的政治背景。

哲学家统治的,或者统治者被哲学教以如何统治的城邦"。伽达默尔接着说道:"柏拉图绝不是通过抽象理论推导出哲学家掌握统治权这个要求的。相反,它的提出是他青年时代的政治经历的自然结果。"随后伽达默尔便引用到了柏拉图《第七封信》中非常著名的那段话:"我思考着这些事情,思考着这些人治理城邦的方式,思考着他们的法律与习俗。年龄越是增长,我越感到要正确管理城邦事务是多么困难。首先,我认识到,没有忠实的朋友和可靠的伙伴,任何事业也不能成功。由于我们的城邦已不再按祖先规定的原则和制度来生活,所以要找到这样的人实在不是易事。而要很快地获得另外的新朋友也根本不可能。其次,成文法律与公众道德皆被败坏,世风急转直下。因此,尽管我一开始极度热心于从事政治活动,然而考虑到所有这些事情,看到它们如何以惊人的速度向四面八方急速恶化着,我就变得头晕目眩,茫然不知所从。诚然,我并没有放弃考虑用何种方式可以改善这些状态及整个政治组织,但却一再地等待行动的合适时机。直到最后,放眼现在所有的城邦,我感到它们都处于极坏的统治之下。它们的立法途径已经败坏到无可救药的地步,除非来一场剧烈的变动。我不得不宣告,必须颂扬正确的哲学,通过它,一个人可以认识到在公众生活和私人生活中,什么是正义的。因而,除非真正的哲学家获得政权,或者城邦中拥有权力的人,由于某种奇迹,变成了真正的哲学家,否则,人类中的罪恶将永远不会停止。"[1]

如伽达默尔所言,这段话非常重要,仅从这里就可以勾勒出关于哲学、友爱、政治之间的关系:要成就政治事业必须要有忠实可靠的朋友,而只有颂扬正确的哲学,那些能够成为忠实可靠的朋友的人才有可能出现,因此需要用哲学来教导身处政治之中的人们,使他们互相为友,从而达成政治的和谐。据伽达默尔所说,这也就是

---

[1] 引自《伽达默尔论柏拉图》,第 82~83 页;参阅《第七封信》,325B。

柏拉图全部的政治哲学,"只有正义才能产生稳固持久的城邦,只有对自己是朋友的人才能赢得别人的坚贞友谊"。① 正是这两个命题,"一方面确立了城邦与灵魂之间的本质联系,另一方面又确立了政治与哲学之间的本质联系"。在该文随后的部分,伽达默尔便通过解读《理想国》对这两个命题展开了论述。

我们可以先来关注伽达默尔在得到这两个命题之后并在展开论述之前的一段特别的说法,伽达默尔说,《理想国》所倡导建立的教育城邦,确实可以指"学园中这种教育得以实践的现实的、生动的团体"。这也就是说,伽达默尔承认并且看到了,如若缩小政治事物的范围,即从城邦事务缩小到学园事务,那么《理想国》所倡导的教育城邦就具有一种现实性,甚至它在历史上差不多就实现了,如伊壁鸠鲁式的学园等等②。然而伽达默尔并不认为柏拉图会同意让这种学园躲避于更大的政治范围之外,他也不认为柏拉图会是一个逃避政治责任的哲学家。因此伽达默尔宁愿认为《理想国》所倡导的教育城邦具有无法实现的乌托邦性质,"正是因为它无视政治与立法之间的内在联系,正是因为它撇开其他一切,把注意力完全集中在对领导者们的正当教育上,柏拉图的理想城邦才具有虽不直接,但却十分真实的政治意义"。③ 这一段话,差不多就可以看作是伽达默尔对柏拉图作品理解上的政治表态。伽达默尔或许会承认,他与柏拉图相比在政治上是要乐观一些的。

接下来我们归纳伽达默尔对两个命题的理解。在伽达默尔所提出的两个命题中,关键词是"正义"与"哲学"。在伽达默尔看来,正义就是"通向善的秩序和规则,而且在获得正义的地方就是把敌

---

① 引自《伽达默尔论柏拉图》,第84页。
② 参阅《名哲言行录》,卷十,"伊壁鸠鲁";参阅《论僭政——色诺芬〈希耶罗〉义疏》,【美】施特劳斯、【法】科耶夫等著,何地译,华夏出版社2006年1月版,第164~170页。
③ 引自《伽达默尔论柏拉图》,第84~85页。

人当作一个我不是真要用武力伤害的人,而是要使其变成真正的人"。这个概念是从关于正义的意见中上升而得来的。伽达默尔认为,只有哲学家才能将政治技艺与政治现实区分开来,并通过流行的观念认识到关于正义的理念。必须通过哲学检验、审查各种关于正义的意见之后,才能得到"正义自身"。依据古老的四主德价值表,正义首先表现为城邦各阶层之中的"各行其是",然后这一原则被引申到灵魂之中,正义由此就转化成为了灵魂的自我教育与治理。伽达默尔认为城邦与灵魂的正义并非某种固定的、超然的状态,而是在变动与实然的情况中的调控,只有通过这种自我教育,灵魂的健康或者正义才能够得以保持。因此,"真正的问题不是正义——作为城邦与灵魂的理想的健康——看起来是什么,而是正义如何获得产生它并维持它自身的力量"(引自《伽达默尔论柏拉图》,第98页)。最终正义的问题就转变为一个关于哲学教育的问题。因为只有哲学与哲学家才追求着"正义自身",正是通过对"正义自身"的观看,哲学使得人们能够调整对自己认识的偏差,让自身在政治之中处于恰当的位置,"各行其是"。这种对正义的哲学追求,还将抵制他们对于偏离恰当位置以获得更多私利的诱惑。因此,"理想城邦的统治者必须是哲学家"。

通过这些我们就可以知道,在伽达默尔看来,对自己是朋友的人,也就是通过哲学教育获得了灵魂和谐的人,只有这样的人才能彼此之间和谐相处;而稳固持久的城邦,则是因为观看了正义的理念,知晓如何调节城邦的各个阶层所处的状态,从而使得各个阶层能够恰当地"各行其是"的城邦。而这种观看与调节的主体只能是哲学家,这样确实就可以看到城邦与灵魂、政治与哲学之间的本质联系。

伽达默尔是善意的、乐观的,但他也许不得不面对自己无意中所承认的那个困难:如果人真的是在年少时就被塑形,而教授们对于改变人们的性格又起不到任何作用,那么哲人王将如何去重新塑造那些无法被影响的人们呢①?

3. 关于"友谊与团结"

"友谊与团结"②是伽达默尔晚年(二十世纪九十年代)的一篇演讲稿③。在大约二十年前,伽达默尔曾对福尔廷说他一直在关注着友爱问题,他还说在 28 岁时,他对这一问题的理解还没有把握,那么在他将近百岁高龄时,这位跨世纪的思想家将如何理解友爱呢?

在该文中伽达默尔认为,友谊并非是团结,团结也非是友爱。他说,团结,"事实上,这个相当新的词出现的时间尚未满百年"。"团结意味着在一定范围之友谊圈中的顺从,人们便需要某种强大的善意去展示人们的团结。"他也更愿意用友爱(*philia*)这个希腊概念来翻译德语中的 Solidarität。虽然他知道这个词在德语中有更多的含义,"solidarisch(Solidarität 的形容词形式)这个词的拉丁文原意是 Solidum(坚实,固定),Solidum 在另一个词——Sold(报酬,钱)——也扮演着某种角色。Solidum 的意思是:Sold 不能作为伪币,它必须是真正的钱。作为一个词来讲,Sold 在意思上必须同时兼顾真实与可靠"。为何在谈论团结时,要涉及钱呢,这是因为"利

---

① 或许伽达默尔感到庆幸的是,自己并没有完全接受二十世纪最具影响力的哲学家海德格尔(当代的"哲人王")的影响。
② 参阅"友谊与团结",【德】伽达默尔著,林维杰译,《安徽师范大学学报》2002 年第 5 期。本节中有关引用都出于此。
③ 该文的中译发表在《安徽师范大学学报》2002 年第 5 期上。正是在那一年的 3 月,伽达默尔逝世了。2002 年 6 月,由安徽师范大学诠释学研究所、上海市东西哲学与文化比较研究会、国际本体诠释学学会主办的"诠释学国际研讨会"在安徽省芜湖市召开。来自美国、加拿大以及中国香港和大陆的学者 40 余人出席了会议,这篇文章便是这次会议收到的论文之一。这篇文章的德文原版刊发在 1999 年于康斯坦兹(Konstanz)出版的《经济与社会中的常数——瓦尔特·维茨尔曼纪念文集》第三册中,中译文是台湾成中英先生交由林维杰(台湾南华大学哲研所助理教授)所翻译的。据笔者推测,这篇文章应是伽达默尔晚年的一篇演讲稿。

益与生活状况的差异便会使某人尝试走自己的路,并将他人的福祉甩到背后。团结这个词因此具有双重意义:人们在自愿或压力的情况下,都会宣称是为了团结而放弃自身的利益与喜好。在某些政策的方向上、在某些时刻以及为了某些目的,人们会为了团结而放弃一些东西"。这也就是说,存在两种团结,一种是在外在压力下放弃自身利益的团结,一种是为了某种目的而自愿放弃自身利益的团结。这显然是有优劣之分的。伽达默尔说,他之所以把这种语言上的双义性提出来,并非出自语言学上的随意兴趣,而是有其特别的政治关切:"我们的代议式民主政治如今着实令人担忧,因为民主中的选举缺乏团结。"这种担心似乎与第一次世界大战后德国的情形有些类似。难道"我们"至今还没有做好面对代议制民主的准备①?也许伽达默尔想说的是,他曾看到德国人在帝制和纳粹的统治下,确实表现出某种团结,然而当外在的压力解除时,那种必须由内在的奉献与热爱精神所支持的团结却很难出现。而这种团结正是代议制民主的基础。这种团结是一种友爱,因此他想向听众宣讲这种几乎已经被遗忘的友爱。

他说:"古代的哲学家几乎没有不在其理论、演说或著作中提到'友谊'这个概念。……而康德这位思想上值得吾人敬重的哲人,在其人类学演讲录中,却只给友谊一页的篇幅。"这说明对友爱的忽视其实早已发生了。以至于到了今天,在"医院中,病人居然没有名字,而只有号码"。在柏拉图的对话中,曾多次将哲学比作灵魂的医术,我们能设想对着数字的医术吗?然而今天却已经成为现实。为此有必要重温古代关于友爱的思想。伽达默尔对古代友爱思想的论述就是借助于对柏拉图《吕西斯》与《阿尔喀比亚德》两篇对话作品的解读。

在伽达默尔看来,《吕西斯》中并没有关于友爱的确切答案,因

---

① 参见尾注3。

为苏格拉底在其中的谈话对象只是两个孩子,孩子们很难获得关于友爱真正的理解①。虽然"当他们从与苏格拉底的对话中感受到思考的乐趣时,这两个成长中的孩童已踏出了生活的第一步"。只有在《阿尔喀比亚德》中,关于友爱的探讨才有实质性的意义,因为此时阿尔喀比亚德已经开始步入成年,意图加入政治活动。苏格拉底"预见到某种阿基比亚得斯陶醉在虚荣心与权力欲中的危机,因而开始了那样的对话。在对话中,苏格拉底逐渐地、有步骤地引导他的对话伙伴去看清楚:什么是友谊与真实的友谊"。首先是孩子们之间天真无暇的友谊,接着是某种情爱的友谊,后来会发展出独立的成年男子之间的友谊,最后将会得到根本性的友爱,即对生命的友爱。这种根本性的友爱乃是对精神家园的追寻,在希腊人那里实际上就是"自爱"(Philautia;Selbstliebe),"所有与他人的可能联系以及对自己的责任,在此自爱中,都得到了真正的基础与条件"。这种自爱并非自私,而是心与灵魂的紧密关系。它指的是人们与自身的一致,只有在此一致的基础上,才可能与他人联系在一起。这种自爱所表现的是那句著名的哲学箴言"认识你自己"。

伽达默尔认为,这种哲学的自我认识,就是"我们在他人中认识自己,以及他人在我们中认识他自己",这主要意味着对他人存在的容忍,因为自我认识的"真正涵意就在于:即使人们自认为是他人的真正朋友,也不可能认识到本身自爱的偏颇"。这也就是说这种认识不是固定的状态,而是一个变化进步的过程,这就好像孩子们之间在游戏中的竞争关系,通过这种竞争获得共同的进步,而且这种竞争不会对任何一方带来伤害。这是一个不断向上的过程,因此"生命的友谊永远不可能达到根本、真实、终极、完美、善等等(的理想境界)。"伽达默尔说:"希腊人已卓越地认识到,人们不能将'存在'这个形而上学的基本概念理解为最高的、在它之下能再予以

---

① 参阅《伽达默尔论柏拉图》,"柏拉图的教育城邦",第90页。

细分的种(Gattung)。存在就是那种闪耀动人、却又在遥远、持久与永恒中散发出迷蒙之光的东西。"

可能因为考虑到演讲所面对的听众的理解程度,伽达默尔并没有在这篇演讲稿中加入太多对哲学的论述与颂扬,但他的目的十分明确,他仍然希望通过将哲学式的友爱加入到人们普遍的团结中去,为一种脱离了外在压力而必须为自身获得根基的团结(政治)奠基。福尔廷曾在那次访谈的后半部分含蓄地指出伽达默尔的哲学不太关心政治,看来伽达默尔并非不关心政治。从伽达默尔对友爱、哲学与政治的理解来看,他甚至可能会认为,在理想的条件下柏拉图愿意成为哲学王。

从以上对伽达默尔关于友爱的言行来看,哲学本身的困难(或"成问题性")要小于政治的问题:我们似乎已经认同,哲学(philo-sophia)就是对智慧的友爱,并通过对智慧的友爱,获得关于整体的理念,从而整饬自己的灵魂,通过有益的竞争不断进步上升,使爱智慧者不但成为自己的朋友,彼此之间也成为朋友、获得友谊。而进一步的问题在于如何使得这种友爱扩展到政治范围里去。然而,伽达默尔似乎无法调节他对哲学(友爱)的乐观与对教育(政治、团结)的悲观之间的矛盾。这就使得我们需要转向对政治更多的关注。

二、施密特与友爱问题

1. 专家推荐信

1932 年,利奥·施特劳斯向洛克菲勒基金提出申请,意向是去法国进行霍布斯哲学研究。这项申请需要两封专家推荐信。给施特劳斯写推荐信的有两人,其中一人是施特劳斯的博士论文指导老师恩斯特·卡西尔(Ernst Cassirer,1874 – 1945),另外一个则正是柏林的法学教授卡尔·施密特(Carl Schmitt,1888 – 1985)。施密特的推荐信使得施特劳斯得以在1932年下半年来到巴黎,并于1934年初辗转去往伦敦。于是施特劳斯幸运地避开了德国国内对犹太人的迫害。并且,正是在巴黎期间,施特劳斯结识了之后对他影响很大的另一位思想家亚历山大·科耶夫。施特劳斯的婚姻也缔结于法国①。

对于施特劳斯来说,施密特的推荐信意义非同凡响,在1932年3月12日施特劳斯在写给施密特的信中说到:

"在这封信中我得再次由衷感谢您对我申请的支持。这不单单是一件外在事情上的帮助,也是一件对我的生命来说至关重要的事情,为此我得向您表达感激之情。尊敬的教授先生,请允许我说,您对我的霍布斯研究表现出的兴趣,是对我的学术研究曾经得到和所能梦想的最荣幸和最热心的肯定。"②

---

① 1933年,正是伽达默尔在巴黎看电影那年,3月,德国魏玛政府通过了"授权法案",这部法案的正式名称是"解决人民和国家痛苦的法例"(Gesetz zur Behebung der Not von Volk und Reich)。它的主要内容是允许时任德国总理的阿道夫·希特勒和他的内阁通过任何的法律,而不需要议会的同意。因此该法案的通过,实际废除了魏玛共和国的民主制度。法学家卡尔·施密特在此法案起草中扮演了举足轻重的角色。同年5月1日,施密特加入德国国家社会主义工人党。同年7月上旬,施密特被任命为普鲁士州议会议员。也正是在1933年,"纳粹德国施行针对犹太裔公务员的《重振职业公务员法》,开始了有计划有步骤地驱逐犹太人,其结果造成了众多德国知识分子流亡到英美国家。这一现象被称为'二十世纪文化大迁徙',使得德语地区产生了巨大的知识文化空白,同时一举提升了英美地区的科学文化水平。"(引自《二十世纪思想史年表》,【日】矢代梓著,叶娉译,学林出版社2009年1月版,第96页。)

同年,施密特所著《政治的概念》第三版发行。该书的第一版刊发在1927年《社会科学与社会政策文库》第58卷,本是施密特当年5月应邀在柏林德意志政治学院所做演讲的讲稿;到1932年,《政治的概念》第二版发行。随后,施特劳斯关于《政治的概念》的评注发表在《社会科学与社会政策文库》第67卷。施密特注意到了施特劳斯的评注,他曾与指导其博士论文写作的学生克劳斯提到《"政治的概念"评注》:"您一定得读。他(施特劳斯)对我的透视和洞察无人能及。"(引自《隐匿的对话——施密特与施特劳斯》,【德】迈尔著,朱雁冰等译,华夏出版社2008年1月版,第73页。)

② 引自《隐匿的对话——施密特与施特劳斯》,附录二,第212页。

一位"天主教的宪法教师(其政治抱负已在柏林达到顶峰,而且在自己的职业上也达到顶点)"①——他认为政治的核心概念就是划分敌友,后来他加入纳粹党,并且支持反犹主义——竟然愿意帮助一个默默无名的年轻犹太学者。这种善意可以说是友爱吗②?

2. 关于"政治的概念"

如果说伽达默尔不够政治,或者对政治没有意识,或者他有意远离政治活动,那么施密特就完全站在他的对立面。施密特愿意做一个完全政治的人,他就是那些声称没有敌人的人的敌人。下面我们将通过阅读《政治的概念》③,考察究竟施密特是如何看待友爱问题的。

该书的献词很让人震撼。施密特在《政治的概念》的扉页上写道:"纪念我的朋友慕尼黑人August Schaetz,1917 年 8 月 28 日在蒙塞洛战役阵亡。"施密特没有把这本书献给一个仍然活着的朋友,也没有送给一个已经安然离去的故人,他的献词对象是一个在准确的时间、地点中战死的有名有姓的、籍贯清楚的朋友。施密特似乎向

---

① 引自《隐匿的对话——施密特与施特劳斯》,第 16 页。
② 施特劳斯给施密特曾写过三封信(见《隐匿的对话——施密特与施特劳斯》,【德】迈尔著,朱雁冰等译,华夏出版社 2008 年 1 月版,附录二,第 210~215 页),但是施密特却没有回信,施特劳斯感到很奇怪,便在 1933 年 10 月 9 日给好友克莱因的信中询问原委,克莱因说,施密特因为他所处的政治位置,回信是绝不可能的。而且克莱因还告诉施特劳斯,施密特"正不可原谅地参与[一些事情]"(暗示反犹活动)。在 1934 年,施密特出版了《法学思想的三种形态》一书,施特劳斯从其中发现施密特采用了《"政治的概念"评注》中的一些思想和建议,他写信告诉克莱因这一点发现,并打算还要告诉其他人(Koellreutter)。克莱因回信说:"我力劝你千万别给 Koellreutter 写信。目前惟一要做的是:绝对默不作声。"
③ 《政治的概念》,【德】卡尔·施密特著,刘宗坤等译,上海人民出版社 2003 年 9 月版,第 113~244 页。本节中有关该书的引用都出自于此。

读者表明,这就是政治残酷的现实①。该书严峻的文风与刚硬的语气,也让人印象深刻。施密特的论说斩钉截铁,几乎不带有任何感叹语气。他似乎不打算与人商量什么问题、讨论什么思想,他只是在确信无疑地表达自己的理解与信念②。

施密特在开篇便直截了当地宣布:"国家的概念以政治的概念为前提。"③这也就意味着,那种民主政治的思想中所主张的所谓国家-社会的区分,在施密特看来是不值一提的。国家优先于社会,

---

① 施密特将该书献给一个在准确的时间、地点中战死的有名有姓的、籍贯清楚的朋友,这表明施密特对于友爱与朋友的看法:或许只有与特定的人,完全了解其个体性之时,这个个体性最基本的特点就是名字与籍贯,才有可能成为朋友。并且,施密特的这名友人已经在一次具体的战役中阵亡了。这个具体的人,在具体的时间、空间与事件中死了,由此已经达到了某种绝对的个体性与确定性。这个确定性中包含着施密特看来最为重要的一项因素,即在政治立场上的确定性。按施密特所言,政治就是划分敌友。政治是不断变动的,敌友关系也会随之变化。真正的朋友只可能是某种完全献身于特定政治之人。他已经不再可能成为敌人。他在特定政治时刻或政治事件中的终结,使他成为了永恒的敌人或者朋友。绝对性来自于死亡。施密特的这个朋友,在一场战役中阵亡了。他是为国家与政治献出了自己的生命。他并非死于私敌之手,那个杀死他的人与他没有个人的恩怨,因此施密特作为他的朋友也无从报复。他能够做也只能做的事情,乃是以写作该书的形式对他表示纪念。这里似乎隐约地区分出了两种友爱。一种是在政治领域的友爱,这是与敌人对立的。这种友爱——对共同体的友爱——是让人死的。而另外一种友爱则表现在施密特这个人与他的朋友这个人之间。这种友爱似乎并没有政治上的对立物——同时与一个死人和一个活人对立的事物是什么呢?似乎不存在——反而这种友爱却会产生某物,这种友爱所产生的就是思想,或者说就是施密特的这本著作。这种友爱——私人之间的友爱——似乎却是让人活的。通过这本书,这位不为人知晓的、战死在蒙塞洛某个战壕里的 August Schaetz 先生,又重新出现在我们的言辞之中。

② 然而,结合施特劳斯的评注来看,施密特所持有的这种风格,不也是一种反自由主义的自由主义风格吗?套用如今流行的一个词来说,这不就是"cool"吗?

③ 引自《政治的概念》,第 128 页。

国家是根本①。

接着施密特给出了政治概念的定义,他说:"所有政治活动和政治动机所能归结成的具体政治性划分便是朋友与敌人的划分。"② 他认为这是一个"合乎规范"的定义,因为"朋友与敌人的对立面不是从其他任何标准中推演出来的,所以这一对立面便符合其他几类对立面中那种相对独立的标准:比如道德领域的善与恶,审美领域的美与丑"③。在施密特看来,这个定义的规范性体现在其绝对性之上。它是决然对立的二者,要么是敌人,要么是朋友。这样就不会陷入可恼的相对主义泥潭。在他看来,相对主义就是民主政治的

---

① 施特劳斯认为,施密特所谓"政治先于国家"并非永恒真理,而只是当前的真理。这就有必要搞清楚"在多大程度上,当前的局势迫使我们承认国家的基础是政治?政治是在反对何种对手时成为国家的基础?"施特劳斯说,在施密特看来他的对手就是自由主义,自由主义的特征恰恰在于对政治的否定。"如果说自由主义相信,它能通过否定政治性而推出国家的基础,或者更确切地说,建立理性的社会关系,那么在自由主义失败之后,人们不禁认识到,只有站在政治的立场上理解国家。所以,施密特的基本论题,只能看作是与自由主义的论战。然而施特劳斯也注意到,施密特宣称虽然自由主义政治学说已经失败了,但在欧洲却没有其他替代的体系,因此对自由主义的批评"不可避免地会利用到自由主义思想的成分。"(参阅《"政治的概念"评注》,一;引自《隐匿的对话——施密特与施特劳斯》,【德】迈尔著,朱雁冰等译,华夏出版社2008年1月版,第192~194页)

② 引自《政治的概念》,第138页。
③ 引自《政治的概念》,第138页。

一种表现①。

再接下来,施密特进一步论述了究竟什么是朋友和敌人。他说:"朋友与敌人这对概念必须在其具体的生存意义上来理解,不能把它们当作比喻或象征,也不能将其与经济、道德或其他概念相混淆,或被这些概念所削弱,尤其不能在私人 - 个体的意义上将其理解为某些私人情感或倾向的心理表现。"②这一段话需要注意的有

---

① 施特劳斯认为,基于所定义的概念——政治——的主要性,必须考察定义所采取的方式是否恰当。因此施特劳斯着重分析了施密特对政治所做的定义的方法。他说施密特已经"明确拒绝为政治提出一个'无所不包的定义'",施密特拒不采取自由主义在定义中所使用的"分类方法"。他不愿意将人类思想活动的整体划分为"各自独立的领域",似乎政治要属于其中某个领域。施密特认为对政治概念的定义,将超出这种分类的方式,采取终极划分的标准,这个标准就是以敌友来划分政治,划分敌友牵涉到战争,而战争"不但关系到而且一直关系到'肉体屠杀的现实可能性'。"因此这种划分就"说明了政治是基础性的,而不是一个与其他领域并存的'相对独立的领域'"。

施特劳斯认为,施密特对政治的定义与他对自由主义对文化的理解的批判联系了起来。在自由主义看来,人类思想精神的整体可以划分为不同的领域,这就意味着文化似乎具有某种自主性。而通过施特劳斯对施密特的分析看来,施密特并不认为文化具有自主性,"文化的前提是人类的天性;又因为人在天性上是社会动物,所以文化建立在其上的人类天性就是人与人天然的社会关系,即某个人先于一切文化而对其他人的行为方式。以此方式所理解的自然的社会关系这句话就是自然状态。"自然状态先于文化划分,政治与自然状态相关。因此施密特由此与霍布斯关联起来。

然而,施密特的自然状态与霍布斯的自然状态却有着根本的区别。在施特劳斯看来,这个区别正是施密特的政治概念最特别之处。霍布斯所认为的自然状态是个人之间的战争状态,而施密特所认为的自然状态是群体尤其是国家之间的战争状态。从霍布斯出发,这种个人之间的战争状态,会激发人们摆脱这种状态,从而建立一个非战争的政治,即自由主义政治,正是在这一点上,霍布斯乃是自由主义的奠基者。而施密特认为,这种高于个人之间战争状态的非战争的政治,乃是对自然状态和政治的否定。在霍布斯那里,对于个人来说,死是最大的恶,虽然他迫于政治不得不牺牲,但这并不是个人的义务。对于施密特来说,为国家牺牲,在战斗中英勇地死去,却是个人的义务与价值所在。施特劳斯说:"如果霍布斯是在非自由主义的世界上完成了自由主义的确立,那么施密特则是在自由主义的世界上担当了对自由主义的批评。"这种批判的目的在于,揭露在文明、文化的掩盖之下的自由主义的根基即自然状态,"也就是处于危险和危难之中的人性"。(参阅《"政治的概念"评注》,二:引自《隐匿的对话——施密特与施特劳斯》,【德】迈尔 著,朱雁冰等 译,华夏出版社 2008 年 1 月版,第 194~199 页)

② 引自《政治的概念》,第 142 页。

两点:所谓"具体的生存意义"究竟指的是什么,还有就是为什么"尤其不能在私人－个体的意义上"来理解朋友和敌人。对于后一点,这似乎表明了施密特针对的还是民主政治所关心的基础问题即私人－个体。在民主政治中,极为重要的也是基础性的"私人－个体"视角,在施密特这里被"尤其"地排除了。然而施密特在此还是没有给出一个关于朋友与敌人的定义来。在这个对立面之中,施密特必须选择一个概念确定下来,然后才能给出另一个概念的准确含义。施密特首先选择的是给敌人一个明确的定义。

施密特说:"敌人并不是指那些单纯的竞争对手或泛指任何冲突的对方。敌人也不是为某个人所痛恨的私敌。至少是在潜在的意义上,只有当一个斗争的群体遇到另一个类似的群体时,才有敌人存在。敌人只意味着公敌。……广义地讲,敌人乃是公敌(hostis),而非仇人(inimicus);是 polemios,而非 echthros"。① 以上这段话表明,敌人的出现来自于所谓"一个斗争的群体遇到另一个类似的群体"之时,也就是这段话所在的这一章的标题所表明的,"战争是敌对性的显现形式"。只有在战争之中,施密特所理解的敌人才真正显现出来。那么我们又必须继续追踪战争概念的定义了。对战争概念的论说,乃是施密特这一连串断语式定义的基石,他也花了相对来说最大的篇幅来谈论这一问题。

施密特说:"所有其他外部事务,包括战争的细节以及武器技术的发展,都必须从战斗的概念中剥离出去。战争即是发生在有组织的政治单位间的武装斗争;内战则是发生在一个有组织的单位内部(但由此也问题重重)的武装斗争。……就像敌人这个术语一样,斗争(Kampf)一词也必须在其固有的生存意义上来理解。它不是指竞争,也不是指'纯粹的精神'论争冲突或象征性的'拼搏'……朋友、敌人、斗争这三个概念之所以能获得其现实意义,恰恰在于它们

---

① 引自《政治的概念》,第143页。

指的是肉体杀戮的现实可能性。"①

在施密特看来,战争是有组织的政治单位之间的武装斗争,它的现实性在于"肉体杀戮"。施密特接着说道:"战争起于仇恨。战争就是否定敌人的生存,它是仇恨的最极端后果。"②施密特的说明到此为止,他没有再进一步去解释"仇恨"、"生存"等概念。很显然,在施密特看来,"肉体杀戮"、"仇恨"、"生存"这些概念已经接触到某些绝对的东西了。甚至可以说,它本身就显明了一种绝对性。施密特所追求的绝对性,可能就来自于肉身的死亡。当然这个肉身的死亡,不是"私人-个体"意义上的死亡,不是病死或是意外死亡,而是一种处于"肉体杀戮"之中的死亡。死亡的必然是个体,但个体的死亡,却不是施密特心中的绝对性标杆。只有作为一个群体性的个体死亡,也就是一群活生生的个体,为了某个价值、某种理由,参与到某场战争之中的死亡,这才是具有绝对意义的。在施密特看来,这种死亡乃是为生存本身而斗争。这就是我们之前所没有说明的那种"具体的生存意义。"

施密特之所以认为"肉体杀戮"与"仇恨"具有某种绝对性,乃是在他看来,人的本性之中就存在这种因素。斗争,你死我活的生死斗争始终处于人性之中。这是无法根除的。因而,这种斗争的显现形式即战争也是无法根除的。战争的始终存在,政治因此也是永远存在的。

在施密特看来,人的本性是政治的,意思也就是说,人的本性表现在你死我活的斗争之中。因此在施密特看来,那种民主政治的和平主义宣言是在自欺欺人,他力图揭穿民主政治内在的逻辑悖论。他说:"没有什么东西可以逃脱政治的这种逻辑结论。如果和平主义者对战争的憎恨强烈到使他们卷入反对非和平主义者的战争中,

---

① 引自《政治的概念》,第145页。
② 引自《政治的概念》,第145页。

即以'战争反对战争',那么就恰恰证明了和平主义实际上拥有政治力量,因为它已经强大到足以按朋友和敌人划分不同阵营。"民主政治的和平主义虽然爱好和平,却绝不会爱好那些不爱和平的人,这正是民主政治的逻辑悖论所在,对于那些非和平主义者,民主政治也存在着不可避免的"憎恨"。而"憎恨"在施密特看来,就是战争与政治的发动机。施密特认为,民主政治刻意避免战争,最终却会酿造出更加残酷的战争。如果为了消灭那些非和平主义而动用战争手段,"这样一来,战争就被认为构成了人类'绝对的和最后的战争'"。因为消灭了非和平主义者,世界就会获得永远的和平,因此这场战争是绝对的和最后的。也因其是绝对的和最后的,"这场战争必然空前惨烈、毫无人性,因为一旦超出政治范围,它们必然在道德和其他方面贬低敌人,并且把他们变成非人的怪物。对这种怪物不仅要抵抗,而且必须予以坚决消灭之,换言之,敌人就不再仅仅是被迫退回自己的疆界内而已。"施密特的分析,似乎总结了第一次世界大战的经验,也预言了第二次世界大战的前景,以及随后爆发在世界上的各次战争的惨烈景象。

在该书随后的章节中,施密特讨论了国家概念、如何决断战争和敌人以及世界的真实图景。在第七章中,他补充论述了"政治理论的人类学始基"。在这一章中施密特表明,政治理论的关键性前提,乃是搞清楚这样一个问题,"人是否是一种危险的存在,他到底是一种危险的生物,还是一种无害的生物?"①施密特很显然不可能赞同后者,他相信,"所有真正的政治理论均假定人性'邪恶',也就是说,人绝不是一种没有任何问题的生物,而是一种'危险的'动态生物"。

《政治的概念》最后一章主要仍在于揭示民主政治自由主义理念的虚假性。施密特认为自由主义的理论最终摇摆在伦理与经济

---

① 引自《政治的概念》,第179页。

问题之间,并会产生不可解决的混乱。因为自由主义要保证个体的安全与其经济利益,然而它在某些时候又必须牺牲个体的生命和经济利益,这在其法理上是无论如何也说不通的。在这一章中,最值得关注的也就在于施密特对自由主义的个人主义原则的分析。

施密特说:"彻头彻尾的个人主义者决不会赋予个体比安排肉体生命的权利更多的东西。任何不是由个体本身来决定自己自由的内容和范围的个人主义,都无非是一句空话。对这样的个体而言,如果他不希望去斗争的话,就不存在他必须与其进行生死搏斗的敌人。在私人性个体看来,强迫他与自己的意志斗争,就是缺少自由和施加压迫。"

这段话表明了施密特与自由主义在个体概念上的根本分歧。在施密特看来,真正的自由或者说真正的价值恰恰体现在,私人性的个体能够强迫自己与自己的意志斗争,这个首先必须与之进行生死搏斗的敌人乃是自己。价值产生于自我的分裂与斗争,而非简单的自我保存。那种逃避斗争的自我保存与迎接斗争的自我保存有着天壤之别,前者是奴隶,后者是主人。前者首先因为自己是自己的奴隶,从而成为了他人的奴隶;后者因为自己是自己的主人,从而成为了他人的主人。仅仅在这一个关键点上,施密特的所有思想与哲学的关联才显露出来。如果把哲学理解为自我认识与自我节制的话,那么哲学所具有的价值,也就类似于施密特所追求的某种价值了。然而我们必须清楚的是,这仅仅是一种类似,因为在施密特看来,这种自由的价值必须被现实化,实现出来才是真正有意义的。也就是说,一个人成为了自己的主人,是通过他战胜了别人成为了他人的主人这个行为而体现出来的。究竟有没有价值,最终还是要体现在"肉体杀戮"之中。施密特虽然不同于自由主义的观点,认为价值在于自我斗争与超越,然而,他与自由主义思想殊途同归的是,他们都认为价值的实现必须归结到肉身之上。自由主义认为是肉身的保存,施密特认为是"肉体杀戮"。因此我们可以说,他们在某种程度上是一体两面的,其绝对性都体现在对肉身的现实性之中。

我们再回溯施密特的整个论证过程:人性中不可消除的仇恨与肉体杀戮的绝对性——战争——敌友的划分——政治——国家。我们似乎能够对该序列提出两个问题,其一是,按照这一个序列,在国家之后又是什么呢?什么都没有,国家就是地上的神物①。以黑格尔的论点来回答施密特的问题,似乎未尝不可。在施密特的著作中,他也表达了自己对这位哲学前辈的遵从。在这个绝对的序列(肉体-国家)之外什么都不存在。哲学如果不在肉身上获得现实性,即作为自我认识与节制的哲学没有体现为对奴隶的战胜,就毫无意义。

其二,在这个序列之中,朋友这个概念被消解了。为了追求一种绝对性,朋友概念被当作一种附属于敌人的概念而消解掉了。在施密特看来,友爱如果不依附于敌人这一概念,不存在于肉体杀戮的战争之中,也就脱离了现实性,同样是毫无意义的。他自始至终都没有正面论述,究竟什么是朋友,什么是友爱。也许我们无法要求一个认为人性本恶的人,对友爱这个概念抱有多大的善意。对于施密特而言,暧昧的友爱是不存在的②。

3. 关于《"政治的概念"评注》

施特劳斯的《"政治的概念"评注》一文分为三部分,共 35 小节,其中关键性的转折从第 21 节开始。在此节之前,施特劳斯复述了《政治的概念》一书大体的思想,并随文进行了评注,直到得出一个关键性的论点,即施密特认为,"'所有真正的政治理论'均假定

---

① 参阅《法哲学原理》,第三章第 258 节补充(国家的理念),【德】黑格尔著,范扬、张企泰译,商务印书馆 1961 年第 1 版,1996 年 8 月第 6 次印刷,第 258~259 页。

② 施密特将这本奠基性的著作献给一个过世者,或许在他看来,死人比活人可靠。我们还可以注意到他对于人的定义的措辞,他认为人是一种"危险的"动态生物,也许人的危险性就在于"动态"二字。

人的危险性。职是之故,人具有危险性的论题就成为政治状态的最终前提"。在得到这一个前提之后,施特劳斯便可以提问,"政治的必然性就像人的危险性一样确凿无疑。然而,人的危险性真是确凿无疑的吗?"由此,施特劳斯进入了对施密特的批判之中。

施特劳斯说,施密特只将这一最终前提当作"猜测"或"人类学信仰表白"。政治的不可逃避是有条件地存在的,它必须具有一个对立面,如果去掉对立面,政治的存在就会受到威胁。那么究竟政治是否始终存在,如若存在其真正的对立面又是什么呢?

施特劳斯说:"只要人的危险性受到威胁,政治就受到威胁。所以,肯定政治也就是肯定人的危险性。"但是问题在于,如何去肯定这种人的危险性。真正的问题并不在于"和平主义的国际主义与好战的民族主义之间的对立",而是"威权理论与无政府理论"的对立,也就是说,政治的根本性问题在于人是否需要统治。这就关系到对人的天性的认识。因此,在施特劳斯看来,对人的危险性的肯定与对人在天性上的"善、恶"之理解有极大的关系。

施特劳斯说,施密特也认为恶有两层含义,"恶能够以腐败、软弱、怯懦、愚蠢的面目出现,但是也能够以残忍、本能冲动、生命力、无理性的面目出现。"也就是说,恶可以被看作一种卑劣的人性,从而可以从道德上加以判断,也可以被当作一种兽性,这就只能作为事实来认识。如果像霍布斯所理解的那样,把恶理解为是兽性的"无辜",那么恶便不再是罪。因此人也就不会有根本性的亏欠和义务,人于是天生是自由的,这种自由的意思在于他先于任何的义务而存在。这便是自由主义人权学说的基础。依循施密特的逻辑,施特劳斯将这种无辜的恶的对立面表述为"启蒙教育"。启蒙教育就是使人认识到自己的无辜的恶,而这种教育的限度是非常宽泛的。它可以是极为严厉的,如霍布斯所设定的那样,也可以是稍微宽松的,如自由主义所设定的那样,而在无政府主义那里,教育甚至是万能的①。因此,施特劳斯说,如果施密特要反对自由主义的政治,就必须从根本上反对这种无辜的恶。与此同时,他必然会通过对政治的肯定来肯定道德,而道德问题就与人类生活的严肃性相关。这就关涉到人如何去选择自己的生活方式。这样就到达了该文中最关键的第28节。

在第28节中,施特劳斯认为应该更加认真地看到何谓"非政治化的时代"。他说:"人们在原则上总是能够达成一致,而对于目的本身却永远争吵不断:围绕什么是正义、什么是善,我们总是在相互争吵,不但与别人吵,而且还与自己吵(《欧绪弗啦》,7B－D;《斐德若》263A)。"请特别注意,施特劳斯在此引入了一个施密特也许不会加入的字眼"正义"。施特劳斯继续说道,正是因为想一劳永逸地摆脱对"正义"问题的追寻,因此人们转而完全只关心手段,不再关心目的,最终就沦入了对技术的信仰。"但是,技术的中立性只是表面现象:'技术永远是一种工具和武器,恰恰因为技术服务于所有人,它并非中立。'"真正的中立是两不相帮,完全置身事外,而技术的中立所导致的后果,是将所有人都置于技术的统治之下。因此对政治的肯定,如若政治是一场严肃的斗争,是为生活方式而斗争,就必须与对"何谓正义"的思考联系起来,"这场生死攸关的斗争,即政治——人类之划分朋友和敌人的阵营——应当把自己的合法基础归因于何为正义这个严肃的问题"。

在随后的文章中,施特劳斯非常婉转地向施密特揭示了这样一种可能,他说对施密特而言,如若要批判自由主义的话,自由主义根本不是他最终的敌人,因为对政治的肯定并非是对自由主义的否定,"肯定政治本身也就是肯定战斗本身,而完全与为何而战无关。换言之,一个肯定政治本身的人会中立地对所有划分为敌友的阵容一视同仁。无论这种中立性与那种否定政治本身的人的中立性差

---

① 此处会让人联想到伽达默尔的"教育城邦"。

别有多大,肯定政治本身并因而中立地对待所有敌友阵营的人均不会希望自己'置身''政治群体之外……只作为个人而生活'"。"一个肯定政治本身的人尊重所有希望战斗的人,他完全像自由主义者一样宽容——但他们的意图却正好相反:自由主义尊重并宽容一切'诚实'的信念,只是他们仅仅认为法律秩序和和平神圣不可侵犯,而一个肯定政治本身的人则尊重并宽容一切'严肃'的信念,即定位于战争之现实可能性的一切决断。因此,肯定政治本身被证明是处于对立一极的自由主义。"

实际上,施特劳斯在此所揭示的就是超出一切政治范畴的哲学生活方式,但同时施特劳斯强调,这种哲学生活方式也不可避免地陷入到一切的政治范畴之中。施特劳斯还向施密特与我们呈现了哲人在政治生活中的选择。哲人会置身于政治之中,坚持战斗,这种战斗是对正义问题的不懈思考,然而哲人却一样是宽容的。他站在"对立一极的自由主义"。因此与施密特的选择相反,施特劳斯始终是自由主义的朋友。

通过与施密特在思想上的砥砺,施特劳斯揭示出了一种超越政治的生活方式,同时在施密特的思想之中,施特劳斯看到了现实政治的绝对残酷,以及在向往着中立性的技术化自由主义时代政治与战争的非人性趋向。他所揭示出来的这种生活方式即哲学的思考与讨论,以及在这种思考与讨论之中表现出来的理性上的犀利与精神上的勇气,使他获得了与施密特超越现实政治的友爱。这种友爱微弱而珍贵,是黑暗时代的希望之光。

三、德里达与友爱问题

1. 关于"德法之争"

伽达默尔接受福尔廷访问的数月前(具体时间是1981年4月25日至27日),他在法国巴黎歌德学院出席了由索邦大学菲力浦·福格特(Philippe Forget)教授组织的"文本与阐释"专题座谈会。伽达默尔首先在会上做了题名为"文本与阐释"的主题发言。次日,德里达(Jacques Derrida,1930 – 2004)向伽达默尔提出了三个问题,随后伽达默尔做出了回应。后来德里达并没有就伽达默尔的回应发言,而是做了"对签名的阐释(尼采/海德格尔)"的报告。这些发言与报告就是伽达默尔与德里达"德法之争"的主要文本。另外伽达默尔后来还写作了三篇与此相关的论文,而德里达似乎不再有进一步的反应①。

---

① 参阅《德法之争:伽达默尔与德里达的对话》,【德】伽达默尔、【法】德里达著,孙周兴、孙善春编译,同济大学出版社2004年5月第1版,"编译后记",第165~173页。

"德法之争"所涵盖的问题具有极大的范围①,此处我们只从友爱问题的角度来对其进行考察。在福尔廷的访谈中,伽达默尔对施特劳斯回避与他进行哲学式的谈话有些许抱怨与疑惑,然而仍确信与施特劳斯乃是朋友。似乎沉默与回避也是友爱的某种显现形式。我们就试着从德里达的沉默,来切入他与伽达默尔的争论。

一般认为德里达的沉默在于伽达默尔对德里达三个问题的回答之后,因为德里达后来所谈的问题转到了尼采和海德格尔,似乎

---

① "德法之争"所涵盖的问题范围极大,座谈会后引发了学界热烈的评论。讨论会的举办者将伽达默尔与德里达的文章与相关的评论文章一同编辑成专题文集《文本与阐释》,后来又有相关文集《对话与解构》。2004 年,在同济大学孙周兴教授主持之下,他与孙善春老师合作将这次"德法之争"的相关文本翻译成了中文,书名为《德法之争:伽达默尔与德里达的对话》,列为"同济·德意志文化丛书"之中的一本,由同济大学出版社出版。孙周兴教授为该书特别撰写了一篇编译后记,概要性地论述了这次"德法之争"的实质内容,并客观地评价了其在思想史上的地位与影响。

孙周兴教授认为,这次"德法之争"的关键"在于同一性形而上学及其批判"。伽达默尔与德里达的思想都是以海德格尔的思想为出发点的,然而,"无论就思想高度还是就课题范围来看,伽达默尔的哲学解释学(对话解释学、辩证解释学)未能超越前期海德格尔的'此在解释学',充其量还是对后者的一种内在化拓展,也就是说,伽达默尔并未真正跟随海德格尔实施思想的'转向'。"相比之下,"德里达的一些基本思想和观点或明或暗继承着海德格尔"。然而在德里达那里非常重要的一个概念"解构"(deconstruction)却与海德格尔的"解析"(Destruktion)有所不同。孙周兴教授认为,海德格尔在哲学中运用"解析"(Destruktion)这一概念,其目的是积极的,"是要标明存在学传统的各种积极的'可能性'"。与海德格尔相比较,德里达的"解构"就"更为激进,又带有'暴力'性质。在德里达那里,所谓'解构'首先是一种'策略',意在颠覆传统形而上学的等级制度,摧毁'在场的形而上学'和'逻各斯中心主义'"。孙周兴教授认为,正是因为德里达十分清楚他与伽达默尔的分歧就在与对形而上学的批判,"而就形而上学批判来说,焦点恰恰在于尼采和海德格尔,更具体地讲,在于海德格尔在战乱中集十年之功形成的尼采阐释"。因此,"德里达才把自己的报告题目定为'对签名的阐释(尼采/海德格尔)'"。德里达在报告中认为,"尼采实在要比海德格尔更具解构性,更不形而上学。"非形而上学的尼采有诸多的面孔,很难按照海德格尔的阐释将其作为"最后一个形而上学家"。因此又涉及到关于"整体性"的问题,"海德格尔认为,本质(Essentia)与实存(Existentia)是形而上学的两个基本问题,'本质'回答的是存在者整体的'什么'问题,'实存'回答的是存在者整体的'如何'(实存方式)问题。而'强力意志'和'相同者的永恒轮回'就是尼采提供出来的关于'本质'和'实存'的形而上学规定"。而德里达并不认为尼采的"相同者的永恒轮回"是海德格尔所理解的"存在者整体"的实存方式的规定。

与之前争论无关了。也有论者认为德里达之后的转换是真正地切入了对他与伽达默尔所争论问题的核心。然而我们还是可以特别来关注伽达默尔在对德里达的回应中究竟说了些什么。

　　伽达默尔说,求理解的"善良意志"并非一种如德里达在质问中所说的"伦理"的要求①,它并不具有那种权力与道德意味上的强迫性质,它是本质性的,伽达默尔甚至举例说,"即便是不道德的人们也努力相互理解"②。这让人难免会联想到柏拉图的《理想国》③。然而伽达默尔又同时将这种善良意志解释为:"人们并不谋求维持权利,并且因此要发现他人的弱点;相反地,人们试图使他人变得尽可能强大,使得他人的陈述得到某种说服力。④"这个解释与伽达默尔所举的例子之间存在着一定的矛盾:不道德的人之间或许不会希望他人变得更好。我们只能把这种善良意志理解为在对"正义"的思考中显现出来的友爱,这种矛盾才有可能得到一些缓解。但这个矛盾可能并不是导致德里达沉默的原因,因为伽达默尔随后说:"谁开口说话,都想得到人们的理解。要不然,他既不会说也不会写。"他还用了一个所谓"优越的证据"来支持他的论点,"德里达向我提出问题,就必定同时预设了我是愿意理解他的问题的"。这个"优越的证据"可能在一定程度上预设了德里达的沉默。虽然伽达默尔随后说,这种善良意志更多的是"与辩证法与诡辩术之间的区别"有很大的关系,这实际上是在强调这种善良意志有别于智术师的诡辩术,它乃是哲学家的辩证法。

---

　　①　德里达在对伽达默尔的提问中认为,"对善良意志的诉求,以及在相互理解的追求方面的绝对约束力……其实不只是一个伦理的要求,而且是处于所有对一个言说者共同体来说都有效的伦理学的起点上,的确,它甚至还规整着争执和误解的出现。……它或许就是某种无条件的东西……",德里达对于伽达默尔的第一个问题就在于,他认为善良意志的这种无条件形式,带有着形而上学的特性。见《德法之争》,第41~42页。
　　②　引自《德法之争》,第45~46页,本段的引用都来自这里。
　　③　参阅《理想国》,351C－D。
　　④　参阅《理想国》,349B。

德里达的第二个问题是,"我们该拿作为理解——甚至在争执中还起着作用的理解——之前提的善良意志怎么办,如果我们应当把一种精神分析的解释学整合到一般解释学中去的话?而这恰恰就是伽达默尔教授昨晚所建议的"①。伽达默尔认为,德里达这是"硬说我把心理分析的解释学——而且这其实是指分析者借以帮助病人理解自己、并且对付自己的情结的办法——整合到一般解释学之中,或者把古典而质朴的理解形式扩展到心理分析上面,我并不认为这是理解了我"。② 为了理解他们这两句问答,首先需要对精神分析稍作理解。精神分析是由弗洛依德在 1900 年前后所创建的一种精神疾病治疗法,其最明显的特征是它建立在医患双方谈话的基础上,完全通过语言形式来进行治疗,并且谈话主要以患者的自我回忆为主,精神分析治疗师通过对患者极为有限的问话,引导患者通过回忆找出那种在精神分析理论中所讲的隐藏的某种情结,这种情结往往起因于早年的创伤经验,由于压抑的缘故潜藏于潜意识中。精神分析治疗法与精神分析理论对二十世纪欧洲思想具有普

---

① 引自《德法之争》,第 42 页。
② 引自《德法之争》,第 46~47 页,本段的引用都出此这里。

遍的影响,这种影响可能主要表现在人们的"无意识"层面①。由此我们可以了解到,德里达或许就将伽达默尔所强调的哲学中的"对话"与"回忆"②等因素看作类似精神分析的形式,然而伽达默尔却认为这完全是误解,"心理分析的阐释是沿着一个完全不同的方向

---

① 在弗洛伊德之前,维也纳犹太裔医生布罗伊尔(在科学上,他做出了两个重大发现:调解呼气的迷走神经的作用和内耳半规管的作用,他发现后者控制着人体的平衡)就已经于 1881 年展开了所谓谈话治疗。弗洛伊德代之以"自由联想法","借助这一技术,他让患者讲出所想到的一切。就是这一技术导致他发现,若提供适当的环境,许多人都能回忆起那些发生在其早年生活中的已完全遗忘了的事件"。"弗洛伊德得出的结论是,虽被遗忘了,但这些早期事件仍能决定人们的行为方式。因此,诞生了'无意识'这一概念,并由此诞生了'压抑'这一概念。弗洛伊德同时认识到,在自由联想状态下说显露出的早期记忆中的许多印象(困难之事)本质上是性意义上的东西。当他进一步发现许多'被回忆起来'的事件其实从未发生时,他提出了俄狄浦斯情结这一概念。换言之,对于弗洛伊德来说,那些被病人说错误报告的性创伤和心理失常只是一种密码,这密码表明人们暗示将要发生的东西,并证实婴儿就已产生了早期的性意识,……弗洛伊德说,人们始终具有这一近乎淫亵的动机,这动机有助于形成人格。"(参阅《二十世纪思想史》,【英】彼得·沃森 著,朱进东、陆月宏、胡发贵 译,上海译文出版社 2008 年 7 月版。上卷,第 13 ~ 14 页)这说明了弗洛伊德理论的形成过程,即自由谈话——早年经历——无意识——压抑——俄狄浦斯情结——三层意识,也让人们看到了"回忆"与"谈话"在其中的重要作用。而"回忆"与"谈话"在古典哲学中就是一种研究哲学的方式。一战后,许多参战人员以及普通民众在战争中遭受了精神的重创,精神分析治疗法被证明对治疗这些精神创伤有一定效果,因此得以广泛传播,特别是在法国与美国得到了进一步的发展。作为一种精神治疗法的精神分析后来并未成为占据精神病治疗的主流,然而精神分析理论对法国的后现代哲学思想有重要影响。

② 参阅《德法之争》,"文本与阐释",第 6、10、11、28、29 页。伽达默尔在他的解释学理论中给予了"对话"以非常重要的地位,他"试图在对话中把握语言的原始现象。这同时也意味着,在解释学上把由德国唯心论当作思辨方法发展出来的辩证法回溯到活生生的对话艺术,苏格拉底-柏拉图的思想运动正是在这种对话中实现的",因此伽达默尔就将他所理解的苏格拉底-柏拉图对话作为其解释学理论的"活生生的"基石,而由此基石出发则会达成这样的认识,"在我(伽达默尔)看来,在文本与读者之间也存在这一种类似的对话关系。如果阐释者克服了一个文本中的奇异之物,从而协助读者达到对文本的理解,那么,他自己的引退就并不意味着消极意义上的消失,而是意味着他进入交往之中,去解除文本的视界与读者视界之间的紧张关系——这就是我所谓的'视域融合'"。在苏格拉底-柏拉图的对话,以及对柏拉图的作品进行阅读的过程中,并不存在一个认识上的中介。而伽达默尔的阐释学理论,则认为可以提供这样一个中介,从而使得文本能够得到普遍的理解。

进行的,并不是要理解某人想说什么,而是要理解他不想说什么或者不想承认什么"。精神分析的这一特点与伽达默尔之前给"善良意志"所做的表述相区别,理解的"善良意志"乃是想要理解某人想说的话,并且以此助其变得更好(尽可能强大)。伽达默尔想表达的是一种体现在谈话与回忆中的哲学,是对自我无知的探寻去理解,是对"真理"的追寻,它有明确的指向;然而这确实也不可能让德里达认同,因为德里达将"真理"看作一种权力运作,或是暴力,或者是形而上学谎言。他们的根本分歧是在对真理的认识态度上。伽达默尔自己也知道,"真理概念,那个隐含在和谐的相互理解中,并且界定着被言说的东西的'真实'意见的真理概念,对他(德里达)来说乃是一种幼稚,一种在尼采之后不再能通行的幼稚。"伽达默尔既然认为德里达的问话隐含着将自己看作幼稚的趋向,这实际上等于将这种指责反过来又给了德里达本人,而德里达的沉默或许就是想让彼此都显得更加成熟。

德里达的第三个问题是,究竟伽达默尔所说的那种理解的条件是"连续展开的关联"还是"关联的断裂",而伽达默尔所追求的那种"经验"(体验),是否是一种形而上学的描述。以至于德里达有些冒犯地说,是否只要他们(与会者)坐在一起,就都进入了那种"经验"(体验)中呢?对此,伽达默尔的回应也是非常激烈的,他认为自己所说的"真的还不是任何一种形而上学"。他甚至认为德里达根本不会对他与伽达默尔之间的不能相互理解而感到失望,因为也许在德里达看来,"这或许更多是一种形而上学的旧病复发。也就是说,他会感到心满意足,因为他看到他自己的形而上学在私人的失望经验中得到了证实"[1]。与德里达的指责相反,伽达默尔认为德里达自己才是真正的"形而上学"。伽达默尔的话使得德里达如若继续回应,就会让自己显得尚未"心满意得"并且有着仍然想让

---

[1] 引自《德法之争》,第47页。

自己的理论得到证实的境地。

伽达默尔随后的话也值得注意,他说德里达所想要做的只是"赞同自身",因此他求助于尼采,而在伽达默尔看来,他之所以求助于尼采乃是因为,"他们两人都对自己不公:他们都是为了被人理解才去说和写"①。这就让人必须来考虑何谓对自己"公正"(正义),也就必须思考什么是正义,也让人必须来考虑如何去理解自己,也就是说必须"认识你自己"。伽达默尔说理解的经验或者体验,并不是像德里达所说的类似一种几乎无条件的状况(如坐在一起开会等等)就能够达到,"即便在两个人之间,达到这一点也需要一种永无止境的对话,而且对自身、对于心里与自身的内在对话,都是同样的情况。但是我们总是一再碰到和感觉到界限,我们会各说各的(甚至理解不了我们自己)——我的意思是,倘若我们没有共同走完长长的一段路(也许在我们自己也不承认这一点的情况下),我们就不能做到这一点"。我想伽达默尔在说到这些时他所指的,是类似于柏拉图对话作品中苏格拉底与同伴的谈话过程,然而伽达默尔加入了某些浪漫主义的因素,比如说"永无止境的对话"②,但是他确实坚持着对话的可能性,并且坚持着理解的善良意志。虽然必须是在德里达的质问后,他才将这种善良意志与"变得更好"、"公正"等概

---

① 引自《德法之争》,第47页。本段引用来自第47、48页。

② 伽达默尔回应的最后一段,其中的浪漫主义色彩更加明显。伽达默尔认为,"用海德格尔的话来说:艺术作品是作为一种冲力(Stoß)而与我们照面的。它置入一种冲力,而且绝不意味着对那种令人镇静的赞同的证实。关于这一点,或许我们(伽达默尔与德里达)是可以取得相互理解的"。"每一种寻求理解的阅读都只是一条永无尽头的道路上的一个步骤。谁走上这条道路,就会知道:他决不能'对付'他的文本,他把这种冲力接受下来。如果一个诗歌文本已经如此这般触动他,以至于他终于'理解'了它,并且在其中认识自己,那么,这并不是以意见一致和自我证实为前提。为了发现自己,就得放弃自己。当我强调人们预先并不知道他将发现自己是什么时,我相信我与德里达的距离根本没有多么远。"如果发现自己的前提条件是放弃自己,那么德里达绝不会试图任何一种发现,因为他会认为这已经不再是发现,而是一种形而上学的权力意志,迫使每个人将自己无条件交出。德里达的沉默在某种程度上意味着对这种"放弃自己"的要求的拒绝。(引自《德法之争》,第48页)

念连接起来。而我们在这里可以看到的是,实际上正是因为他们彼此都在尽力避免使"善好"、"公正"、"正义"这些概念和词汇出现在哲学谈话之中,这场对话才会变得如此艰难。然而他们毕竟还是对谈了①。

2. 关于《友爱的政治学》

《友爱的政治学》或许体现了"德法之争"对德里达的某种影响。那个坚持着断裂、错位、差异,坚持着不被理解以抵抗理解的"善良意志"的人谈起了友爱。并且在这部书中,德里达还分析了大量的关于友爱的古典作品,其中既包括了亚里士多德的伦理学著作,也包括了多篇柏拉图的对话作品,这或多或少体现了伽达默尔的"善良意志"对德里达的某种影响。在该书中,德里达试图通过对友爱的概念史的清理(解构),来为一种尚未到来中的民主提供位置。这种民主因其总处于尚未到来的境地,所以具有某种绝对性,这就使得德里达必须首先克服这种具有绝对性的民主与友爱的对立面即"绝对的敌意",其代表人物在德里达看来就是施密特。德里

---

① 让我们再回顾这次谈话,我们会发现这样一个有趣的现象,为了达到相互理解,对话的双方都试图假扮成对方的模样。最明显的一个特征是,年迈的伽达默尔在回应中表现得非常激动,并非惯常的那么"善良",反倒是德里达竟然在行文中表现得简洁明快,甚至还加入了"敬意"。然而这种情况却还是未能增进相互之间的了解。之前,德里达对于伽达默尔所着重叙述的"对话"理论有极大的误解,他认为这类似于精神分析,并且因此忽视了在伽达默尔文本中对于文本与阐释的细致关注。在伽达默尔的回答之后,德里达保持了沉默,转而作了那场关于尼采和海德格尔的报告,这仍然是让伽达默尔难以理解的。因为伽达默尔已经在回应中将这个转向的判断预设了。他直接说,德里达与尼采都对自己"不公"。而德里达要表达的是,恰恰是尼采的这种"不公"——即他所理解的尼采的反形而上学趋向——才是真正的公正。尼采公正地对待自己的权力意志,德里达自己也是如此。当伽达默尔说德里达"不公"时,这句话或者会使得德里达警醒起来,按照自己的理解,如何才是对自己的公正呢,那只能是不再去管他与伽达默尔之间的争论,只把自己想到和思考到的问题直接说出来。这样的做法,按照德里达的逻辑来说就是完全公正的。但是这种"公正"已经远离了伽达默尔的理解。或许我们可以这样说,是不是伽达默尔与德里达之争的核心问题,竟然是如何理解"公正"(正义)呢?

达对施密特著作的解读并不是按部就班、循序渐进的,他将其拆解成几个部分,散布在书中四个章节之中,我们在此仅分析其关键的批判,这个批判与施密特的《政治的概念》相关。

德里达认为,按照施密特的定义即政治是区分敌友,那么值得关注的就是究竟以什么标准来区分敌人。德里达说,这个标准最终通过"战争"落实到"斗争"之上,这种斗争又是一种实际的斗争,即你死我活的血肉拼杀,然而这就与施密特在最开始允诺的要给"政治"以纯粹的定义相背离。他说:"施密特花了相当大的气力,试图将政治的纯粹性、'政治性'概念或意义本真的和纯粹的不纯粹性排除在其他一切纯粹性(客观,科学,道德,法律,心理,经济以及审美等纯粹性)之外。但在我们看来,这完全是徒劳的努力。""施密特希望他自己能够维持纯粹的不纯粹性,即真正政治性的不纯粹的纯粹性,本真政治性的不纯粹的纯粹性。"[①]简言之,德里达认为施密特所要求的乃是一种悖论。如果这种悖论一定要实现,那么,"我们就必须知道每一个人是谁,谁是敌人,谁是朋友,但这种认知行为不是以理论知识的形态完成的,而是以一种实际辨认完成的:认知行为本质上就在于认识到如何辨认敌人和朋友。从一个自我到另一个自我,这种对自我的实际辨认,以及从一个他者到另一个他者,这种对他者的实际辨认,似乎有时是辨别敌人的条件,有时又是其结果"。[②] 德里达在此试图表明施密特对敌友的区分在认知上的双重困难,其一是不可能完全对每一个人进行了解区分;其二是这种区分即使可能在理论上也存在着逻辑悖论:究竟先区分出来的是我,还是他人,即是友还是敌。

德里达进而认为如果战争是看得见的杀戮,斗争的结果要求着"肉体的死亡"。"战争犯罪是全然不同的另一回事;战争犯罪:就

---

① 《〈友爱的政治学〉及其他》,【法】德里达著,夏可君编,胡继华译,吉林人民出版社 2006 年 5 月第 1 版,第 162~163 页。

② 同上。

是返回到一种暴力的野蛮性,不再尊重战争法则和人权,从而侵越战争法则。"①德里达还认为,即使在这种斗争中,敌友之间的关系"在形式上可能遵循着三个逻辑环节"②。其一是,人们互相之间都成为了必死者,"我们已经是彼此之亡灵"。其二,这种绝对的杀戮又可能造成中止杀戮的绝对命令,但这种命令却又可能被中止。其三,在这种情况下,政治就成为了"在死亡冲动和死亡决断之中、在处死他人和死亡赌注之中无止境地将朋友-敌人/敌人-朋友维系在一切或者彼此对立的东西"。德里达因此问,如果我们将国家、政治、友爱、情爱拆开,是否可以追求一种超战争的友爱,从而超越这种"作为有限性之地平线、作为处死他人、作为死亡场景的特殊政治"呢?

然而德里达认为在施密特那里完全没有这种可能,因为施密特将这种彼此之间殊死的斗争定性为本体论的,甚至是纯粹生物学的。"在这种源始的和本体的意义上,敌人之间的战争既不能还原为竞争或智力论争,也不能还原为一种纯粹的象征性斗争。""朋友/敌人死亡冲动之渊源,不是死亡,不是某些由死亡产生或者为死亡而具有的魅力,而是生命。"③这是一种"没有感情的敌意,至少是一种没有个体的或者'私人'情感的敌意,即一种被纯粹化了的攻击性,具有一切被激荡起来的激情和心理活动:一种纯粹的敌意。"正是以这些论述作为基础,德里达得以确定其理论的对立面,从而提出超政治的友爱与民主。

虽然德里达没有谈到霍布斯,但我们确实知道霍布斯政治哲学的前提就是人类之间相互为敌的自然状态,也正是在这个基础上他建立了反自然状态的政治,这就为现代的自由主义制度提供了人性论的基础。也就是说德里达在对施密特的批判中所要求超越自然

---

① 《〈友爱的政治学〉及其他》,第170页。
② 《〈友爱的政治学〉及其他》,第171~172页。
③ 《〈友爱的政治学〉及其他》,第73页。

状态的政治形式实际是存在的。但问题是德里达本人对这种自由主义民主制度并不满意,他认为即使是在现当代的民主制中,也仍然存在着他试图拆除掉的那萦绕在友爱中心的父权原则,他说:"在这一原则的中心,同一永远对自己实施强暴,永远保卫自己而反对他人。"他所要做的事情就是,通过分析思想史的相关文本,彻底清理该原则在友爱问题上的表现,将其从根基处摧毁,然后,他期望着"尚未到达"的友爱的到来。最接近于这种"尚未到达"的友爱的友爱形式是博爱。德里达在该书的倒数第二章所谈论的就是"人类语言中的博爱……",然而他对博爱终究也不满意,他认为博爱之中还保留着某种自我中心主义的残留物。博爱是自由主义的三大基础理念之一,对博爱的消解,意味着自由主义民主本身将成为问题。他在该书的最后将这个问题表述出来,他说:

"如果保留了'民主'这一古老的名称,同时又把将博爱规定为家庭和男性中心的种族团体的全部友爱特征(哲学特征或宗教特征)从中连根拔起,那么,还有可能思考和实施民主吗?"①

究竟如何设想完全无中心的友爱呢?这尚不可知。但是这种情况可以预想已经危及到了民主的存在。他在友爱的中心放入了对"尚未到达"的民主的信念,并期望读者能够认同该信念,从而成为他的这本关于友爱著作的朋友。因此,他在这本著作的最后写上

---

① 引自《〈友爱政治学〉及其他》,第404页。

的一句话乃是:"哦,我民主的朋友们"。①

3. 关于"神学或哲学的友爱政治?"

德国慕尼黑大学哲学系迈尔教授(Heinrich Meier)在其"神学或哲学的友爱政治?"②一文中从政治哲学的角度分别谈论了施密特与德里达思想的得失,其中的第二部分主要是关于德里达著作《友爱的政治学》的探讨,或许我们可以从他那里了解到更多关于这本著作的信息。

迈尔教授将自己的问题归结为一个:德里达通过解构所追求的友爱的政治究竟是神学的还是哲学的政治。迈尔教授认为:"一种道德的旨趣构成了德里达对友爱政治的阐述。迄今所谓友爱的政治都是有限数量的政治。这些政治根据出生、血缘或其他同类或不

---

① 德里达的《友爱的政治学》(中译本见《〈友爱的政治学〉及其他》,【法】德里达著,夏可君编,胡继华译,吉林人民出版社2006年5月第1版)出版于上个世纪九十年代,它思考的起点是德里达于1988 – 1989年在一期研讨班上的一篇讲演。对于德里达而言,友爱作为政治学问题乃是一个突然介入的问题。他对这个问题经过了一而再、再而三的思考,从而有了这本《友爱政治学》的诞生。然而德里达却说:"这部论著类似于一篇长序。我们不如干脆说,它就是我希望有朝一日将要撰写的一本书的导言。"(引自《〈友爱的政治学〉及其他》,第3页,引言)为什么一本书只是一个导言、一篇长序——我们通过该书最后部分的论述可以得到恰当的理解。德里达在该书的最后一章"人性历史上第一次"的最末写道:

"民主依然必须到来,就它依然而言,这个必须就是它的本质:不仅依然无限可以完善,因此永远不充分和永远在未来,而且属于许诺之中的时代,在其每一个未来时代,它都永远依然必须到来。甚至当民主存在时,它都决不存在,决不在场,它依然是一个不可呈现的概念主题。"(引自《〈友爱政治学〉及其他》,第404页)

由此我们了解到,这本书所讨论的主题"友爱政治",不可能在这本书中实现。德里达愿意永远将它置于一个"尚未到达"的处境。友爱政治是尚未到达的,那么讨论友爱政治的文本就应该采取一个开放的姿态。它所迎接的并非是某本"将要撰写的一本书",我们不可能真的去等待德里达的这本著作。这本"将要撰写"的著作就存在于读者对他的这本书——"一篇长序"——的阅读和理解之中。德里达或许在此表达了他想与读者成为朋友的某种渴望。

② 参阅《隐匿的对话——施密特与施特劳斯》,【德】迈尔著,朱雁冰等译,华夏出版社2008年1月版,第71~96页。

同类的标准来限制友爱的范围。"①如果要达到德里达所倡导的那种"来临中的民主"式的友爱政治,就必须"将民主从(旧的)政治束缚)——同质性和特殊性——中解放出来,需要解构律法(Nomos)与自然(Pysis)的联系,或用现代概念来表述,解构德里达所谓国籍和民族之间的'神秘纽带'","必须推进解构,直到将兄弟(Bruder)的形态'非自然化'","解构的目标是'放之四海而皆准的情爱'。解构应该完全符合民主的决定性因素,或者说完全符合使民主自身摆脱界限的可能和义务:'民主是解构的自身摆脱的自己行动'"②。因此,民主与解构就不是目的与手段的关系,而是一回事。因为解构或者情爱是永无止境的,因此民主将始终处于尚未到来的境地。迈尔教授对此的问题是,迫使人们追求这种始终无法实现的民主的动力从哪里来?德里达对此的回答是,"从他者那里来"。

迈尔教授认为,德里达将这种对于他人的责任规定为一种正义,他把这种"正义描述为'无限、不可计算、反叛规则、背离对称,是异质和异样'",而且德里达也认为这种正义类似于列维纳的正义概念,"由于这种无限的正义和对他人的不能自主的关系,由于对支配我的他人的面孔,我不能使无限论题化,因而,我是个人质。"③这种类似使得德里达又将解构与正义的根基归于列维纳所说的"他者的神圣性"。由此迈尔教授认为这种对"他者的神圣性"的依靠使得德里达所思考的友爱政治必然跟启示(神学)问题紧密相连。

德里达本人并非对此没有意识,在《友爱的政治学》一书中启示被分为两种④,一种启示是"单一的、历史或将来的大事件,该事件自身揭示出启示的可能性诸条件";另一种启示乃是一种可启示性,这意味着"探知启示得以可能的条件"。在迈尔教授看来,这里显然

---

① 引自《隐匿的对话——施密特与施特劳斯》,第82页。
② 引自《隐匿的对话——施密特与施特劳斯》,第83页。
③ 引自《隐匿的对话——施密特与施特劳斯》,第84页。
④ 参阅《隐匿的对话——施密特与施特劳斯》,第86页。

存在着神学与哲学的区分,因此他指出了德里达友爱政治中的三个问题。友爱政治是否真的能够抛开一切限制,完成自然与律法(习俗)的分离?友爱政治是否真的能够依凭一种基于将来的启示而与那些从过去的启示中得出自己诉求的政治对立?最终,政治究竟是"根据'不可能的可能性'抑或基于一种权威性的奠定行为的诫命?这三个问题是逻辑递进相互关联的。迈尔教授希望通过这三个问题指出的是,政治始终是人类不可逃避的事实,人类的政治行为与启示神学有着根本性的联系,甚至在某种程度上说所有现实政治都必须以启示神学来奠基。因此如若友爱希图超越政治,那么它必然不能依靠于启示与可能性的基础,它只能依靠与启示神学相对立的方式即哲学。

当然,迈尔教授也看到了德里达在该著作中非常重视哲学问题,德里达甚至将哲学与友爱等同起来。这一点迈尔教授并不否认,但他与德里达意见相左的地方就在于如何去认识哲学[①]。究竟哲学是否是一种无法遏制的情欲式解构冲动,却同时又希望通过这种解构的情欲达到一种"原初的和谐";还是说哲学乃是另外一种形式,在这种形式中,哲学认识到了因其对自然的思考而对律法与启示的触犯,这种触犯对其本身的存在带来了极大的危险,从而迫使哲学转而考虑到自身在政治中的处境,使其成为一种立足于政治社会的特殊的生活方式。换句话来说,哲学是一种友爱的生活方式,但并不是德里达所说的解构,也无法获得与政治社会的"原初和谐"。因此,在政治生活中无法确定的友爱能够在哲学中得到确证,然而这种友爱却无法推广、也不能通过政治教化普及大众。它并不像伽达默尔所认为的那样普遍,也不是德里达所想象的纯然可能,更加不是施密特所认为的敌意的副产品。迈尔教授认为,这就是古典时代的友爱哲学,一种作为生活方式的哲学,这种哲学"一方面转

---

① 参阅《隐匿的对话——施密特与施特劳斯》,第88-89页。

向共同体生活,另一方面也盯着哲人"。它将在政治的城邦中建立一个"对话的城邦"。哲人在这个城邦中享受自己的友爱,并通过这个城邦获得与政治的和谐相处。

附三

论《吕西斯》

伯纳德特

[詹姆斯·格德利教授]宣称,在一定限度内,一个词能适用于不同的具体事物,但还是有一个不变的意思。因此,一个人能跟许多人做"朋友",但和袋鼠不行。德奥伯教授回应道:"也许在庄严的伯克利,一种与袋鼠的真诚、持久的友谊是超出想象的,但是在旧金山,就是我住的地方,这是完全正常的。"[1]

在《吕西斯》中,柏拉图使得苏格拉底表现得最为不堪。苏格拉底叙述了他是如何向呆瓜希波泰勒斯许诺,先是一举击碎吕西斯的虚幻的自负,接着打破了在爱(love)与友谊(friendship)之间的区分,这样一来吕西斯就只能接受希波泰勒斯进入他与梅尼克齐努斯的那种关系之中。"谁是朋友"这个谜题成为了展示苏格拉底情爱技艺(erotic technique)的掩饰。他做这一切并非为了报酬,这更使得他难辞其咎,因为他让吕西斯从其对家庭的幻梦中醒悟过来,并促成了希波泰勒斯的利益,但却不能以自己可以从中得到什么好处作为借口。如果我们无视整个对话的结构,而仅就这些关于朋友的论证自身来看,那么我们就模仿了苏格拉底——他宣称就每件事物自身来看,身体、灵魂或其他事物都是中性的,就好像真的存在一种既不生病也不健康的活生生的身体一样。苏格拉底在主张"中性存在物"的观点中所展示出的理论态度,就事物的本性而言是错误的,正如将友谊的复杂性从那个背景分离开来也是错误的一样,这个背景从一开始就决定了必将把友爱(philein)纳入爱欲(eran)之中。

  对于苏格拉底最严厉的控诉是由他自己传达出来的,他使得自己显得毫无招架之力。他的描述,证实了雅典的父亲们最担心的事情,也给听其转述对话的听众提供了关于事情真相的更多信息,而这些信息是那些身处对话中的任何人都不知道的。首先是年轻人(the young men)的圈子与男孩们(the boys)的不同:苏格拉底是在米库斯的运动场外遇见那些年轻人的,而在运动场内的男孩们,则不知道苏格拉底的提问究竟目的何在。男孩们是友谊的天真的理论家,而那些年轻人早就丢掉了他们的纯真无邪。更进一步,在男孩们中间,又[各有不同]:吕西斯跟年轻人都知道一个论证,而梅尼克齐努斯却不知道;吕西斯又与苏格拉底谈了一段话,那是年轻人所不知道的;而我们又与苏格拉底一起分享了他对当时事情的解释,而这是当时在场的人都不知道的。尤其是,唯有我们才知道苏格拉底当时几乎犯了一个错误。虽然我们比别人更了解真相,但还是没有完全得到苏格拉底的信任。我们不是苏格拉底能够在其面前去掉伪装、毫无保留的最亲密的朋友。苏格拉底的无羞无耻,使得我们能够以他提供的证据作为基础,在最微弱的光线中去认识他,但这却不应当被理解为坦诚。他有一些事情没说。他没有解释为何要复述这个故事,也没有解释他为何要帮助希波泰勒斯,而不是走他自己的路,直接去往吕克昂(Lyceum)。希波泰勒斯邀请苏格拉底加入他们一伙,进入摔跤学校,苏格拉底并未被此邀请所吸引,但他仍然呆在那里,直到他找到其中有某些对他而言[有意思的事情]。苏格拉底提出疑问——"我为什么要进去呢?",之后[他与希波泰勒斯]达成了引诱吕西斯的保证,在这之间苏格拉底[应该]听到了些什么,使得他决心进入摔跤学校。对于最终究竟是什么诱使苏格拉底要显示其技艺,并搞坏他自己的名声,我们一无所知。

我们对于友谊的完全的信任,苏格拉底将其归因于知识。苏格拉底告诉吕西斯,通过智慧,吕西斯能得到所有人的爱,同时获得他所想做任何事的自由。这就好像无论是谁,只要被确信为是一名烹饪专家,就能够随心所欲地在汤里加多少盐;只要被确信为一名外科专家,就能够将灰撒进波斯王的儿子的眼睛里。苏格拉底也向希波泰勒斯证明了他在情爱事务上的能力,他能够哄骗任何一个可怜的爱人,玩弄其于股掌,实现其所能想到的任何反复无常的谋划。此时苏格拉底突然宣称他是没有朋友的,以及对"谁是朋友?"的问题感到困惑。在宣称了他对于情爱事务非常在行之后,他[开始]讨论自己的无知。当他表示立刻能知晓谁是爱人(lover),谁是被爱者(beloved)后,他又宣称说自己不知道谁是朋友。如果我们假定爱人想成为一个[被爱者的]朋友,或者至少如希波泰勒斯所希望的,想在被其所爱的人面前变得可爱(friendly; *prosphilēs*),那么可以看到,苏格拉底的知识就止步于不平衡状态;但是一旦这种平衡实现了,苏格拉底的无知就立刻又出现了。苏格拉底所知道一切都是关于关系的不平衡与不确定,一旦关系变得和谐,即谚语 *koina ta philōn*① 所意味的状态,苏格拉底就困惑了。苏格拉底看起来在说,哲学是他所知道的,但是他不知道智慧,因为在智慧之中,知道者(the knower)与知道的事情(the known)是一致的。不知道不仅是指不拥有智慧,并且如同美诺悖论一般:他即使拥有了智慧也不知道它究竟是什么。如果这就是苏格拉底所谈论的要点,那么将希波泰勒斯移植入吕西斯与梅尼克齐努斯的友谊,就并非是提升爱人,而是贬低朋友,并将渴慕与欲求引入到爱人所想要的、而朋友自认为已经得到的事物当中。

然而,这结论却不是完全令人满意的。在这篇对话中,"哲学"

---

① *Konia ta philon*,古希腊谚语,意为朋友们的东西是共有的,朋友之间的一切都是共有的。参阅《古希腊语汉语词典》,第961页,*philos*条。

如其字面所标示出的，属于苏格拉底所不知道的东西；它没有被放在这篇对话的的外部结构中，该对话的结构中的主题是爱欲（eros）与苏格拉底的知识。因此这篇对话的框架设计看起来就质疑了苏格拉底的情欲与作为哲学家的苏格拉底之间的一致。其他的对话因为都预设了二者的同一，故而是无法提出这样的质疑的。如果从语言学上来提出这个问题，就可以这样设问：是否哲学（philosophia）没有被称为爱欲之智慧（erōtosophia, wisdom of love），只是一个偶然的事呢？如果苏格拉底在哲学的发端之际就是负责人，那么哲学是否就会打上苏格拉底对其认识的标记呢？如果在哲学的发展中，苏格拉底必然处于第二的位置，那么爱欲作为哲学的出现是否同样也是第二位的呢？巴门尼德的双轮战车由激情①催动，然而当他作为柏拉图笔下的一个人物时，他至少比喻地谈论爱欲²。不过也可以这样设想，要么苏格拉底对于 philosophy 一词完全满意，要么 philein 与 eran 之间的明显差别也没有什么不妥。在《吕西斯》的特殊结构中，一切都在将友谊与爱欲［明显］区分开来，这却反驳了苏格拉底对"哲学"的默认。如果爱欲确实与哲学有关，那么《吕西斯》看来就是在指点我们推论：苏格拉底的知识对于其无知，就好比爱欲对于友爱一般；因此哲学就发展为苏格拉底的"对于无知的知识"，这意味着，"哲学"就出现在［对话内、外部框架之间障碍的突破之中，这种突破在对话之中象征性地表现为赫尔墨斯节（Hermaia）给年轻人与男孩们的交往提供了一个机遇。因此苏格拉底在《吕西斯》中是在总结自己是如何理解自己天性中的两个根本要素之间的联系的，其中一个是来自神的礼物，使他能够识别爱人与被爱者；另一个是他自孩童时代开始对于朋友的不懈追求。苏格拉底将前者归结为一种技艺（art），将后者归结为一个难题。这个难题是，他在某种程度上必须知道"朋友"是什么，但是却不知道如何找到一个朋友；

---

① Thumos，激情，灵魂，生命，生气，精神。

而"技艺"表明他知道某些别人所不知道的东西,即使那些人对此曾有过经验感受。一方面这就是经验的不透明性,另一方面则是交友方式的艰难晦涩。苏格拉底理解了理念(ideal)在什么意义上可以被体验为实在的,但他却并不知道他所提出的目标是否真实,当他看透了其他所有人的幻觉(illusion)时,他自己可能也处于一种错觉(delusion)之中。如果《吕西斯》真的表现了苏格拉底与哲学的关系,那么它将显示出苏格拉底如何将他关于情欲的知识[科学](erotic science)与他的追求朋友的情欲性情(erotic disposition)结合起来。

按照苏格拉底自己的话,他对于朋友的欲求,与其他人对于马或者鹌鹑的爱是一样无法解释的³。没有"理论"可以解释他的偏好,这也不比对红头发的偏好更具深刻的含义。好男色的苏格拉底说到了关键,热爱朋友的苏格拉底道出了他的本性。这既不好也不坏,即不伟大也不卑劣。苏格拉底似乎就是"中性事物"的典范,而他对友谊的说明将指向这种中性事物。苏格拉底的个体性无法由逻各斯和形而上学分析,这似乎也适用于友人。爱人们总是在谈论他们的爱,这使得他们具有哲学上的意义——他们总是在念叨着"真实地"、"永远地",但朋友却不谈论他们的友谊,这使得他们缺少这样的意义。作为爱人的希波泰勒斯无法停止不谈吕西斯,而作为朋友的吕西斯和梅尼克齐努斯在他们的争论中,却根本没有讨论过 koina ta philōn 这句谚语的意思。爱欲被当作一个神,而友爱则是诗歌的虚构。第俄提玛必须去除爱欲的神话色彩,以反对日常经验,并使得其字面意思成为中心;但没有人有必要对"朋友"这么做。诸神总是现身为陌生人而非朋友。正如在"朋友"中没有什么神学上的重要东西一样,在"友爱"中存在一个范围,抵抗着精确的定义。一个人不管在什么程度上或以什么方式,依恋于任何一个人或者任何事物,这就是友爱。如果海伦是值得终极欲求的,甚至特洛伊的老者们都愿意为之战斗;那么布里塞斯(Briseis)[①]就与此不同了,纵然阿喀琉斯以她为借口挑起了与阿伽门农的纠纷。布里塞斯仅是对阿喀琉斯功绩的小小奖赏,*oligon te philonte* 翻译为"是我自己的一点小东西"并非完全不恰当。[4]

希波泰勒斯与克蒂西普斯的关系显示出了友爱中那种难以理解的深度。假定克蒂西普斯特别的无礼与尖刻[5],这就让人感到奇怪,为何无论他对希波泰勒斯如何地轻蔑与嘲弄,他们都依然是朋友。如果他不是个好朋友,并且非常理解他人,那么他就不能忍受半醉半醒的希波泰勒斯没日没夜地唱诵献给吕西斯的颂诗;即便他有所夸张,而希波泰勒斯并不像他所说的那样经常把吕西斯挂在嘴上,他写的诗也没么糟糕,希波泰勒斯之所以长期能忍受这种嘲讽而不是早就绝交,一定是珍视自己与克蒂西普斯的友谊。当然我们也可以假设,他忍受克蒂西普斯仅仅是为了通过他的侄子梅尼克齐努斯去接近吕西斯(206d3)。但是如果是这种情况,精明的克蒂西普斯肯定能够看出来,并且因此就会和他断绝关系。仅在此外部的结构中,就已经有许多关于朋友的事情值得反思,几乎不需要去面对在吕西斯与梅尼克齐努斯的关系中的同样的,尽管程度稍轻一点的张力冲突了。吕西斯已经在梅尼克齐努斯身上发觉到了克蒂西普斯进行的争辩术训练,感到自己已经处于不利的位置,于是便恳求苏格拉底驱逐这些辩术,并让梅尼克齐努斯也尝尝他刚从苏格拉底那里遭受的贬损。然而,苏格拉底看起来对于友谊的这些方面没有兴趣。他只是在复述中提及了这些,但没有处理它。他看起来在寻找友谊的字母表,或者说是语法结构,以便能够整理那些尚未作出限定的个人经验。我们或许倾向于假设这些就是与友谊相关的一切了,但苏格拉底却因为以哲学作为其理解友谊的方式的中

---

① Briseis 是阿喀琉斯在特洛伊征战当中俘获的一位女子。联军领导人阿伽门农试图夺走她,这引发了阿喀琉斯的愤怒。

心,认为他在友谊中发现了一个结构,并且能够精确地将其表达出来,以去除经验的各种多变性。这个结构尽管涵括极广,却有一个个体性(individuality)核心。这就是作为哲人的苏格拉底,此即"朋友"的中心。

如果我们采信阿尔基勒斯(Aechines)的说法,赫尔墨斯节确实允许管理着体校的那些规章制度有所松动,但不会像苏格拉底在《吕西斯》中所说的那样过分。年轻人可以和孩子们混在一起,奴隶也可以在当值时喝得醉醺醺,但苏格拉底还是不应接受希波泰勒斯的邀请[6]。我们只能假设,要么这些规章制度并非一直能严格遵守,要么苏格拉底是故意无视它们,为他和米库斯招致麻烦。讨论友谊其实就是挑战权威。实际上,苏格拉底没有使得那些关于引诱的堕落谈话侵入到关于友谊的纯真无邪的讨论中,就此而言,他也算是遵循了法律的意旨。但因为后面的对话是建立在前面的对话上的,所以苏格拉底并不像他一开始将吕西斯和梅尼克齐努斯带到如此高尚的讨论之中时所显得的那么道德。就算吕西斯没有注意到希波泰勒斯脸上那得意的神情,他最终肯定也看出了苏格拉底的目的。但他清醒得不够早,使得苏格拉底的论证得以不被打断。时间控制得实在是太好了。苏格拉底利用了赫尔墨斯节的放松约束给他带来的好处,但是这种放松也带来了某种限制——节庆活动使得吕西斯与梅尼克齐努斯在一个非常关键的时候分开了,因为梅尼克齐努斯要离开去参加一个祭祀,在这个间隙,苏格拉底完成了对于随后的讨论具有主导意义的论证,在对话的最后部分,苏格拉底又回到这一点。接下来的与梅尼克齐努斯作为主要参与者的讨论,是有时间限制的,即必须控制在吕西斯不得不回家之前(211b5),但苏格拉底最终还是按期完成了对话。但是,这可能是因为奴隶师傅(*paidagōgoi*)尽管敢骂人,还是来迟了。这种情形让人回想起《理想国》,克法洛斯[先行]退下去参加祭祀,这使得苏格拉底可以放下我们的对于神的义务,而这个义务是正义的一部分。克法洛斯的退场,也使得波利马库斯不需要承担为其父亲辩护的义务。在《吕西斯》中,苏格拉底利用了吕西斯离开了他的朋友时的孤立,摧毁了吕西斯对于他父母无条件的爱的自信。在赫尔墨斯[神](Hermes)的援助下,作为关于友爱(philia)以及人自身的最初最根本的经验的"家庭"被丢弃了。神圣者与苏格拉底协力一道摧毁了神圣事物。在最后关头,像守护神(daimones)一般的奴隶赶到了,但是来得太晚,已经无法修补这个损害了。

苏格拉底与希波泰勒斯的论证使后者相信苏格拉底有专门的情爱技艺,于是恳求他帮忙让吕西斯变得更顺从。这一论证直接影响到了他与吕西斯的第一次论证。苏格拉底使得吕西斯相信唯有靠知识才能摆平一切。因此,除非一个人知道如何去使用[他的东西],不然他的东西就不属于他;而他一旦有了知识,那不但其自身的东西是自己的,他的邻居的东西也是他的,因为知识是不知道在"我的"与"你的"之间有什么界限的。按照这个观点,希波泰勒斯对吕西斯的家族的赞颂就显得双倍地可笑了。希波泰勒斯假设属于吕西斯家族成员的任何东西都同样属于吕西斯,因为他们一家人共享一切。希波泰勒斯的本意暴露无遗:一旦吕西斯归属了希波泰勒斯,吕西斯家族的所有荣誉也就传递到希波泰勒斯身上了。就如护卫者的高贵的血统来自于对他守护的美的分享[分有](shed),当然,这也可能只是他力量的证明。希波泰勒斯在他得手之前就已开始欢呼,宣称那些属于吕西斯的东西也属于他,而苏格拉底却指出,甚至吕西斯都还不拥有那些东西。希波泰勒斯不可能与吕西斯分享那些吕西斯无法提供的东西。希波泰勒斯使得吕西斯对其避而远之,他也因为写了一首颂诗,说自己爱上了宙斯的后代,而显得可笑无比。希波泰勒斯将吕西斯父亲和祖父的胜利与其家族出身于宙斯与当地创建者的女儿的后人[这样的事情]放在一起,还配上赫拉克勒斯因为与其家族的亲戚关系而受到这位后人款待的故事,希波泰勒斯实际上就是在写一首老式的类似于品达所做的胜利赞歌

(*epinikion*)。

我们能够很轻易地以品达的模式来重建这类赞歌的大体结构。它很可能就是以希波泰勒斯赢得了吕西斯与吕西斯的家族赢得了战车竞赛进行类比,作为开头。接下来就是对于整体(the universal)与局部(the local)的关系的描述,对宙斯和阿提卡某个区的创建者之女的关系的谈说,并说明这种关系如何使得吕西斯的家族接受了一个世代相传的赫拉克勒斯祭司职位[7]。希波泰勒斯的情诗与胜利凯歌合在一起,也会将一个关于爱的故事与关于好客友情(*xenismos*)的故事放在了一起。在爱欲(*erōs*)与友爱(*philia*)之间于是就出现了神话式的联系。这位品达式的希波泰勒斯会说这首诗其中既包括了爱欲的美,也包括了友谊的神圣结合,并且后者是由前者生出的。一个人的属己之事,在本源处是情欲之神圣,其传承又受神圣者的保护。所有这些都将在吕西斯与希波泰勒斯的相互爱慕中重生,而这首诗歌本身也将是这一互爱的新传人。

苏格拉底将整个美妙的故事都拆毁了。这作为作诗还行,但是它达不到希波泰勒斯的要求。克蒂西普斯已经看出了希波泰勒斯因为写这些赞誉其家族历史与神话的东西,而忽视了吕西斯本身。尽管希波泰勒斯如此关注吕西斯,但他怎么也提不出一点属于吕西斯本人而且又是可爱的东西。吕西斯的美,这使苏格拉底对他有所闻,表现为 *eidos* 的形式(204e5)即展现为种类;而希波泰勒斯所提到的一切都没有涉及吕西斯在这方面的独特之处(*idion*①)。我认为克蒂西普斯的这句评说使苏格拉底终于决定中止他本来的行程。[正是]这独特之美引发苏格拉底踏上对于朋友问题的追问之途。这种美既是美好的,又不会因为知识的出现而变成普遍共相。在拿走了吕西斯所有引以为傲的底子后,苏格拉底同时又给予了他令人

---

① *idion*,在古希腊语中的意思有:1. 个人的、私有的(和 *demosios* "公有的"相对)、自己的、属于自己的、特定的、特殊的、别具一格的、奇异的;2. 作为副词,个人自己、私人地、私下地。参见罗念生、水建馥编《古希腊语汉语词典》,第397页。

兴奋的全能或者智慧，这要比苏格拉底拿走的还要多。但是苏格拉底到底在想什么呢？他可是深知智慧是不可能的啊？既然他是无知的，他怎么能拥有这些呢？苏格拉底能够同时打倒吕西斯，又帮助吕西斯重新站起。但是否苏格拉底自己已经被打倒并且无法再站起了？苏格拉底给吕西斯提供了一个图景——通过"智慧"就能篡夺他所要的一切，不管这东西是否真的属于他，从而获得为所欲为的自由。然而，这个图景对苏格拉底来说是完全无法实现的梦想。在他的情欲科学的范围内，苏格拉底当然可以成为任何人的朋友，并且和他们做任何他想做的事情，但这种平面的知识对于苏格拉底所不知道的事情而言，却毫无作用；并且，甚至在情欲的范围内，苏格拉底也不拥有任何属己（his own）的东西，因为他的知识会使他所拥有的东西以共相的形式回到他自己。正因为一旦变得智慧后，吕西斯就将不再会拥有任何属己的东西，苏格拉底才要向他提供异想天开之自由。在总体性智慧中，唯有近乎冷漠的微弱欲望才能残存下来，其他一切都不可能。这样的欲望对应的正是苏格拉底的情欲智慧所引发的追求"朋友"的独特偏好。

　　吕西斯的独特善好之处，希波泰勒斯没能认出，它是被苏格拉底发现的。吕西斯没能如他所说的那样只是做一个听者，他突然插话，这使得苏格拉底对他的哲学品格（philosphia, 213d7）感到十分高兴。哲学看起来是人即便无知也能拥有的属己之物。吕西斯插话后马上脸红了。他意识到他错了，并且承认了这一点，虽然这违背了其意愿。这不自愿流露出来的害羞，出现在《吕西斯》开场切入口上。这种害羞表明，有些想要隐藏起来的私人的东西被公开地显露出了。希波泰勒斯的第一次脸红，出现在苏格拉底看穿了他对于苏格拉底的问题所小心翼翼地给出的一个中性的哲学式的回答之时："谁最漂亮啊？""我们各有所爱。"希波泰勒斯如此回答是想阻止苏格拉底追问，但他无意中却留下了一个"口子"。他希望不必表明自己的兴致之所在，就能使苏格拉底进入体校。他的话表明了一种漠然无区别的态度,这与苏格拉底把自己对朋友的爱与其他人的其他追逐偏好并列放置(204b3、211d7－8)时的中性态度如出一辙。希波泰勒斯的第二次脸红更厉害,这出现在苏格拉底告诉他自己具有一种特殊天赋之后。苏格拉底的天赋看来并非其他,恰恰就是理解脸红的能力。"脸红"仅出现在由苏格拉底叙述的对话之中,比起其他的几部对话,在《吕西斯》中"脸红"的动词(eruthrian)①被更为频繁地使用[8],这表明对于哲学和对于苏格拉底所追求的在无知之中依然保持自身而言,具有某种重要性。《吕西斯》中也包含了唯一一处苏格拉底自己承认差点犯错的情形。苏格拉底在贬抑了吕西斯之后,正打算得意洋洋地向希波泰勒斯指出怎样去贬抑、降低一个被爱者;但当他注意到希波泰勒斯脸上的痛苦狼狈的表情时,他最终还是发现自己的错误,因为他知道希波泰勒斯并不想让吕西斯注意到其存在(210e5－7)。苏格拉底的骄傲差点毁了他自己,倘若他向希波泰勒斯炫耀他的技艺,便会毁了希波泰勒斯的希望。如果苏格拉底让他想要讲的东西脱口而出,那他之后肯定会脸红,因为他会意识到自己暴露了所扮演的角色,使之后任何关于朋友的讨论都不可能继续了。苏格拉底对他几乎要犯下的错误的承认以及随后迅速的弥补,只会让我们想起他透过卡尔米德的斗篷看到些什么后欲火迸发,费了老大的劲才重新把持住自己的情形[9]。这两个情节看起来都指向这样的主题:自我认识与其不可能性。苏格拉底劝说卡尔米德反思一下自己,并谈谈他所感受到的他的审慎究竟是什么样,这时卡尔米德脸红了,但他却没说这就是羞耻感(157c5－d6)。

苏格拉底的情爱识别术(the erotic diagnostics)看起来和他自称的在其他方面的能力一样,都是微不足道并且没什么用的(204b8－c1)。说它微不足道,是因为它只是从脸红做出的简单推断;说它没什么用,是因为有了这样的推断也干不了什么。它确实存在,但是

---

① eruthrian,羞愧而脸红。参《古希腊语汉语词典》第328页。

也确实没用。当然,如果它和对人的哲学天性的识别是一样的,而且对于这种识别来说,吕西斯的脸红和"脱口而出"同样都是不可缺少的,那么某种缺点的呈现——其呈现本身可以让当事人意识到这一缺点——对于苏格拉底理解他的广为人知的对于漂亮男孩的兴趣与哲学本身之间的联系就是有所助益的[10]。这种可能的联系使得苏格拉底对于朋友的考察更加扑朔迷离。脸红大多属于爱欲,脸红似乎在友谊之中没有位置。希波泰勒斯纠缠着克蒂西普斯和其他人,不觉羞耻地谈论着吕西斯;但只要他碰到了熟人圈子以外的其他人,他就脸红了。克蒂西普斯跟希波泰勒斯不一样,对于私密与公开之间的区别没那么在意。或者,他认为苏格拉底应该算作希波泰勒斯的朋友,尽管如此,他[还是]觉得有必要为他的泄密做点辩护,他说苏格拉底马上就会完全认识吕西斯的。在这个开场所打开的情景中,我们可以说苏格拉底在寻找一个毫无保留地进行对话之人,在此人面前他毋须脸红:《卡尔米德》的听众也许被认为是合乎这一标准的。这样看来,苏格拉底对朋友的追寻,就是在追寻一个不脸红的爱智慧者(philosopher),没有羞耻感的爱智慧者,一个战胜了其最根本的缺陷的爱智慧者——或者没有意识到其根本缺陷。无论是哪种情况,苏格拉底如果获得了朋友,就意味着放弃了爱欲。

苏格拉底通过两个比喻形象批评了希波泰勒斯接近吕西斯的方式:他是一个拙劣的猎手,也像是一个拙劣的诗人(206a6 – b8)。猎手与诗人的比喻使人马上想到了《智术师》,在其中,外邦来客在一系列详尽的区分之后,不再把智术师比作猎手,而是代之以诗人。但是在《吕西斯》中,苏格拉底却没有认为这两种现象是不能并存的,虽然也并不容易将其与爱者(lover)的形象调和起来。诗人的任务是魅惑与抚慰而非激怒,猎手的任务是不要吓跑猎物。因为希波泰勒斯的错误在于用诗歌使得吕西斯自我膨胀起来,或曰使其"入魅";苏格拉底所说的魅惑的意思应当是完全相反的:对吕西斯的贬抑是使其去魅。他必须对他自以为可以依靠的一切事物丧失信心,但与此同时,他也不能被吓坏。他必须在被去魅的同时又不陷入绝望。在《泰阿泰德》中,苏格拉底承认他并非总是能在去除别人的错误意见的同时遏制随之而来的残忍野蛮(151c4-7);但是在吕西斯身上,他却做到了既使其幻想破灭,又带给他以希望。他扩大了吕西斯抱负的视域,使得统治整个世界看来都有可能,同时他也破坏了吕西斯在其家中的所有安全感的基础。吕西斯的去魅与入魅同步而行。牺牲了局部(the local)、邻居、与个人——总之一切可以用 *oikeion*① 一词所概括的东西,只是为了整全(the universal),这看起来就和以友爱替代情爱是一样的。这种替换只对吕西斯才有可能,因为他已经相信了苏格拉底所指点的那幅"智慧能被整个世界轻松认可"的图景。甚至在《理想国》中,苏格拉底都没有假想过哲学王能够在不止一个洞穴中终结邪恶。如若吕西斯发现雅典人和他的邻居,甚至他的父亲,并不仅仅因为他有充分的知识能力就将一切信托给他,那么会发生什么呢?他是否就会走向高尔吉亚式的修辞术,而放弃真正的知识呢?最终,在最好的情况下,当吕西斯丢弃了魅惑,而保持了去魅,那他是否会惊恐不已,像一头陷入绝境的野兽般变得残忍呢?甚至在这种反应还未出现之前,吕西斯的第一个动作就是,劝说苏格拉底去惩罚他的朋友梅尼克齐努斯。

"朋友共享一切"(*koina ta philon*)这句谚语如果被朋友们自己来表述的话,就会简称为"我们的"(*hēmetera*, *ours*)。吕西斯就把他的"家庭教师"(*paidagōgos*)说成"我们的",当时他正突然地想保住自己的自由,即使他实际上被一个奴隶所掌控。不过在这次论争的最后,他与苏格拉底都同意了,一切都会是"我们的"——他和苏格拉底的——只要他们能够证明他们是有能力的(210b5)。第二个"我们的"是假的,他们能够共同拥有的只是知识;他们拥有的其他

---

① *Oikeios*,1. 家中的、家庭的;家事,家产。2. 属于同一家族的,有亲戚关系的;亲戚,知交,密友。3. 自己家的,自己家庭的,自己的。4. 适合的,合乎事物本来性质的。

人的东西只能分别属于各人;"都是我的"对于他们二人来说,与"都是我们的"是一样真的。这样,苏格拉底在开始关于友谊的讨论时就提出了:知识将消解任何的团体,不管是我们的国家,家庭还是朋友;知识在对它们的帝国主义式接管之中,把它们变成自己的奴隶和玩物。进而言之,如果朋友是另一个自己,苏格拉底与吕西斯的第一场论争则证明了这是不可能的,因为自我的完全异化是智慧的必然结果。吕西斯的父亲将把自己和自己拥有的东西都交给吕西斯,只要他认为吕西斯比自己更智慧。吕西斯的父亲将毫无保留地爱吕西斯,不过此时他恰恰是吕西斯"另外一个自我"的反面。如果我们认为这种自我异化是既不可能也令人反感的,并且承认自我的中心乃是无知,我们也还无法理解"另一个无知的自我"究竟意味着什么。我们总不至于说,朋友就是 *folie a deux*(共同妄想)。

在梅尼克齐努斯离开之前,苏格拉底正打算问这两个朋友谁更聪明谁更公正,然而他与吕西斯单独的论争却使得智慧成了公正的敌人,因为吕西斯通过其知识所得到的朋友,都将在他意欲的控制之下。如果友谊应当是智慧与公正的结合,就好像《理想国》中所说的,那它可能就完全是虚构的[11]。苏格拉底提出来反对吕西斯的自由与幸福的论证如果被运用到苏格拉底身上,这个智慧与公正之间的纯粹假设的矛盾就会变得更为严重了。吕西斯的父母为了吕西斯自身的好,而阻止他用那些属于他的东西去做自己想做的事情。如果他被允许驾着父亲的战车去竞赛或者驾驭骡车,那他将会处于危险之中;但是如果摆弄他母亲纺织用的工具,[虽然]这不会有危险,但吕西斯仍然笑着承认他母亲不单单会阻止他,而且"如果我碰了那些会挨打"。对于苏格拉底来说,这里的原则就是,"不要摆弄那些你不懂的东西"。因此,苏格拉底每开启一次追问,都该得到一顿鞭打,因为他不能得到答案,并且使得他所触及的一切都变得一团糟。那个隐藏在与吕西斯讨论之后的哲学家,实质上没有任何属己的东西,并且其行为看起来就是在发挥那种为所欲为的自由,而这种自由按照苏格拉底的意见,只有在他被相信知道他在干什么时,才会被授予。那种儿童式的幸福观——为所欲为的自由——是苏格拉底允诺吕西斯只要变得智慧就能实现的幸福,实际上苏格拉底自己就已经得到了这一自由,但他什么也不知道。因此,哲学家只能居于民主制社会中就不足为奇了[12]。吕西斯的英雄先祖中有一个祖父的名字就是"Democrat"(民主派),这或许就点到要害了。

在苏格拉底与吕西斯和梅尼克齐努斯的第一次讨论中,"谁是朋友?"这个问题就已经存在了,看起来似乎没有任何东西能阻止引发他们的争论并最终埋下相互敌意的种子;当他们同意关于谁更富有的问题不需要争论——他们的同意之所以容易,是因为他们自己一分钱都没有——之后,这个论题被放下了,之后苏格拉底开始让吕西斯认识到自己是一个不幸福的奴隶。被打断的这段对话的起头是复数名词 *philō*(207c8),"一对朋友",然而与吕西斯对话的出发点是动词 *philein*(友爱,爱),"吕西斯啊,我相信你的父母一定是非常喜爱你的(207d5 - 6)"。名词所具有的"相互性"在动词中就丢掉了,动词只有一个向度,不管是主动的还是被动的。苏格拉底后来与梅尼克齐努斯谈到了这个困难,但在这个时候,必须注意的是,吕西斯的父母成为他的朋友是完全不可能的[13]。可以说吕西斯对于他们来说是亲爱的(*philos*),他们对于吕西斯来说也是如此,但是这种相互之间的爱也不能使他们就成为朋友。爱欲者与爱,可以对应朋友与友爱,看起来苏格拉底在《吕西斯》中关于友爱所作的,就是狄俄蒂玛对于爱所做的——转向动词,并将名词变成派生性的词。这样的转换,就使"做哲学"(*philosophein*)——这不是相互性的——不再只是边缘性的概念了,而且使得增进善好的活动成为了爱欲的核心部分。吕西斯的父母希望他能幸福,尽管如此——或者正是因此——在许多方面限制他。不过,吕西斯希望苏格拉底惩罚一下梅尼克齐努斯,我们很难想象他这是考虑到了梅尼克齐努斯的善好。

苏格拉底将名字转为动词是出于如下的考虑。"我们是朋友"这样的表达在其语法之中隐藏着说话者。对于苏格拉底的问题,"你们是一对朋友,不是吗?",吕西斯和梅尼克齐努斯的回答是"当然是"(panu ge,207c9)。这种叙述性的表达,还伴以两次"那一对人儿肯定了这一点"(ephatēn),掩盖了这样的事实,即"当然是"被说了两次,一次是吕西斯所说,一次是梅尼克齐努斯所说。当苏格拉底问他们是否也争论谁更俊美时,苏格拉底的描述——"这时他们都笑了"(egelasatēn oun amphō)——在叙述层面是真的,但在事实上却不是真的。名词"朋友"对于有关经验现象而言,采取了一个理论性的视角,作为经验到的事实,朋友必然是"友爱"动词的主体或者是对象(参看212a2-3)。吕西斯的父母爱他——特别是因为苏格拉底使用了动词的单数形式(philei),尽管这里是复数主体——却不是他的朋友们,这并不必然意味着朋友是叙述的幻影(ghost),但是在最后苏格拉底送别吕西斯和梅尼克齐努斯时所说的话就值得注意了。他对他们说,那些看热闹的人回去后都会说,我们(hēmeis)认为彼此已经是朋友了。是通过对一个信念的报告,他们才成了朋友。

苏格拉底与吕西斯的争论看起来说明了这一点,一个人的智慧必然会带来对他人的爱的不加思索的信任,但是这并不是苏格拉底一直在寻找的那种朋友。要么,他既然知道这种智慧至少是他们所不具备的,对这种朋友的寻找其实就是追寻智慧。如果是后面这种可能,哲学(爱智慧)就不是因为智慧,而是因为普遍的爱(universal love),而这不过是普遍的僭政(universal tyranny)。苏格拉底在吕西斯面前所展示出来的最坏的图景,源自于技艺的自身的无私性与手艺人的自私之间的极端割裂。苏格拉底使得希波泰勒斯完全听他的吩咐,但是,如果他不能从希波泰勒斯的感激中得到回报,则他的顺服(希波泰勒斯当然误认为这就是爱)对苏格拉底来说也就不算什么[14]。不过,如果苏格拉底所寻找的好朋友属于另一维度,就不容易说出他究竟是谁。吕西斯在第一论证的末尾以及苏格拉底说明吕西斯的天性之前的表现①,说明了朋友必须对照着敌人去理解。总是"我们对付他们"。吕西斯感到必须使苏格拉底参与到对付梅尼克齐努斯的同谋之中。就如希波泰勒斯让苏格拉底贬抑了吕西斯一般,吕西斯也让苏格拉底去惩罚梅尼克齐努斯。我们当然可以这么设想说,我们应当将关于朋友的讨论解释为对梅尼克齐努斯的惩罚,希波泰勒斯想要去消解吕西斯的抵制,类似地,吕西斯则想要给梅尼克齐努斯一个教训。吕西斯想要苏格拉底去惩罚梅尼克齐努斯的愿望最开始时非常令人惊讶,因为当苏格拉底拒绝向梅尼克齐努斯重复这个论证,而是让吕西斯自己去做这件事时,吕西斯看来没有认识到如果这个论证从他的口中说出,就不再是对梅尼克齐努斯的贬抑,而是对他们二人的抬举——"我们将一起统治世界!"不过吕西斯也可能认识到了这一点,因此要求对梅尼克齐努斯施加另外一种惩罚。吕西斯的密谋止于苏格拉底与梅尼克齐努斯的第一次论证;吕西斯在这一论证结束时的突然插话,使得他自己也被吸入了论证之中,他想要"逮住"梅尼克齐努斯的愿望,消失在他们所共同陷入的困惑之中。通过关于朋友的讨论,吕西斯意图报复的恨意被拔除了。他的脸红表明他已经彻底放弃了报复之心。

苏格拉底将朋友理解为一种占有物(ktēma ti)。如果与吕西斯的论证并不成立的话,那么,他就是想在自己"无知"时依然拥有某种属己之物。因为,进一步说,他按照爱马者和爱鹌鹑者的模式,把自己说成是一个爱友人的人(philophilos"爱爱者"),或者如他可能是为了减少悖论性而重新表述的,他是一个爱朋友的人(philetairos)(211e8)[15]。不过按照对于朋友的一般理解,吕西斯把梅尼克齐努斯当作他的朋友,这并不意味着拥有一个除了"朋友"之外什么都不是的人。马或鹌鹑都是独自存在着的,然后人才能去追求并得到

---

① 当时吕西斯要求苏格拉底"打击"一下自己的朋友梅尼克齐努斯。

它;但苏格拉底却想得到一个在被获得之前就已经是朋友的朋友。因此,朋友必定一开始就是他自己的;但是,如果他不拥有朋友,那朋友必定是从他那里被疏离(异化)出来了,而他所想要的,就是去使属于自己的东西恢复到自身中来。苏格拉底说,自从儿童时代开始,他就处于这种极端的自我疏离形态之中。他似乎把早先与吕西斯的论证引向反对他自己,并且发现那些属于他的东西并不属于他。这种经验的最初形式是对某人的出身的合法性的怀疑,我们可以将其称为"特勒马库斯"经验①,因为此人在希腊文学中首次表达了这种经验[16]。对于苏格拉底来说,年轻人对哲学的体验,就好像他们突然认识到自己是被收养的:他们从此不再把法律告诉他们的任何事情当真[17]。因此,苏格拉底大约是在用一种震骇疗法来对待吕西斯,为了使他回到正确的轨道上来,就把他描述为一直处于这样的情况中。这种情况是什么呢? 如果我们将苏格拉底的"爱朋友者"(philetairos)替换为"爱爱者"(philophilos 友爱友爱者),从而使得这个词中的第二个词素如第一个词素一样动词化,那么苏格拉底所爱的就是一种爱。既然很难想象那第二个[友]爱除了哲学以外还会是什么,那么苏格拉底从小就是一个爱哲学者。为了使这个说法有道理,哲学就必须是一个难以捉摸的事物,并不是每次苏格拉底投身于一个哲学探究就投身于哲学中了。苏格拉底当然能意识到哲学由什么构成,但并非他一追问那些他所不知道的东西,哲学就会自动在他面前现身。一个物理学家只要在寻找某些问题的答案,就是在进行物理研究;但是哲学家却没有一条现成的"做哲学"的道路。他是掉进哲学之中的[18]。在《智术师》与《政治家》中,异乡客所表明的乃是:哲学来自于某人的道路的中断,并且随即意识到这种中断的必然;但是,谁也无法预言这种中断,并修正内在于其中的错误而开启新方向(参看 *Lysis* 213e2 - 3)。苏格拉底自己称它为

---

① 特勒马库斯(Telemachean)是奥德修斯与佩内洛佩之子。

"第二次起航"。

苏格拉底在心中将哲学比拟做他那不可捉摸、难以把握的朋友,这并不是显而易见的。但是通过研究这些论证,我们却很难不注意到,在把诗人和那些谈论写作自然与整全的人丢在后面后,他提出了一个前所未有的概念:"既不也不"。《吕西斯》中关于朋友的八次论证的结构是这样的:

1 与吕西斯的论证:贬损吕西斯的家庭和亲人/*oikeion*(207d5 – 210d8);

2 与梅尼克齐努斯的论证:对朋友的友爱/*ho philos tou philou*(211d6 – 213d5);

3 与吕西斯的论证:相似者[相爱]/*to homoion*(213d6 – 215c2);

4 与梅尼克齐努斯的论证:相反者[相爱]/*to enantion*(215c3 – 216b9);

5 与梅尼克齐努斯的论证:不好也不坏者/*oute agathon oute kakon*(216c1 – 217a2);

6 与梅尼克齐努斯的论证:两种"出现"/*parousia*(217a3 – 218c3);

7 与梅尼克齐努斯的论证:因为与由于/*heneka* 与 *dia*(218d6 – 220b5);

8 与梅尼克齐努斯的论证:属己者与欲望/*oikeion* 和 *epithumia*(220b6 – 222b2)。

后四个论证回到前四个论证,至少在名义上,"亲人"(*oikeion*)在"属己者"概念中又被复原了,但却并没有乞援于曾保证可以将吕西斯带回家的"智慧"。

苏格拉底与梅尼克齐努斯的第一次论证似乎表明有三种朋友,它们无法归于一个单一的理念下。"朋友"[可能]是爱着的人,他们或对或错地设想其爱意未得到回报,甚至还可能被人讨厌(希波泰勒斯就是这样的一个朋友);"朋友"也可能是另外一些人,比如苏格拉底,他甚至都不期待其感情能够得到回报;最后,"朋友"还可以是吕西斯这样的人,他在苏格拉底"揭露"其父母(对他的爱的真相)之后反感其父母,但是这却不影响他们对他的强烈的爱。人们可能认为核心的困难在于苏格拉底一方面未能区分片刻的恨意与持久的仇恨,另一方面也未能区分真正的朋友与表面的朋友。苏格拉底在说到有情人怀疑其爱得到了回报时,指出了爱欲的虚幻的传递性。有情人相信,只要他在爱着,被爱者自然而然就确定了。但就像苏格拉底暗示希波泰勒斯的,有情人陷入爱中必定就是爱着某人(204b6–8),这个静态动词的形式使得人们无法确定在爱之领域之外会不会发生什么。有情人会犯和波鲁斯(Polus)一样的错误,波鲁斯认为,只要有人惩罚,就必然有人被惩罚,然而这种希望通达他人的意欲并不能保障它能实现。因此苏格拉底表示怀疑他是否正确地把自己的情爱天性理解为友爱的形式了。他没有将"爱马者"理解为一种 *energeia*(实现活动),即对马的喜爱自身就是完成的,而是旨在某种确定结果的行动,即得到(所喜爱的)马。不过现在看来,"友爱"的结果就是"友爱"。拿苏格拉底稍后所举的例子来说,爱好体育锻炼的人(212d7)从体育锻炼中得到的后果不过是锻炼过程的副产品,对于他来说并不是重要的。爱跳舞的人爱跳舞,舞蹈本身对他来说就提升了他的存在。爱着的人在所爱之物中实现了其自身。这样说来,被妈妈揍的小孩即使恨他的妈妈,但仍然是他妈妈的心肝宝贝,因为他妈妈仅仅在他这里实现其自身。据此,哲学家就像好酒的人,他不胜酒力[19],他在包含了自身目的的实践活动中踉踉跄跄,摔个不停,不过他仍然在舞蹈着。

为了强化互惠性并非朋友的本质这样一个观点,苏格拉底援引了梭伦的两句话;如果苏格拉底的论证没有否定这一点,那么我们可以这样理解梭伦的话:一个人是幸福的,如果他有可爱的朋友(*philoi*),孩子,单蹄的马,猎狗,还有异乡客人。不过,苏格拉底要求我们将 philoi 读作一个谓词,并将幸福理解为不是占有,而是友爱。在苏格拉底的解读中,梭伦以家人开始,以陌生人结束。他包含了苏格拉底所展示给吕西斯的、只要活得智慧就可以掌控的广大范围。最惊人的是 xenos allodapos (异乡来客),它不但让我们回想起希波泰勒斯在赞颂赫拉克勒斯和吕西斯的先辈时提及的异乡人,并且在朋友的领域中导入了非朋友,或者是陌生人,这是我们所不知道也不熟悉的人。通过某种纽带,陌生人被纳入到我们的轨道中,但是同时保持为自身。他虽有一定距离,但就在近处。这种"异己的亲密性"似乎与哲学有关,因为哲学也不能被理解为友,也不能被理解为敌。在苏格拉底所给出的三类朋友——有情人,哲学家,和父母——当中,最容易理解的可能是最后一种。每个人都爱自己所创造出来的东西[20]。如果这么看有情人,特别考虑到希波泰勒斯(苏格拉底已经表明此人所做的诗歌只是对自己的赞颂,参看214a1),那么哲学家看来就容易错把"制造"当作"行动",错把企图在存在之中扩充自己当成了存在自身之展开。就算哲学家认识到其爱欲的非互惠性,他是否就能不预设存在物天然会喜欢使用它们的人,并且对于人们对它的认识毫无敌意呢?所谓的"异乡人"一定会让我们联想到诸神。按照佩内洛佩的一个求婚者所言,诸神伪装成异乡人,在人间漫游,察看人们是冒犯还是遵循礼法[21]。求婚者暗示,诸神永远不会成为我们的熟人(gnōrimoi),处在永远与文明疏离的遥远状态中。如果我们用"神"表达最高存在者,那么他们是否就如巴门尼德对少年苏格拉底所说的,完全[22]与我们分离呢?而倘使神与我们有关联的话,那么真正关键的恐怕是我们的正义而非我们的知识吧?然而苏格拉底和吕西斯讨论的是知识而非正义。

从朋友自身出发解释"朋友",是一次失败的尝试。"朋友"可以说已经被证明并非一个不能还原的范畴。朋友,并非他们自己所认为的那样,是仅仅为了自身的缘故而被珍爱的。当苏格拉底在第七个论证中重新开始讨论这一问题时,他尽可能地考察朋友自身,但区别在于,此时"敌人"已经成了朋友内在结构的一部分(219b2-3)。敌人在第二个论证中是一个外在的人,并威胁要证明这种不可能性的存在,即敌人可以是朋友,而朋友可以是敌人;不过,在苏格拉底的论证中在与梅尼克齐努斯的第一次论证中讨论了形式的说明之后,又加上了原因的说明。这里的不同也能一般地归纳为前四次论证和后四次论证之间的区别。前四次是范畴式的论证,后四次是动力因的论证。苏格拉底将朋友问题表述为"成为"之问题——一个人怎样才能成为另一个人的朋友(212a5-6),但实际上他在没有引入"既不/也不"之前,并未讨论"成为"。直到引入之后,"时间"才作为一个因素被考虑进来。

在第三个论证与第四个论证中,一种宇宙论的理论被引入到迄今为止似乎仅仅是一种纯粹的人类现象中;更准确地说,以这样的原则来解释朋友——同类为友或者是相反者相互吸引——那么"朋友"可能就丧失了人的面目,而落入一种对自然的宽泛理解之中。如果朋友没有任何特别之处可以将自己与一种"磁力"理论(没有灵魂的欲望,215e4)区别开来,朋友自身就没有任何意思,除非有人宣称它有助于对一般理论的理解,并且充当说明整个自然中都能观察到的各种现象的一个例证。在存在论上相应于苏格拉底提供给吕西斯的知识论僭主期望的对应物,就是对事物的独特性的否定。在苏格拉底对其前人的描述中,这种否定必然体现为 *peri phuseōs te kai holou*(论自然与论整体)一词被重新表述为"关于整个自然"。苏格拉底对这一还原论的反对尤其体现在他本人的独特性上,它或是太特别而无法影响到一般理论,或者明显是其例外。如果苏格拉底式的转向开启于第五个论证,而且对之前论证的反对是因其没有限制,范围太广,那么这种[苏格拉底式的]转向就可能被视为有些奇怪,因为它提出了一种关于"既不/也不"的一般存在论。然而人们最终发现,正是"既不/也不"的性质允许我们探寻自然的多样性,而不需要预设一般理论或宇宙论。"我们"和"我们的事物"恰恰在

根本上是属于"既不/也不"的。(参看 220d5 – 6)

虽然都谈到了相似者(the like),诗人说,是"神自己"使得相似者亲近相似者,而自然哲人说是必然性使得相似者成为朋友。但是,在这两种情况下,相似者在最开始时都不是在一起的。自然哲人所理解的理想状态的实现有不少障碍;而对于诗人来说,人的努力总是无法克服奥德修斯这个扮作陌生人的主人和欧伊玛俄(Eumaeus)这个扮作猪倌的王子之间的明显不一致。表面上,苏格拉底将这行诗抽离了《奥德赛》的文本语境,因为苏格拉底试图将其意思固定在好人上,然而这行诗真正的叙说者梅莱提乌斯(Melanthius)是在指说坏人:"而实际上恰恰相反,坏人跟着坏人在一起。"[23] 苏格拉底当然可以得到辩护,因为梅莱提乌斯不知道他们其实是好人。不过,如果他们是好人,他们就是被雅典娜放在一起,去实现正义,惩罚求婚者。实际上,奥德修斯与欧伊玛俄的相似仅仅在于他们拥有共同的敌人。没有他们想去除掉的敌人,他们就依然是分离的。反思这行诗句所出之段落,它直接关联到苏格拉底将坏人与不正义结合起来,虽然他没说好人就是正义的。苏格拉底论证的转换不允许好人与坏人发生关系。他们都是独立存在的,都是单独的,自足的。在这种理想状态背后的观念稍后才被发现,但即便发现后也没有被明确地表达出来。这个观念就是,关于愤怒与仇恨的区别,亚里士多德曾经这么说[24]:愤怒的人想要报复并使对方痛苦,而仇恨的人想要灭了他的敌人。这个隐藏在"朋友–敌人"之后的理想目标一旦实现,就将使得朋友消失。因此看上去像是错误的引用,实际上表达了朋友坚决拒绝承认自己依赖于自己的对立面。奥德修斯与欧伊玛俄友谊的顶点发生在欧伊玛俄与特勒玛库斯将梅莱提乌斯剁碎喂狗[25]。"奥德修斯"名字的意思,荷马告诉我们,就是"憎恨"[26]。

在第一次与梅尼克齐努斯的论证中,对于"友爱"(philein)的处理使得主动态与被动态之间有一个不稳定的联系。在与吕西斯的第二次论证中,苏格拉底为了表明他为何不喜欢其结论即只有好人是朋友,便将"相似者"与"好人"分开,将相似者当作被动的,而把好人当作主动者。关于"相似"的论证其结论是:"如果他不被珍视,怎么会成为朋友?"关于"好人"的论证其结论是,"如果不去珍视,也就不会去喜爱(215a3、b2)"。这使得问题对称起来。在相似者中需要一些区别,以便被动与主动能够得以运作;在好人之中需要有一些缺乏,以便其出现能被感觉到。它的身上必须多少有些自我持续性,从而使它可以受到影响;同时又必须多少有些自足性,才能使它得以发挥作用。这两种有缺乏的样式必须作为"积极的匮乏"(effectively needy)一同出现在"朋友"之中。无论苏格拉底引发困境(aporia)的能力多么有启发意义,如果唯一的限制是必须避免坏人的彻底不确定与无能,我们还是无法确定朋友与"相似者"与"好人"应当有多大的不同。究竟怎样的比例(ratio)才是最合适的,只有像自然哲人所说的那样亲力亲为之后才能知道,朋友的问题除了具体逐个解决之外,别无他法。我们一开始就知道,客观境况对于朋友问题而言,具有压倒性的重要意义。

到目前为止得出的结论的序列是这样的:在苏格拉底与吕西斯的第一次论证中,那个想要朋友的聪明人(wise man),能够让所有人都成为他的朋友,除了他自己;在苏格拉底与梅尼克齐努斯的第一次论证中,那个被当作朋友的人可能是朋友,也可能是敌人;同样,一个正在爱着朋友的人可能是爱着敌人。在苏格拉底与吕西斯的第二次论证中,引入了"相似者"与"好人"的因素;作为相似者,被当作朋友是不可能的;而作为好人,去爱朋友是不可能的;在此,苏格拉底为了达到最后一个结论,必须强行解释"相似者"的意思,并且不接受梅莱提乌斯(Melanthius)对谚语"臭味相投……"的解释。他于是引用了赫西俄德,这位诗人告诉我们如何回到原文意义。不过,苏格拉底不是颠倒了赫西俄德的简单意思。赫西俄德在此提及的是他在《神谱》中犯的一个错误,他说厄里斯(Eris,争执)

只是邪坏的原因,但是在《工作与时日》中,他却承认厄里斯有两个。苏格拉底所说的"同类者之间的战争状态"可以追溯到《神谱》中的厄里斯。故而赫西俄德第一个说法是正确的。争执和战争是无法分离的。实际上,按照赫西俄德的观点,友爱之神(friendliness; *philotēs*)是厄里斯的姐妹[27]。如果赫西俄德的第二个想法与苏格拉底将其归为一体的宏大理论是可以分离的,那么苏格拉底自己所阐释的相似者——它们过于相同以至于无法互动——就有足够大的差别,从而可以恢复力量展开朋友之间的竞争。这种差别在吕西斯和梅尼克齐努斯这对朋友之中就已经起着作用。使得这个解答还存在缺陷的是赫西俄德所引出的第三对竞争者:乞丐与乞丐。他提到的前两对相似者都是掌握技艺者:陶瓦匠和歌手,他们可以作为"好的相似者"的代表;但是乞丐所缺乏的好并非就是相同的,尽管就其是相似者而言,好的就是可爱的。赫西俄德的诗句只是提出了困难,而这困难已经被苏格拉底用他关于"相似"的奇特解释给解决了。一种充分"技艺性的缺乏"再次成为了"朋友"的一般原则,并且,爱若斯作为贫穷与富裕的后代,再次成为苏格拉底对此事的神话式解决。

苏格拉底听到某些人说了些类似赫拉克利特与恩培多克勒的理论(这让人想起厄里克西马库斯),这似乎让他丧失了常识。在他所举出的"对立"中,起码有两对是不适合的,即苦和甜、锐与钝[28]。钝的也许要磨锐,但锐的并不会要变钝。如果我们认可这些对立,那么就不能把这个理论视为是关乎这些对立本身,而是这些对立面中单个要素都是由对立要素所实际决定的。锐就是较少的钝,甜就是较少的苦。健康因此就是较少程度的疾病,友爱也许就是较缓和的敌意。量的不同就会和种类的不同一样。知识可能就是无知,只是没那么厉害。这种职业性辩驳家的反对(梅尼克齐努斯认为这很重要)所造成的缺点是:友谊也就是具有敌意的朋友。但这是不成立的,因为关于事物的语言要比事物的本性要更绝对化。赫西俄德的错误看来就不仅仅在于第二次去区分不同的厄里斯,而在于最开始就让厄里斯与友爱之神做姐妹,尽管实际上友爱之神只是厄里斯的虚假的后代;只是被体会为不同而已。看来,前面苏格拉底的解说所要求的"某种程度上的好",其实是不需要的;真正需要的是"某种程度的坏"。只要坏与不正义被视为一个东西,这个要求就无法满足。故而,当苏格拉底从其前辈分离出来自行其是时,正义的论题就从谈话中消失了。或许,应该替代正义的位置但却始终缺席的是美。至少对于丑能够成为美的朋友这一荒谬性,苏格拉底至此尚未置一词。他肯定一直在想自己(的情况)。

如果让我们再来看关于相似者与相反者的论证,我们会发现,一方面是被相似者的结合与区分所分裂的"相似",另一方面是被相反物的结合与区分所分裂的"相反";这种双重的分裂使我们回想起异乡客在《智术师》与《政治家》中所实践与探讨的划分-综合的模式。在《智术师》中,相同者与相同者的切分被配以好与坏的分离;在《政治家》中,相同者与相同者的聚合,则被配以好与坏的勉强聚合。人们也许会忽视此处存在的朋友显示的方式与辩证法方式的惊人相似。不过,苏格拉底在试图打破僵局时让大家注意,正如一句古老的谚语说的,"美是朋友"。对此证明并非来自对朋友本身的任何新的洞见,而是源于朋友一直难以被其论证所捕获的滑溜本性(216c4-d2)。要明白朋友是什么必须通过去思考它为什么总是弄不明白。在某种方式上,对于朋友的讨论的方式已经和朋友有了联系。这一点是典型的"苏格拉底第二次起航"式的:对存在的言说源于这种存在自身的方式;并且,典型地,这种重新出发会有一个意象。当梅尼克齐努斯问苏格拉底,他所说的"既不/也不"到底是什么意思时,苏格拉底说:"向宙斯起誓,我也搞不清,我真的被论证中的困惑搞昏了头。也许有句古老的谚语说的没错,'美是朋友'。不管怎么说,它确乎有些像某种柔和、平顺、易变的东西。也许正是如此,它很容易使得我们滑倒,自己却溜掉。"苏格拉底感受到一种迷惑,并将这种迷惑归结为朋友。朋友的美表现在它以"难以把握"的面目现身。因此苏格拉底承认朋友是不可能占有的,他无法告诉第俄提玛他得到了美之后会得到什么[29]。朋友依然会是富有魅力和不可占有的。如果我们跟随苏格拉底,并将发现朋友之路用于朋友自身,朋友就是辩证法的四重道路所展示的东西。朋友就是存在之美,它为哲学而预备。

苏格拉底通过接受了在友爱(philein)的主动态和被动态之间的区别而重新立足站稳。之前的论证使他确信,在镜像结构中是不可能找到朋友的。也许他想到了"相反的"(enantion)其字面上的意思就是"照面的",一个人镜中的形象不会颠倒左右,而"另一个我"则会。不管怎么说,根据新的定义,朋友就是主动者,并且是美与好的朋友。它与任何表现为有益之物的东西为友(参看217a3)。苏格拉底预言道:既不好也不坏——这一直被简称为"既不/也不"——是"好"的朋友,但后来这个思路被证明会走向无限倒退(reductio)。在对各种可能性彻底检查后,唯有它单独留了下来,但是此时的它已经不再具有任何与人相关的意义,也不能进行因果说明。它走出了逻格斯之外,而非表现为存在事物中做区分的结果。看来它包含了两种极端的分离,一种是在中性事物与好的事物之间,另一种则是在中性事物和那些变得好或者坏的事物之间。苏格拉底在某处甚至说"既不/也不"为"自身存在"(auta kath hauta, 220c4-5)。人们或许可以推断说,这是苏格拉底提出关于朋友的太多论证泛滥之结果,所以他的恢复平衡不过是遵从了逻格斯的规定。苏格拉底自己便说,这个"既不/也不",以及由此推论出的一切,都毫无意义,就如一首胡乱凑合的长诗(221d4-6)。

"既不/也不"是一个游移不定的类别,苏格拉底以一种奇特的方式对待它。他不认为作为"既不/也不"的身体是健康的朋友,理由是身体自身中就有着自然朝向健康的趋势,并自然地对疾病抵抗。他将身体自身本性和其在坏出现时的情况加以区分,似乎作为医生的朋友的病人与作为既不/也不的身体不是一回事。苏格拉底的方法使他能够让动词"友爱"拥有一个主语,而它却又不是爱医生的原因。所有的爱都是有意识的,理性的。除了通过知识外,没有其他办法可以导致健康:第一次与吕西斯的论证在此仍然有效。如苏格拉底所说的,一旦医生宣布情况已无可挽回了,"既不/也不"就将滑向坏,并停止爱善。不然的话,身体可能只在死亡前的一霎那才是坏的,而不会更早。如果想把问题弄得更复杂,那么还可以假设欲望独属于灵魂,并考虑到生存意志,因为如果灵魂不愿意接受治疗,那么我们是否可以说此时身体是坏的呢?苏格拉底通过将医药技术作为"朋友"插入进来,使得"既不/也不"依赖治愈的可能性。更进一步说,苏格拉底将作为"既不/也不"的一个阐发例子而提出的哲学也可能会被看作是坏的,除非智慧之士在原则上是存在的。哲学状态的全然无望或许不会使得哲学家孤立无助。

为了弄清楚"既不/也不",苏格拉底引入了对两种"出现"的区分,一种是表面的,另一种是真正的。然而在那些能够与医生为友和不能为友的人之间如果有差异的话,苏格拉底的这种区分并不容易帮人理解这一差异。如果苏格拉底的意思是说,身体基本上是好的,只是受到一些表面的伤害,那么身体就不是"既不/也不",而是既好又不好;这个"既/又"(both and)要么指的是坏可以从好分离出来(抽离或者切割),要么是两者混合在一起,即便最好的医生也不能使其分离。苏格拉底谈到了"坏"的不断扩展,而非某种可能是稳定的,但并非一定是静止的两者之混合。苏格拉底所举的例子难以适用。他区分了白色粉末染在梅尼克齐努斯褐色头发上的"白色"和由衰老所带来的"白"。然而,没人会说一个涂上白漆的房子只是表面白,也不会说苏格拉底的"无知"只是其最佳智慧的伪装,他欺骗了我们,他其实拥有所有的答案。这么说可能更加真实:吕西斯对其无知的坦诚自白,只是其完全健康的骄傲感的"暂时颜色",而苏格拉底年纪越老,其无知就会变得越厉害——他现在的自嘲自贬不过暗示了他的将来状况[30]。如果关于染发的例子适合于"愚蠢"和"无知",那就不能用于那些表里如一的人身上,而只能用于那些表象与其真实存在完全相反的人身上,这就是那些颇有智慧之名声的人(doxosophoi),他们能够成功地变换颜色,看起来就像神。不过,智术师心中总是掠过一丝疑惑:自己或许并不知道自己宣称知道的那些事情,尽管表演可以很精彩,无知最终将显现[31]。

除了"中性灵魂"概念所造成的一般性的困难,苏格拉底自己对朋友的欲求也难以用"表面的出现"和"真正的出现"来进行说明。苏格拉底没有朋友,但他也没说他有任何敌人,而敌人的出现将产生对朋友的欲望。他当然可以预知未来,尤其是如果《吕西斯》被写成发生于《云》之后,潜在的麻烦已经存在于斯瑞西阿德斯(Strepsiades)所要写的诉状中了[32]。不管如何,表面看上去没有朋友,似乎不适于"白色粉末"模式,除非这一模式的要点不在于白色粉末的出现而在于这种出现是不证自明的事实——没人会把它当作其他的东西,故而决定性的因素在于苏格拉底对"缺少朋友"有所意识;就如在哲学中,意识到了无知——这相当于坏之出现——才会产生对善的欲求。那么,这时的坏它必然看起来不像坏,坏要么毫不表现,要么宣称自己正好是其反面。不过,如果哲学作为关于无知的知识从未将自身展现给哲学家,那么,只有无知的症状才会显示出来。这种症状看来对应的就是脸红。它们都是不由自主的,并且最开始都只会显示给外人。朋友因此看来对于哲学家是不可缺少的。他要么发现别人的脸红,要么引发别人脸红。朋友必然属于非常特别的一种类型。希波泰勒斯在克蒂西普斯单独出现时从不脸红。

在谈到梅尼克齐努斯的头发时,苏格拉底仔细区分了白色和白("whiteness"和"white")。白色只用在白的不真实的呈现时,而白只用在年老而白发苍苍时。因此我们得到一个简单的语言学上的区分。如果我们对于事物的呈现用柏拉图式的(platonically)话语方式谈论的话,则可以将其说成是"现象";如果不能,那就得说它是实存的。这看起来不错,却没什么帮助。毫无羞耻毕竟不必表现为持续地脸红[33]。就不明智者(unwise)而言,苏格拉底认为哲学家和愚人都是 agnoia(无知的),但仅仅称呼愚人为 agnōmones(愚昧的)。一个愚昧者要么是无知的、缺乏判断的,要么是残酷的、不宽容的。那么,当无知表现为要去惩罚某人的欲望时,就将成为一种完全否定的状态。当其无知被证明后,吕西斯第一个反应就是去惩罚梅尼克齐努斯。吕西斯恢复为"既不/也不"的标志症候是一次脸红。吕西斯的脸红是错误的不情愿的标志。苏格拉底于是告诉我们他对于吕西斯"热爱智慧"(philosophia,哲学)的样子感到很高兴。如果"热爱智慧"遵从苏格拉底为"白色"和"白"所设置的规则,苏格拉底就仅察觉到吕西斯的善好的症候而非其善好本身。可以说,柏拉图式的话语方式乃是一种 modesty(谦逊)。它拒绝把现象当成是事物本身,故而总是让我们回到现象上来。这么说来,"既不/也不"就并非它最初表现的那样是对具体存在事物的任意抽象,而是相反地,是对这些事物的存在方式的表达而已。不过,"好"与"坏"也许就很难被严格地运用于事实世界中了。白色粉末的例子暗示着,即使"健康"也是与时间流程相关的。

"既不/也不"的概念在哲学家的描述上有帮助。脸红首先意味着哲学家既不拥有智慧的好处,也不会有无知的坏处。无知的坏处,是一种特别的无知,即自以为知道自己并不知道的东西。所以,哲学家有着一种坏,却缺乏另一种坏①。进而言之,他对自己所缺乏者的坚持也并不那么坚定:"他还是相信他不知道他所不知道的事情。"他并不严格地拥有"坏"的好处,即拥有关于无知的知识,但是他的信念在最好的情况下,会给予他一种关于无知的知识的表象,在最坏的情况下则是一种对无知的无知的表象。在这个意义上,他

---

① 伯纳德特的意思应当是:哲学家有着一种坏(自知无知),却缺乏另一种坏(自以为是)。

是"既不/也不"。然而他也要认识到,作一个"既不/也不"者是坏的,不然,他不会渴望去知。但是,他渴望知道的不是智慧,因为他知道这是不可能的。他渴望知道的是关于无知的知识。他想知道那些他认为自己不知道的东西,他不想落入苏格拉底留给泰阿泰德的精疲力尽的状态。泰阿泰德对于"什么是知识"这个问题没有答案,并且对于"知识之问题"是何种问题也还是没有意识[34]。哲学家的善好是一种非常不稳的状态,它处在一种不能根除的坏和一种或许可以改良的坏之间。苏格拉底告诉人们他是如何经验到这一状态的:这是当吕西斯和梅尼克齐努斯完全支持这个结论时——"既不/也不"是由于坏之出现而成为善好之朋友的。苏格拉底说,"我仅仅(agapētōs)因为抓住了一直捕猎的对象便极为高兴,就像一个猎人一样"(218c4 – 5)。agapētōs 是 agapan 的副词形式,后者始终被苏格拉底等同于友爱(philein)。如果不考虑语境,这个副词就可以从其一般意思理解,即高兴地、满足地。不过,也许就像苏格拉底的开心所证实的,"仅仅地"和"高兴地"是无法辨别的。

在苏格拉底向梅尼克齐努斯解释为什么他们获得的可能只是财富的幻影之前,他必须完成朋友的定义,这是通过把终极因加入到迄今为止他一直满意地运用的动力因之中。"为了……的目的"(Heneka,for the sake of)被放到这个定义的前面,而"由于……的缘故"(dia,on account of)则放在其后面:"朋友之所以和朋友成为朋友,乃是为了得到朋友,并且是由于遇到敌人的缘故。"(219b2 – 3)苏格拉底设法回到一种框架中,在其中不必使用他与梅尼克齐努斯第一次讨论中使用过的术语之外的语词。但是,相同的语言掩盖了其中的区别。和朋友成为朋友的朋友是一个"既不/也不",而其对象(也就是这个"既不/也不"当作朋友的对象)和朋友(即为了他的目的,主体才成为朋友的)都不是"既不/也不"。两者都是好的,一个是作为手段,一个是作为目的。这么说吧,苏格拉底为了想要有所理解之目的,又由于其无知之缘故,成为了哲学的朋友。如果这样就把恰当的价值加入一般的公式中了,那么"既不/也不"在某种意义上自始至终都是成立的,因为手段、目的、动力因都是各种不同形式的"既不/也不"。哲学整体上就代表了这种有缺陷的模式,因此苏格拉底将来所拥有的理解仅仅相对于其早先不确定假设的无知,才可以说是有所提升(参看218e2)。即便手段并非哲学,而仅仅是哲学的朋友,不管[这个手段]是吕西斯、梅尼克齐努斯,还是克蒂希普斯,"既不/也不"都将整个地适用于这个公式。假定这只是一种特殊的情况,当"为了某个目的"被引入时,"哲学"之事竟然消失了。然而,这种消失可能是虚假的。饮毒芹汁便是一个关键性的例证。

苏格拉底想要区分朋友的"幻影"和真实的朋友。苏格拉底使得梅尼克齐努斯承认这一区分,因为除非有个"第一朋友"(a first friend),那么"为了朋友之目的"就会成为无法终止的序列,使他们精疲力尽。他虽然获得了梅尼克齐努斯的承认,但其手段却令人怀疑。健康是苏格拉底明确指出的唯一的朋友,但是健康"所为"的第二个朋友却是空的,第三个也不存在。苏格拉底警告普罗塔库斯(Protarchus)说,过于快速地从一推到多,而不细致考察其中的具体种类,是当时人所常犯的错误[35]。如果我们跟格劳孔一样说,则第二个朋友是视力,第三个朋友是明白事理(thinking)[36]。然而,这三种好并没有明显地排成一个高下序列,而且即便它们可以,梅尼克齐努斯又是否知道它们的各自情况呢?苏格拉底如果要更合情合理的话,就应该把"为了……目的"从句中的"朋友"当作善好的有序结构群体,其中所有的善好,我们都十分珍爱,而不需要搞清楚它们互相之间的精确关联。苏格拉底举了一个例子,却并不利于自己的论证。苏格拉底让梅尼克齐努斯相信,虽然我们说我们看重金银,金银实际上只是为了我们所最看重的某个目的(220a1-6)。苏格拉底这么说,好像我们根本不知道有守财奴和白手起家的百万富翁一样,这些人的视野仅局限于保存与积累他们的财富。不管在哪种情况下,在一组善好中没有哪一种"好"仅仅是另外一种"好"的幻影,如果确实有,梅尼克齐努斯也知道它们是什么。由于不去填补这一空白,苏格拉底便可以举一个例子,但是这例子中的脆弱结构与永恒的善好群组的结构是截然不同的。

我们必须记住,为了健康,病人是医药的朋友。但是在苏格拉底举的例子中,某位父亲因为相信酒能够解除他儿子所喝的毒芹汁的毒性,就珍爱酒与酒杯,他并没有请教医生,[或者]就算请教了也不相信;我们面对的危机是父亲将很快失去儿子。苏格拉底最终举出了一个例子,说明人们将不再是医生的朋友——即理性地说当人喝下毒芹汁之时或稍后。但是父亲因为恐惧而失去理智,抓住一个秘方当作宝,仅仅是因为他珍爱他的儿子。儿子的重要性使得所有能保全其性命的那些虚假手段也变得重要;而儿子一旦失去了,那酒和酒杯就一文不值了。在危机之前,那位儿子如我们大家一样都是"既不/也不"。如果这位父亲和吕西斯的父亲一样,则会爱儿子,会希望他幸福;如果他得病了,父亲会将医生当作朋友,但不会愚蠢到去珍爱药丸和手术刀。父亲想要儿子好,就是想要他得到一大群善好中的每一个,这些能够使得他幸福。在危机中,这些想法都消失了;除非他儿子是因为意外喝下毒药的,这些想法就会在雅典人因其儿子犯罪而判决其死刑时统统消失。只有通过这个危机,一个本来要么是中性的要么是坏的儿子才成为了真正的朋友。儿子面临的迫近危机使得父亲改变了价值的序列,将儿子(的生命)放在了最顶端。当然,也许是因为他只有一个儿子,他对儿子存活的焦虑与对自己的焦虑紧密勾连,但是即使不是独子,父亲抓救命稻草的行为,也不能与其儿子的处境相分离。如果吕西斯威胁说要自杀,他母亲能不让他随意动她的东西吗?

朋友存在于两种不同的视域之中,在其一之中,朋友遵循某种善好的结构而承受好与坏;在另一之中,不需要假设朋友是好的,朋友自身就被暂时地排在可贵事物的顶端,一旦我们看到朋友存在于这两种不同的视域中，我们就了解了为什么苏格拉底以一种意见的方式表述"真正的朋友"，这种意见不能转化为知识。在第一种朋友的结构中，所有的善好都完全可能被理解，并通过技艺获得；但是，在父亲对儿子的重视没有任何知识上的对等物。苏格拉底之前已让吕西斯确信，是他自己的知识使得他对于父母而言是可爱的。吕西斯对某些事情在行是因为他认识它们；在这些事情中他并不是一个"既不/也不"者。然而，对于父亲而言，在"第一朋友"的现实性与真实性和父亲之知识之间没有任何联系。实际上，如苏格拉底所表述的，父亲看重儿子，是因为他把儿子"看得最为重要"。安提戈涅为其兄弟献出生命时，就是在"冒着一切危险埋葬兄弟"。按照苏格拉底的表达来说，她这么做就是"因为要把兄弟看得最重要之目的"，因为如果没有她的行动，她的兄弟就什么都不是。父亲在看重儿子，这就是表现他对儿子的看重。如果他与一个拥有解毒药的医生成为朋友，这也并不证明其他什么了。

那么苏格拉底的情况又如何？我们知道他在善好的视域中的表述公式；但是，当他在监狱中，并提议把毒芹汁当作酒，且声称知道死对他来说是好时，关于他的特性的表达公式就要被修改为："为了哲学之目的，由于雅典人的敌意的缘故，苏格拉底成为了毒芹汁的朋友"。如果这必须加以调整以便与那位父亲的"为了……的目的"相一致，那么"为了……的目的"之从句就应该变为："为了显示他对哲学的最重要意义的推许，苏格拉底便……"只是在他的审判和定罪所带来的危机中，目的从句才脱离了他自身的利益，最直接的朋友不再是哲学或者是哲学青年。不过，苏格拉底没有区分两种情况，其中一种关涉到哲学持续的存在，另一种则关涉他自己的善好（利益）。但是，正是苏格拉底对哲学的重新解释使得哲学处于持续的危险之中。他用政治哲学来重新解释哲学，这势必会影响到所有那些"哲学问题"提出的方式。这些问题不能自己提出来，而必须通过面临的紧急状况被遭遇到并被领悟。紧急情况的前景也就是危机的前景,无论是否关联着某种特定的危机。克法洛斯对正义问题一笑而过,这就说明,只有对于苏格拉底来说,这两种视域才总是归于一处。苏格拉底一直处于被审讯之中,一直在为哲学辩护,只要他一直在关心着自己的问题(参看222e2)[37]。

如果我们不考虑苏格拉底的两种"既不/也不"——一种能成为"不是好就是坏",另一种则处于模棱两可之中——的恰好为一的可能情况,我们就能对苏格拉底在本应对"为了……目的"与"由于……缘故"严密区分时却漫不经心地加以混淆,给出一个解答了。他说,当坏离去并不再对"既不/也不"有所影响时,"真正的朋友"就会表现出与那些所谓的朋友相反的性质,因为后者是为了朋友而成为朋友的,前者却是为了敌人而存在(220e2 - 4)。"为了敌人的目的"一语显然应当是"由于敌人的缘故"①。不过也许苏格拉底要说的真的就是这个意思。"真正的朋友"是为了敌人而存在的,这敌人只能是"真正的朋友"自己。我们看到,在这样的情况下,善好的原型结构(the paradigmatic structure)——这是父亲希望用于儿子身上的——就消失了,它被朋友的一种因地制宜结构(the circumstantial structure of the friend)所取代,这种结构尽管也会令价值逐步提升,但是却抵制任何关于善好的预言。正是这种抵制使得"真正的朋友"变成敌人。它与"既不/也不"的性质不同,并因此跃出了这个层级,似乎"非好"就成了"好"。如果存在自身就是好的,而不存在就是坏的,苏格拉底的"既不/也不"——现在他把它叫做"居间者"——就已经是好了,而且只要它一直是其所是,它就不会变坏。然而,如果存在并非就是好的,而必须是自我的存在(属己之在)才是好,那么苏格拉底与吕西斯的第一次论证在此就生效了:儿子只要诉诸错误的信念而显示出根本不知道如何使用他自身,就不再是属于父亲的。如果这个论证成立,那就必须强调,"为了敌人之目

---

① 与许多注释家一样,伯纳德特认为这里文本中的表述可能错了。

的"的从句只适用于因地制宜式结构,而非原型式结构。实际上,苏格拉底又一次区分了关于朋友的探讨与关于善好的探讨。借助于追溯"朋友序列的最终目的端",苏格拉底放弃了在之前的讨论中就没有任何位置的善好(220d8 – e5)。

苏格拉底所提出的思想实验的最终目的在于确定一种独立于需求的欲望,不过其当下目标是确定是否"既不/也不"是由于坏之出现的缘故而爱上善好的。苏格拉底在实验中没有细致地考察所有可能。如果坏消失了,"既不/也不"就会变成"不 – 好"(not – good),但是苏格拉底没有改变"既不/也不"的类别。我们还是原来的我们。看来坏并没有消失,只是不再影响我们或不再能伤害我们。在他的第一个公式中,苏格拉底就到此为止(220c1 – 7)。坏依然存在,虽然它们看似没有了。我们不再把它们当作坏了。苏格拉底说,他不知道死亡是否是坏的,而且,就其将死亡等同于"做哲学工作"而言,他似乎把死亡当作好事。所以死亡或者是好的,或者是"既不/也不",就算没有任何思想实验赶走了坏。进一步说,如果哲学家是"既不/也不",那么"有智慧之名声者"(doxosophoi)就仍然无知于其无知,并自称拥有知识,不管此时"无知"是否已不再是坏,因为现在他们也还是不知道无知乃是坏[38]。如果城邦自身也是智术师中的一员,就像苏格拉底和异乡客都同意的[39],那么城邦对于苏格拉底来说就不是正义的,因为尽管它仍然无知,苏格拉底的审判就是一种嘲弄和笑话[40]。更严重的问题是:关于无知的知识在这些情况下是否可能。爱利亚来客并没有仅仅设想坏不存在,而是精心设计了一个完全时间倒转的世界(梅尼克齐尼斯将生为白发人,死于金发时),在那里没有坏;他宣称不知道苏格拉底在这样的世界中是否可能[41]。似乎是以下考虑决定了该问题:苏格拉底的建议等于是在要我们淡漠对待自己。我们将如棍子和石头一样,不过存在在那儿而已。当所有的一切都是"不 – 好"时,我们开始认为标示着"既不/也不"的那种理论态度就会真的生效了,因为"既不/也不"对哲学家来说是"好和坏",故而当它不再是"坏"时,也不可能保持为好。就像对自己的无知的无知者不可能是不义之人一样,对那些知道或者相信自己无知的人,不可能通过某种关于"不坏事物"的知识(更别说信念)获益。因此这就不会让人惊讶了:作为理论家的典型代表的泰洛多鲁(Theodorus)梦想着所有坏都被终结,而指出这是不可能的,却是苏格拉底。[42]

如果我们回想苏格拉底在人工的与自然的头发颜色之间所作的区分,或者想想我们以为是相同的例子——在害羞脸红与害羞时面色不改之间的区别,这意味着什么呢? 这并非是在向自己或他人承认错误。苏格拉底可以借此知道希波泰勒斯正在恋爱并爱着某人,但是他指出希波泰勒斯在追求吕西斯时所犯的过错,是否是无用的呢? 希波泰勒斯可能没有把他无法得到吕西斯当作一种坏,而且就我们所知,他没有成功或许才是好的,但这么一来希波泰勒斯就不会求助于苏格拉底。苏格拉底的情爱科学就将永远没有启用之机会,虽然他的诊断能力还是会一如既往地有效。爱利亚来客所说的神话已经预示了这一结果。只要神没有放弃对世界的天意照管,就不可能有爱欲。人们尚可追问的是:在那样的世界里,苏格拉底对朋友的欲望是否还会继续存在。

直到苏格拉底做出一个令人惊讶的推进,他一直真正想达到的目的才变得明晰起来。当坏已不存在时,是否会有无害的饥饿与干渴呢? 苏格拉底封掉了对这个问题的任何答案,他说:"到时候会有什么、没有什么,这样的问题是很荒谬的。谁知道呢?"——然后他回到我们都知道的情况上来,即这些欲望可能是有害的,也可能是有益的,或者既非有害又不是有益的。然后,他用当坏已不存在时留存下来的"既不/也不"之欲望来证明:欲望是友爱的原因。这种作为原因而出现的欲望只是简单重述了苏格拉底关于"既不/也不"的原始公式。他不但将朋友定义为"既不/也不"(219a6 – b3),并且使朋友成为友爱的主体。苏格拉底的欲望(*to epithumoun*)只是将名词与动词合并为分词。然而,欲望还是经历了一种变化。本来"既不/也不"渴望着善好;而现在却欲望着"既不/也不",这却真的是中性的。它欲望着自己所缺失之物,而这缺失之物却是非-善好,它仅仅只是其属己之物(one's own; oikeion)。苏格拉底绕了一大圈还是转到了阿里斯托芬面前,后者在《会饮》中说了一个故事:我们最开始是一个整体,后来冒犯天庭而遭到主神的惩罚,被一分为二并重新安排,以使我们对自己的缺陷感到羞愧,并通过性的满足来保持种的延续,这也算对我们无法恢复原初自我的一点补偿。然而,阿里斯托芬认为,爱欲作为欲望与对整全的追寻,前提条件却是坏:是神圣的惩罚造成了自我的分裂。苏格拉底去掉了坏,却保存了欲望。他对于这二者之间是否存在必然联系提出疑问,因为阿里斯托芬并未将原初的整全等同于善好。如果他这样做了,那么坏就成为善好的原因,苏格拉底所遇到的问题就会重新回来。或许,回到原初自我的强烈渴望本身依靠于现存秩序所施加的强制。苏格拉底在对付吕西斯时,表现了某种对阿里斯托芬的模仿。通过夺去吕西斯的"属己之物",他将吕西斯打翻在地,之后,苏格拉底又通过向吕西斯提供智慧之复原之道,重新抬高吕西斯,使其得到了为所欲为的自由。他又可以对自己拥有骄傲的念头了。苏格拉底的版本的缺点在于:吕西斯将重新拥有的,不再限于原先属于他的那些东西了;阿里斯托芬版本的缺点在于:完美的复原是不可能的,每个人得到的其实是他现在所喜欢的;一个人所拥有的骄傲念头仅仅限于他自己的城邦[43]。他们两人之间的问题,展现了哲学作为另一种"既不/也不"的情况,因为如果没有心灵,则"好与坏"的好就会消失了。

如果阿里斯托芬式的 oikeion(属于我们的东西)是与心灵一致的,那它就应该是理性存之宇宙;那么,阿里斯托芬否认我们能够恢复"属己之物",就等于说万物对于我们而言永远存在于碎片状态中。这样的碎片化使得万物显得并非一个整体的各个部分。他们只是在各自自身中存在（auta kath hauta），相互分离并与善好也分离。这确实就是苏格拉底对于我们自己和我们的各部分的描述，不过令人吃惊的是，它们并没有被当作部分，因此也不存在这些"部分"所从属的整体。我们可以恰当地将这些存在物称为"虚幻的影像"（eidōla），苏格拉底以此称呼那些被"真实的朋友"烙下印记的具体事物。这些虚幻的影像，如同酒与酒杯，只是使哲学家回归真实存在的假定手段。由于具有那位父亲式的深刻无知，哲学家肯定会高度重视和严肃对待这些手段，不过这些手段确实有助于他们不停思索地人生中的好。他的思想如他的身体一样是私有的，但是更容易异化出去；不管被他或者是别人所知道，这些思想就是所谓的"朋友"。他们严格地说只存在于言语中。所以，通过"属己之物"，我们又可以回到苏格拉底当初以人的尺度来探求朋友时放弃的宇宙论沉思，不过我们必须记住，通过这样回到"既不/也不"，哲学成为了中心。

苏格拉底使得这个"属己之物"作为缺少之物（endees）的主题，仅仅短暂地出现，马上就被他代之以作为"在某人尺度上的"（kata，222a2-3）。这只是缺乏之物可能与欲望之物相称的必要条件，但它显然不足以描述所缺少之部分。当且仅当"部分的整体"并不存在，而普天之下的欲望都是同类的，必要条件与充分条件才会合为一体。苏格拉底因此预期到他对属己之物与相似者一致的论证同样是徒劳的。他没有考察的一种可能性，即善好是"既不/也不"的属己之物，可以被视为要么类似于苏格拉底第一次论证的主题——"即不/也不"是善好的朋友，要么就过于矛盾——如果善好与"既不好也不坏"被证明是亲近的。苏格拉底还想通过询问那些比吕西斯年纪更大的人来弥补这一忽略，（223a1-2），但那些醉酒粗鲁的奴隶却来强迫吕西斯与梅尼克齐努斯和他们的兄弟回家了。他们毕竟是有道理的（223a5）。

注释

1. M. E. Smith, *Essays on law and religion*. The berkeley and Oxford Symposia in honour of David Daube (Berkeley, 1993) xi.
2. *Parmenides* 137a4.
3. 参看 *Odyssey* 14.224 – 28。
4. *Iliad* I.167.
5. *Euthydemus* 273a7 – b4.
6. *Aeschines Contra Timarchum* 10.
7. J. K. Davies, *Athenian Propertied Familied* 600 – 300 B. C (Oxford 1971), 359 – 61.
8. *Rivales* 134b4, *Charmides* 158c5, *Euthydemus* 273d6, 293a8, *Protagoras* 312a2, *Republic* 350ds, *Lysis* 204b5, c3 – 4, d8, 213d3.
9. *Charmides* 155d3 – 4.
10. *Charmides* 153d2 – 5, *Lysis* 204e5 – 6.
11. *Repubic* 412d2 – 8.
12. *Repubic* 561c6 – d1.
13. 参看 207d6 和 212a4 的 *sphodra*。
14. 参看 Xenophon *Oeconomicus* 20.29。
15. 亚里士多德在 *Nicomachean Ethics* 1159a34 讨论爱在友谊中的优先性的时候,使用了 *philophilos* 一词。
16. *Odyssey* 1, 215 – 16.
17. *Republic* 537e1 – 539a4.
18. *Sophist* 253c6 – 9.
19. *Symposium* 176c2 – 3.
20. *Republic* 330b8 – c6.
21. *Odyssey* 17.485 – 87.
22. *Parmenides* 134d9 – e6.
23. *Odyssey* 17.217.
24. *Rhetoric* 1382a14 – 15.
25. *Odyssey* 22.474 – 77。在 *Gorgias* 510b4, 有一处暗示了苏格拉底此处所引用的句子,这有助于理解"朋友的领域"的意思是什么:一方面是保护他们不受伤害,另一方面是让他们参与到该领域的不义之中。
   26. *Odyssey* 10.406 – 9.
   27. *Theogony* 224.
   28. 参看 *Symposium* 186d6 – e1。
   29. *Symposium* 204d8 – 11.
   30. 参看 *Sophist* 216b3 – 6。
   31. *Sophist* 268a1 – 4.
   32. *Clouds* 1481 – 82.
   33. *Tacitus Agricola* 45.2.
   34. *Theaetetus* 210c3.
   35. *Phiebus* 16e4 – 17a5.
   36. *Republic* 357c2.
   37. 晚年施特劳斯有一次建议说,"苏格拉底的申辩"这一标题的意思是所有的对话录都有同样的目的。
   38. *Symposium* 204a4 – 7.
   39. *Republic* 492a1 – e1; *Statesman* 303b8 – c5.
   40. *Euthyphro* 2c2 – 7.
   41. *Statesman* 272b8 – d4.
   42. *Theaetetus* 176a3 – 8.
   43. *Symposium* 192a6 – 7, 193c5 – d2.

后　　记

在《吕西斯》中，苏格拉底对梅尼克奇努斯说，他从小的最大爱好与心愿就是能够找到自己的朋友，他终生都在追求朋友。与那些爱马者、爱财者、爱权者、爱乐者等等相比，他可以说是一个"爱友者"(211E-212A)。这句话给我非常大的触动。小时候，我愿意把所有的玩具都分给伙伴们，只希望他们能够做我的朋友，陪我一起嬉戏；但同时，我又有一种特别的疏离感，说不清道不明，随着时间的推移，我总是觉得跟一些朋友无话可说了，最后只能无声无息地分开。我一直想搞清楚这是为什么。我热爱朋友，喜欢和朋友在一起的感觉，珍视和朋友在一起的时间，可为何我往往会断然和那些熟悉的朋友分开呢？我究竟要追求什么样的朋友呢？或者说，朋友究竟意味着什么呢？

在我求学的经历中，我很早就把书籍当作朋友。我对这个朋友一直不离不弃，即使有很长一段时间，因为各种各样的原因，我们无法在一起，但只要能够挤出一点空闲，我也会把自己喜欢的一本书拿在手上，翻看几页，甚至只是摸一摸书脊，这样我就会觉得安心。后来，我进入了哲学专业学习，慢慢地把哲学当作自己的朋友。对于这个朋友，我们的关系更加复杂、曲折，甚至有些诡异。我们曾在一起度过最艰难的时刻。那时我们相互嘲笑，但更多是彼此鼓励；我们曾经分手，可毕竟最后又聚到了一起。直到今天，我也不敢说我们真正成为了朋友，因为对于朋友究竟是什么，我没有答案。曾有人开玩笑地对我说，你做完《吕西斯》的研究，应该成为一名友爱问题专家呀。对此，我只能笑着摇摇头，我知道我无法成为任何一种专家。

我记得第一次读到《吕西斯》,是某个夏日的正午,我拿着铅笔,捧着戴子钦先生翻译的《柏拉图"对话"七篇》,躺在沙发上翻阅,开篇便是这一篇对话[①]。正是那个正午,那第一次的接触,我便深深被这篇对话所吸引,虽然当时对它理解有限,它的故事却深深勾住我的心,同时也勾住了我心中一直存在的问题。由此我展开了对这篇作品漫长的反复阅读,我希望能通过解读这篇柏拉图友爱论对话来解开我心中的疑惑,希望能通过它交到真正的朋友。

这篇对话篇幅不大却相当复杂,它伴随我走过了博士论文写作的漫长阶段,又让我在走上哲学教学的工作岗位后的岁月中,仍旧沉浸其中而不能自拔。现在,呈现在您的面前的,就是我多年来思索解读的结果。我的疑惑是否已经解开?我是否找到了真正的朋友?哲学,它愿意成为我的朋友吗?对于这样的问题,我想留给这本书的读者自己去寻找答案。朋友是无法转发的,即使能转发,也必须经过考察,"没有经过考察的人生,是不值得度过的"。

在这本书完成并出版之际,我的心中满溢着对友爱的真诚谢意。我要感谢我的导师陈家琪先生。在同济大学读博期间,我的专业方向是政治哲学与法哲学,《吕西斯》似乎和此并不沾边,但陈老师知道我对这篇对话的喜爱,因此当我提出要将其作为博士论文的研究对象时,他没有任何的异议。他多方收集资料,不断给我新的启示和鼓励。在读博的四年时间中,陈老师用他亲切真挚的言语,丰富深厚的生命经历,犀利而独特的哲学智慧,给予我深刻的人生教导,让我真正感受到了生命本身的味道,让我知道了什么是与智慧为友。

[①] 现在回想为何戴先生会把这篇对话放在他所编译的集子的开启部分,其中是否有他自己的想法和安排,这也是一个有意思的问题。有兴趣的读者可参阅该书的"译者后记"(见《柏拉图"对话"七篇》,柏拉图著、戴子钦译,辽宁教育出版社1998年3月版,第260~262页)。

我还要感谢浙江大学哲学系的包利民老师。因为偶然的际遇，我有幸与他结识。包老师多年来致力于古希腊哲学与思想的研究，对哲学有自己的理解与期盼，拥有令人感到钦佩的自信与宽容，他希望能在更广阔的视野与层面上整合古今中西的哲学文化资源，提供一个更为平和的、有效的研究视角与沟通渠道。他的这份努力，我理解为在精神层面上对真正友爱的追寻。正因为他是这样一个爱友之人，我得到了他持续不断的鼓励与帮助，以至我无法用言语表达我对他的谢意。

　　此外，我还要感谢对本书文稿提出宝贵修改建议的林志猛、张波波、范海明等学友，也要感谢华夏出版社同仁所投入的心血。另外，我还要特别感谢我所在工作单位浙江工商大学人文与传播学院的诸位领导及同事们对我生活和工作的关心与支持，我初来乍到，甫入教职，因为他们的热心帮助，我才获得了思考与写作的基本条件，对此我要向他们表示真诚的谢意。

　　我衷心地感谢我的家人和陪伴我的师友，以及所有与此书结缘的读者。借用苏格拉底在《吕西斯》结尾时的话，"我把自己和你们当成朋友了"，尽管我未必真地从哲学上弄懂了"何为友爱"这一永恒难题。最后，让我们一起感谢柏拉图，以及汉语学界百年来潜心于西方古典著作翻译的前辈。

2013 年 3 月 28 日
于杭州下沙

图书在版编目(CIP)数据

《吕西斯》译疏/(古希腊)柏拉图著;陈郑双译疏.—北京:华夏出版社,2014.1
ISBN 978-7-5080-7812-0

Ⅰ.①吕… Ⅱ.①柏… ②陈… Ⅲ.①古希腊罗马哲学 ②《吕西斯》-译文 Ⅳ.①B502.232

中国版本图书馆 CIP 数据核字(2013)第 226546 号

《吕西斯》译疏

作　者	(古希腊)柏拉图
译　疏	陈郑双
责任编辑	罗　庆
出版发行	华夏出版社
经　销	新华书店
印　刷	北京建筑工业印刷厂南厂
装　订	三河市李旗庄少明印装厂
版　次	2014 年 1 月北京第 1 版 2014 年 1 月北京第 1 次印刷
开　本	880×1230　1/32 开
印　张	8.5
字　数	213 千字
插　页	2
定　价	29.00 元

华夏出版社　　地址:北京市东直门外香河园北里 4 号　邮编:100028
　　　　　　　　网址:www.hxph.com.cn　电话:(010)64663331(转)
若发现本版图书有印装质量问题,请与我社营销中心联系调换。